中國神學研究院  普及神學叢書

中國神學研究院
普及神學叢書

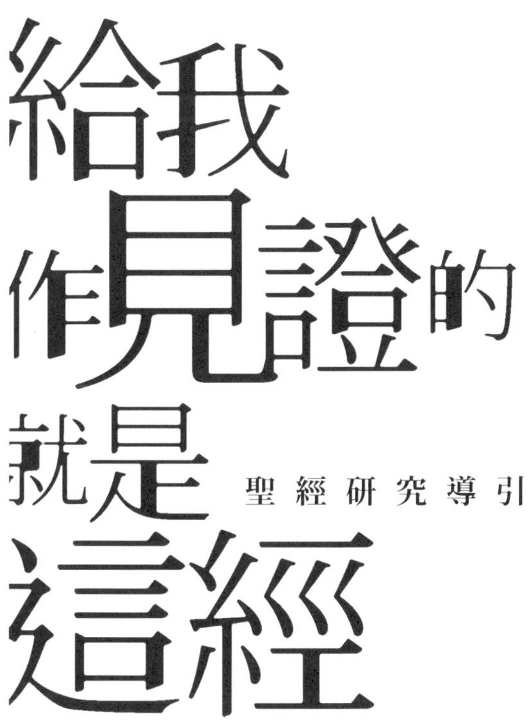

周永健 主編

▼

中國神學研究院．普及神學叢書

給我作見證的就是這經

聖經研究導引

主編

周永健

叢書編委

余達心、張略、黃嘉樑

責任編輯

吳國雄

裝幀設計

奇文雲海．設計顧問

■

聯合出版

中國神學研究院、基道出版社

發行

基道出版社

香港沙田火炭坳背灣街26號富騰工業中心1011室

LOGOS PUBLISHERS

Unit 1011, Fo Tan Ind. Centre, 26 Au Pui Wan St., Shatin, Hong Kong

電話：(852) 2687-0331　傳真：(852) 2687-0281

網址：http://www.logos.com.hk

承印

雅聯印刷有限公司

●

10/2012 初版

Cat. No. LP181

ISBN: 978-962-457-451-7

刷次	10	9	8	7	6	5	4	3	2	1
年份	2021	2020	2019	2018	2017	2016	2015	2014	2013	2012

叢書總序

華人神學教育的本土化歷五十年耕耘而茁壯，新一代華人神學工作者更是人才輩出，使不少華人神學院走出了倚賴西方的格局。然而深一層的倚賴仍在。神學教育的模式，人才的培訓，以至教科書、參考書和期刊等幾方面，華人教會仍未能完全自立。近年不少華人神學期刊冒起，且水準極高。遺憾的是，華人神學著作，特別是提供教學之用的教科書，卻仍甚匱缺，以致西方神學教材仍是主流，西方神學的思考模式及其關注的問題因此仍盤踞不去。這對神學本土化做成了極大的窒礙。不少神學生也因此視外文能力要求為攻讀神學所必須跨越的高欄。要扭轉這形勢，我們必須大力推動華人神學工作者著述，使華人神學思想能萌芽茁長。與此同時，中國內地教會發展神速，神學教育巨大的需求，巨大而急，真是刻不容緩。但對內地神學教育一個最大的障礙正是教科書的嚴重缺乏。

面對著這實在而急迫的挑戰，中神決定籌劃「**中國神學研究院・普及神學叢書**」，為中國神學的發展，盡一分力。從籌劃到實現，起步實最為艱難，幸得黃澤華先生協助，以他豐富的出版經驗，加上用心的策劃和推動，使這套叢書的計劃終能開展。我們謹此向他表達極深的謝意。同時，得到基道出版社作為這套叢書的出版伙伴，實在重要非常。他們編輯認真、嚴謹，在編輯和校對的過程中，對確保書本的學術質素，有極高的要求。這實在使我安心不已。

這系列的叢書有另一重要的要求，就是要求作者一方面以嚴謹的學術取態書寫，但另一方面卻又要以淺白的論説和流暢的筆觸行文，讓一般願意認真思考的信徒，雖未受神學訓練，讀下去仍感淺易近人。結合兩種要求，殊非易事，猶幸作者們有同一信念，並以此為必要。因此，我們深信，這系列叢書必受普羅信徒歡迎。我們深知，現時所作的只是涓滴，深盼它能與更多涓滴之流匯成江河，以灌溉廣大乾渴的信仰心田。

余達心

增修版序

《聖經研究導引》是中國神學研究院聖經科老師所合著的，於二〇〇三年出版，是提供神學教育課本的一種嘗試。由於內地對神學教科書需求殷切，兩年後本書簡體字版由內地江蘇省基督教兩會出版，以方便國內牧者及神學院師生購買。

一本好書的價值在於能否經得起時間的考驗。一些迎合潮流的作品，往往只針對當下的關注和課題，雖然流行暢銷，不過很快便會被擱在一旁，甚至遭人遺忘。聖經研究也會受當代思潮影響，學者會提出新的理論、新的解釋、新的主張，因而出現新著取代舊作的現象。相比之下，本書為聖經研究入門提供基本指引，是一個基礎、一個立足點，倒不易因時間過去而改變或動搖，讀者可安心在其上建造聖經研究的工程。

本書出版多年，學院早有意再版及增修，感謝出版部同工的努力，也感謝老師們的合作，相隔近十載，《聖經研究導引》的增修版《給我作見證的就是這經——聖經研究導引》終於面世，適時地回應神學教育界的需求。增修版的文章經作者修訂，另外加添了兩篇分量十足的長文，就是余達心牧師的〈「這經為我作見證」：整全的聖經研究〉及吳慧儀博士的〈再思聖經正典〉，使全書增至十二章，內容則更豐富和完備。

中國神學研究院正陸續出版「**中國神學研究院・普及神學叢書**」，本書正好成為第二個出版項目。而期望叢書陸續面世，能為華人神學教育作出貢獻，並帶來更深遠的影響。

周永健

原版序

中國神學研究院創立的一大目標，是為華人神學教育的本土化作出一分貢獻。神學教育要「本土化」，須具備兩項相當重要的基本條件：其一是有足夠的華人神學工作者投入教學及課程建構的工作，其二是這些神學工作者能以本土語文撰寫適切本土的神學課本。在「中神」創校時，全華人的教學班子早已就緒。但就算是當時這麼一個細小的教授團（只有六位講師），也花了不下七年的時間作準備，才建立起初步的骨幹隊伍，其後教授的栽培在過去二十多年從未間斷，可見師資的培訓並不容易。然而，更漫長而又更艱巨的工作乃在中文神學課本的撰寫。

在過去十多二十年中，我們看見不少華人神學的著述陸續出版，回應教會當代不同的需要，「中神」出版的書籍也不下數十本。然而，專門針對教學需用而出版的課本卻是鳳毛麟角，華人神學院因此仍須大量倚賴西方學者的著述。在這種情況下，語文的障礙令不少尚未踏入神學門檻的人望而生畏，也使不少神學生在學習過程中遇到困難。除此之外，還有一個更深遠的問題。不少西方學者的學術水平固然極高，然而他們所關注、思考、鑽研的問題，可以是純為學術興趣，而非為所謂「傳道、受業、解惑」而用之學術；他們的語境及視域，可能是大學人文科學的談論或宗教研究的探索，而非信仰羣體為信仰上下求索的反省。再者，在運用批判思考時，他們的起點或意識形態的導向，往往沒有將超越的啟示放在考慮之中。他們的著述在西方就算廣為人所徵引談論，卻可能與我們訓練學生的取向格格不入。閱讀他們的著述，學生容或會學得一身批判思考的本領，但批判所為何事？批判以後，學生若不能從中見到信仰整合的示範，又是否理想？這都是我們在選取課本時常會遇到的問題。當然，西方也有深具批判活力，又能正面地作信仰整合工夫的著述；這些著述多年來的確服事了我們，然而它們的討論議程往往都是針對西方處境的需要而發出的。無論如何，長期倚賴西方學者的著述來提供課本，難免會窒礙本土神學教育工作者的研究與寫作。

撰寫中文神學課本的需要，這幾年來愈覺迫切。近年，中國教會的興旺、內地神學教育龐大的需要，叫我們既感興奮，亦感責任重大，深盼能為此盡上一分力量。我們自知這力量非常有限，但也總得將有限的獻上。於是，我們開始了撰寫課本的計劃，而《聖經研究導引》可說是這計劃的初熟之果。

《聖經研究導引》代表了「中神」一直非常強調的團隊精神的具體活現。多位新舊約學者各按所長，撰寫聖經不同文本的導引，在多元中顯其統一，在統一中又顯其豐富。此書也代表了聖經科教授們教學的一些重要成果，因為每篇文章都是作者汲取了在課堂內外與學生對話而來的體悟，以及老師在課餘彼此切磋、交流和討論而有的心得，再經反思和整合後，始才動筆完成的，其中所匯集的功夫和心力著實不少。

如今得捧書而讀，深深感激同工們的努力，也為這優美的成果而感謝天父。

余達心

原版前言

《聖經研究導引》收集了中國神學研究院聖經科十位老師的十篇文章。這些文章都是學院一年級學生必修科「BS1 聖經研究導引」的堂上授課內容，亦是個別老師在經過多年教學後，重新整理、增刪和修正的教材。這不僅是一部課本，更是聖經科老師們分工合作、集體努力的成果。

同學在本院研讀聖經的歷程，始自「BS1 聖經研究導引」一科，繼而是「BS2 聖經詮釋學」，以及同期修讀的聖經原文——希臘文與希伯來文。在這個基礎上，同學進而學習釋經、聖經神學，然後接受講道的訓練，學以致用，以宣講上主的聖道為依歸。由於修讀時間和課程編排的種種限制，我們不可能把聖經從頭到尾逐卷教授，「BS1 聖經研究導引」的重要性便在於幫助同學對聖經有一個全面性的認識，包括各書卷的內容簡介、研讀指引及研究方法。研讀、詮釋及宣講上帝的話語是一生之久的工夫，亦是一個不斷進行、周而復始的過程。

在本書的十篇文章當中，第一篇「聖經史地」之後，有五篇文章是關乎舊約聖經的，其餘四篇則論及新約，而探討的書卷類別計有：律法書（摩西五經）、歷史書、先知書、詩歌書、智慧書、符類福音、約翰著作、保羅書信及普通書信。每篇文章皆有其特色和不同的進路，正好顯示出聖經研究的多元化取向。其中有以綜覽內容、闡明信息或討論主題為主的，有從考證學的課題和論據入手的，也有以分析結構為重點，以探討書卷的文化背景和根源作為研讀角度，又或應用現代社會學和人類文化學的成果去發掘書卷信息的。如此多采多姿的論述，表明了聖經所蘊含的豐富信息，誠然值得我們從多個角度去了解和體驗。與此同時，每篇文章都有點到即止的意味，留下不少空間，讓讀者可以自行發掘和填補尚未處理的課題，因此，不論是用於個人研讀或小組研習，都可以之作為進一步深入探討的導引。

我相信本書第八章吳慧儀博士文末的一段話，正好可以代表本院聖經科老師們的心聲：「聖經研究是靈性修養的一部分；我們的聖經知識若是紮實到可以判別、回應不同的觀點，對事奉必收事半功倍之效。」

周永健

作者簡介

雷建華

雷建華牧師畢業於美國加州大學（University of California, San Diego，文學士）、三藩市州立大學（San Francisco State University，文學碩士）、太平洋大學（University of Pacific，藥劑學博士），及恩典神學院（Grace Theological Seminary，道學碩士、神學碩士、神學博士）。曾任三藩市聖經教會及芝加哥華人教會北堂牧職、加州聖經神學院講師，並「聖經涉獵事工」講師。一九八九年加入中國神學研究院教學至今，期間曾任坦陀基聯中心（Tantur Ecumenical Institute）訪問學者及聖經資源研究中心客座講師；二〇〇五至二〇〇八年出任中國神學研究院教務長一職，現為該院聖經科教授（部分時間）兼聖地研究企劃主任。著有《舊約涉獵》、《新約涉獵》、《從別是巴到但》、《聖地靈旅（一）：耶路撒冷》、《逾越節慶典手冊：哈加達》、《保羅遊蹤：從大數到羅馬》、《聖地靈旅（二）》（合著）、《聖地靈旅（三）》（合著），以及多篇學術專文。

周永健

周永健牧師畢業於香港大學(理學士)、美國威斯敏斯特神學院(Westminster Theological Seminary,道學士),及普蘭代斯大學(Brandeis University,文學碩士、哲學博士)。曾任費城華人海員佈道會傳道、波士頓華人佈道會助理牧職、九龍塘宣道會聖工顧問及義務主任傳道、宣道會尊主堂顧問及部分時間主任牧師。一九七五年參與創立中國神學研究院,並先後出任該院院政主任及教務長等職,一九八九至二〇〇七年八月出任該院院長,二〇〇七年九月起為榮休院長,並擔任傑出研究教授至二〇一〇年一月。編著有《承先啟後的事奉》、《天光雲影》、《路得記》、《承擔 · 弘道 · 有情》、《勇於領導》(合著)(主編)、《基督教聖經與神學詞典》(編輯委員)、《士師記、路得記》(合著)等,以及多篇中英學術專文。

梁國權

梁國權先生畢業於香港伯特利神學院(神學士)、香港公開大學(文學士),及中國神學研究院(道學碩士、神學碩士)。曾任基督教協基會路加堂助理堂主任、中國佈道會九龍萬善堂署理堂主任;現為中國神學研究院生命之道事工主任。

黃嘉樑

黃嘉樑博士畢業於香港大學(文學士)、比利時魯汶大學(Catholic University of Leuven,文學士、神學士、文學碩士、神學碩士),及蘇格蘭愛丁堡大學(University of Edinburgh,哲學博士)。曾任職中學教師,現為中國神學研究院陳朱素華教席教授(聖經科)並圖書館主任。著有《舊約先知書要領》(合著)、《在曠野中與上帝同行:民數記析讀》、*The Idea of Retribution in the Book of Ezekiel*，以及多篇中英學術專文。

李思敬

李思敬博士畢業於香港大學（文學士）、蘇格蘭愛丁堡大學（道學士、哲學博士），及美國普林斯頓神學院（Princeton Theological Seminary，神學碩士）。曾任香港宣道會沙田堂主任、溫哥華自立中華基督教會牧職暨植堂同工、多倫多麥咸華人宣道會特約牧職；現為中國神學研究院聖經科副教授（部分時間）。著有《恩怨情仇論舊約》、《中文聖經註釋：約拿書》、*Creation and Redemption in Isaiah 40–55*，以及多篇中英學術專文。

楊錫鏘

楊錫鏘牧師畢業於香港大學（內外全科醫學士），及加拿大維真學院（Regent College，基督教研究碩士）。曾任香港靈光中文堂代堂主任，現為中國神學研究院聖經科教授暨校牧。著有*Functional Greek*、*New Testament Greek: A Sequel to Functional Greek*、*Functional Hebrew*、*Old Testament Hebrew: A Sequel to Functional Hebrew*、《迎向苦難的呼召》（合著），以及多篇學術專文。

張修齊

張修齊博士畢業於美國三一學院（Trinity College，理學士）、三一神學院（Trinity Evangelical Divinity School，道學碩士）、普林斯頓神學院（神學碩士），及法國斯特拉斯堡大學（University of Strasbourg，哲學博士）。曾任香港中文大學崇基神學組助理講師，一九七六年起任教中國神學研究院，直至二○○六年退休，為該院資深聖經科教授。著有《活用讀經法》

(合著)、《釋經原理淺釋》、《實用釋經法》、《趣味小組查經》、《尼大人》(合著)、《全人投入的讀經》、《學與教學》、《聖經的研讀與教導》、《靜修之旅》、《讀經 ABC》、*Repetitions and Variations in the Gospel of John*。

吳慧儀

吳慧儀博士畢業於美國威爾斯利學院（Wellesley College，文學士）、哥頓康韋爾神學院（Gordon-Conwell Theological Seminary，神學研究碩士），及威斯敏斯特神學院(神學碩士、哲學博士)。曾任職中學教師及福音廣播事工，現為中國神學研究院聖經科副教授。著有《談情說理話新約》、《聖經通識手冊》(合著)、*Water Symbolism in John: An Eschatological Interpretation*，以及多篇學術專文。

黃浩儀

黃浩儀博士畢業於香港中文大學(文學士)，及比利時魯汶大學(神學士、哲學博士)。曾任香港基督徒學生福音團契福音閱覽室同工，現為中國神學研究院聖經科教授。著有《腓利門書》、《哥林多前書(卷上)》、《以弗所書》、*Boasting and Foolishness: A Study of 2 Cor 10, 12–18 and 11:1a*，以及多篇學術專文。

張略

張略牧師畢業於加拿大沙省大學(University of Saskatchewan，理學士)、香港中國神學研究院(道學碩士)、澳洲摩亞神學院(Moore Theological College，神學碩士)，及蘇格蘭聖安德魯斯大學(University of St. Andrews，哲學博士)。曾任金巴崙長老會九龍堂傳道、道顯堂堂主任、寶林堂署理堂主任，並金巴崙長老會香港區會議長；現為中國神學研究院聖經科教授並教務長。著有《雅各書註釋》、《彼得前書》(合著)、《福音書總論與馬可福音導論》(合著)、《聖經正典與經外文獻導論》(合著)、《新約歷史與宗教文化導論》(合著)、《馬可福音析讀：奔走風塵的僕人》(合著)、《希伯來書、大公書信與啟示錄要領》(合著)、*The Genre, Composition and Hermeneutics of James*，以及多篇學術專文。

余達心

余達心牧師早年畢業於美國福樂神學院(Fuller Theological Seminary)，獲道學碩士及神學碩士學位。一九七五年返港參與創立中國神學研究院，一九八一年獲英國牛津大學(University of Oxford)哲學博士學位。曾任香港浸會學院宗教及哲學系系主任，一九九四至二〇〇七年為中國神學研究院副院長，二〇〇七年起出任該院院長一職。著有《荒漠行》、《事奉的人生》(合編)、《信念書註釋》、《吶喊文粹》(合著)、《基督教發展史新釋》、《自由與承擔》、《生命真精彩》、《聆聽上帝愛的言説——教義神學新釋．卷一》、*Being and Relation*，以及多篇中英學術專文。

目錄

第1章 聖經史地

雷建華

二十世紀初，不少地理學者及歷史學者把亞洲劃分為三個區域：近東、中東和遠東。「近東」指最接近歐洲的地區，即從地中海到波斯灣；「中東」指由波斯灣到東南亞的地域，「遠東」則指接近太平洋的地區。上述定義在第二次世界大戰前開始有轉變，「近東」一詞在傳媒中慢慢消失，而「中東」所指的地域就包括原來的「近東」。現今，「中東」指地中海一帶的地域，東至阿富汗，南至蘇丹，西至摩洛哥，北至土耳其，其中的國家包括伊朗、伊拉克、阿拉伯半島各國、[1]約旦、以色列/巴勒斯坦、敍利亞、黎巴嫩、土耳其、塞浦路斯、埃及、蘇丹、利比亞等（參圖 1.1；參本書頁 21）。不過，一些學者仍然使用「古代近東」（ancient near east）一詞，所指的地域大致相等於現今的「中東」。

聖經記載的事件主要發生於歐洲、非洲及亞洲等地區。舊約聖經主要「舞台」的界限，東邊是撒高斯山（Zagros Mountain）及波斯灣，南邊是沙地阿拉伯半島的拿富特沙漠（Nafud Desert）及西奈半島，西邊是尼羅河及地中海，北邊是亞瑪奴山（Amanus Mountain）及亞拉臘山。到了新約時代，隨著福音外傳，新約的地域伸展到歐洲的希臘、意大利，甚至西班牙。本文將主要探討舊約聖經的「舞台」。

1.1 以色列／巴勒斯坦

以色列／巴勒斯坦及約旦的地勢，由東至西、由沙漠到地中海，自然地分為五個地區：東部沙漠、河東山地、約旦河谷、中央山地及沿岸平原（參圖 1.2；參本書頁 21）。約旦河東的東部沙漠，連接南部的阿拉伯沙漠及北部的敍利亞沙漠，向東伸展七百多公里，直到幼發拉底河；[2] 每年平均雨量由南部的幾乎零，以至北部的二百毫米 [3] 不等。由於水源問題，此地區從古到今人口都十分稀少。

1.1.1 河東山地

約旦河東的山地由四個横貫東西的河谷分為四個區域，由南到北的四個河谷分別為撒列河谷（Zered River）、[4] 亞嫩河谷（Arnon River）、[5] 雅博河谷（Jabbok River）[6] 及雅穆河谷（Yarmuk River）[7]（參圖 1.3；參本書頁 22）。從南部的亞喀巴（Aqaba）[8] 到撒列河谷，長約一百七十公里，[9] 舊約時代稱為以東 [10]（參圖 1.4；參本書頁 23），兩約之間及新約時代成為拿巴提人（Nabateans）的王國，而以東人就往西遷移，到了南地（Negev），兩約之間的時代稱為以土買人（Idumeans）。以東南部的地質主要屬花崗岩（granite），中部主要是沙岩（sandstone），而北部就主要是石灰岩（limestone）。中部的山地高達海拔一千五百多米，[11] 雨量亦屬最高，每年的平均雨量為一百五十至二百五十毫米，足供耕種及畜牧之用，但生活艱苦。不過，由於以東控制了約旦河東的南北通道 [12] 及東西通道，[13] 商貿便成為以東及拿巴提人賴以繁榮的主因。

撒列河谷與亞嫩河谷之間的土地稱為摩押（參圖 1.4）。據聖經的記載，摩押人是羅得的後裔（創十九 36～37）。摩押地質主要是石灰岩，山地高達海拔一千多米，每年平均雨量高達四百毫米，可種植大麥、小麥及畜牧。公元前九世紀，摩押王米沙每年進貢十萬隻羊羔的毛及十萬隻公綿羊的毛給以色列的亞哈王（王下三 4）。

從亞嫩河谷到北部的黑門山是亞摩利人之地（申三 8），可分為三個地域：米朔、[14] 基列和巴珊（申三 10）。從亞嫩河谷到希實本的地區稱為米朔，高約海拔七百米，每年平均雨量約二百五十毫米。以色列分裂王國期間（公元前九三一～七二二年），以色列人和摩押人多次為米朔的控制權而爭戰（王下三 1～27）。[15] 由於米朔在某些時期曾屬於摩押，所以亦稱為摩押高原。從希實本到雅穆河谷的地區名為基列，其中的雅博河谷把基列分為南北兩地（參圖 1.4），北部的山地高達一千二百多米，部分地區每年的平均雨量高達七百毫米，可種植橄欖、葡萄、大小麥等，還有基列著名的良藥乳香（耶八 22，四十六 11）。新約時代，基列的南部屬比利亞（Perea），而北部就名為低加波利（十邑）。從雅穆河谷到黑門山稱為巴珊，包括戈蘭（Golan），主要地質是玄武岩（basalt，火山岩的一種；參圖 1.5；參本書頁 24），雨量充沛。據聖經的記載，以色列人在進迦南前，曾大敗此地的亞摩利王西宏及巴珊王噩（民二十一 21～35）。

1.1.2 約旦河谷

約旦河谷是一個長達六千公里的裂谷（rift valley），由現今的非洲伸展至土耳其，而在以色列/巴勒斯坦境內的裂谷就長約四百公里。從亞喀巴灣的港口以旬迦別（Ezion-geber）[16] 到死海的南邊，長約一百八十公里的地區，現今稱為亞拉巴（Arabah），[17] 河谷由在海平線的紅海，攀升到離以旬迦別以北約八十公里的海拔三百五十米，再下降到死海的海平線下四百米（參圖 1.4）。亞拉巴屬沙漠地帶，每年平均雨量在五十毫米以下，因此自古至今均人口稀少。

死海在舊約聖經稱為亞拉巴海，[18] 又稱鹽海，[19] 而約瑟夫（Flavius Josephus）則稱它為瀝青湖（Lake Asphalitis）。死海由南至北約七十五公里，東至西約二十公里，近年因水位不斷下降，面積收縮。死海處於沙漠地帶，每年平均雨量少於一百毫米，但資源豐富，古時盛產鹽及瀝青，現今就以護膚品而馳名國際。約旦河谷從死海的海平線下四百米，攀升到加利利湖的海平線下二百米；以長度計算，這谷由死海的北邊到加利利湖的南邊長約一百公里，但連接兩個水域的約旦河卻蜿蜒曲折地長達二百多公里；河谷最窄的地區約六公里，而最闊的耶利哥平原就有二十三公里。雖然約旦河水源充裕，但屬叢林地帶（耶十二 5），又是猛獸出沒之地，[20] 因此人口稀少。

加利利湖在舊約聖經稱為基尼烈湖，[21] 在新約聖經就有加利利海、[22] 提比哩亞海 [23] 及革尼撒勒湖 [24] 等不同稱號。這湖由南至北長約二十一公里，由東至西長約十二公里，處於海平線下約二百米，屬全世界地理位置最低的淡水湖。舊約聖經提及加利利湖時，只是以之作為區域的分界線，但它在耶穌的生平事迹中卻扮演了重要的角色。加利利湖一帶除出產海產外，西部的革尼撒勒平原及南部的約旦河谷平原亦因土地肥沃、水源充沛而土產富庶。

約旦河谷最北的地區稱為呼勒盆地（Huleh Basin），由南至北約三十公里，由東至西約八公里（參圖 1.4）。除了每年平均六百毫米的雨水，還有黑門山的雪水及泉水，因而水源充沛。但呼勒盆地在聖經時代只是一片沼澤，蚊蟲滋生繁多，當時的人只能在盆地邊緣較高的地區居住，直到現代，因安裝了排水系統，這片沼澤才變為肥沃的土地。

1.1.3 中央山地

中央山地指由南部的尼革高地（Negev Highlands）到北部的上加利利（Upper Galilee），全地長達三百公里。南部的尼革高地山高谷深，[25] 雨量又少，因此沒有通道經過此地。尼革高地的北部稱為南地，[26] 屬黃土（loess）盆地，約海拔三百米，形狀宛如一個橫放的腎臟，別是巴是其中心點。此地每年平均雨量只有二百至三百毫米，主要的水源是井水，如別是巴 [27] 便是如此。南地的亞拉得和別是巴分別是東、西部的重要城市及行政中心。

猶大山地由南地的北邊伸展到耶路撒冷的地區，全地長約六十五公里，高度約由海拔七百至一千米不等，地質屬石灰岩。猶大山地與東部死海之間是猶大曠野。猶大曠野由東至西只有二十多公里，但卻從死海的海平線下四百米上升到猶大山地的海拔七百多米，每年的平均雨量亦相差很大，死海地區少於一百毫米，猶大山地則由三百五十至七百毫米不等。猶大曠野氣候乾旱，地勢崎嶇，生活艱苦，因此成為退隱、退守及逃亡之地。大衛被掃羅追殺時，便是逃亡至此；[28] 大希律亦在這兒築建城堡，[29] 備作屬下背叛時的退守據地。

猶大山地與西部非利士平原之間的丘陵地帶名為示非拉（Shephelah），海拔一百至三百六十米，地質屬白堊（chalk）和石灰岩（參圖 1.3、圖 1.5）。經過了公元前十三世紀的「海民移動」（Sea Peoples Movement）[30] 之後，非利士人定居沿岸的非利士平原，示非拉便成為非利士人與以色列人的緩衝區。示非拉由南到北共有五條河谷（參圖 1.3）：拉吉河谷（Lachish Valley）、古烏連河谷（Guvrin Valley）、以拉河谷

（Elah Valley）、梭烈河谷（Sorek Valley）及亞雅崙河谷（Aijalon Valley）。拉吉河谷的重要城市是拉吉。亞述王西拿基立於公元前八世紀末入侵猶大，從拉吉差遣軍長往耶路撒冷，恐嚇城中的居民。[31] 公元前六世紀，巴比倫王尼布甲尼撒曾率軍攻打拉吉（耶三十四 1～7）；從拉吉後來出土的陶片信件（ostraca），可知當時的形勢十分危急。

古烏連河谷的瑪利沙（Mareshah），[32] 直到兩約之間的時代才成為重要城市，名為瑪麗珊（Marisa），現今稱為伯古烏連（Beth-Guvrin）。先知彌迦的家鄉摩利沙就在瑪利沙附近（彌一 1）。

以拉河谷的重要城市包括亞西加、梭哥及亞杜蘭。以拉河谷是從地中海岸往猶大山地的通道之一，相信大衞便是沿著此通道，從伯利恆到達以拉谷，與歌利亞在谷中作戰（撒上十七 1～54）。

梭烈河谷將非利士城市以革倫、亭拿和猶大城市伯示麥、以實陶、瑣拉等連接起來。士師參孫的故事（士十三～十六章），以及約櫃從非利士運返以色列的過程（撒上六 1～七 2），主要便是以梭烈河谷為背景。奧圖曼時代興建的鐵路從耶路撒冷直至約帕，途經梭烈河谷，現今仍然通行。

亞雅崙河谷是連接地中海岸與中央山地最重要的通道，因此河谷西部的基色成為防守的要塞（參王上九 15）。耶和華曾在亞雅崙谷從天降「大石」，助約書亞和以色列人大敗迦南的南部聯軍，又使日月停住，以便以色列人追殺敵人，從便雅憫山地的基遍，經亞雅崙谷的上伯和崙、下伯和崙，直到示非拉（書十 1～15）。歷代以來，入侵耶路撒冷的敵軍，包括埃及、亞述、巴比倫、希臘、羅馬等，都使用亞雅崙谷，首先攻取便雅憫山地，然後才南下攻打耶京。

猶大山地的名稱源自猶大支派所得之地（參書十五章），東是猶大曠野，南是南地，西是示非拉，北是便雅憫高原。猶大山地最低的地區是南部，約海拔四百多米，而最高就是希伯崙的山區，約海拔一千米。雨量在海拔高的地區也較高，每年的平均雨量高達七百毫米。猶大山地主要的地質是石灰岩，泥土屬紅色石灰土（terra rosa），適宜種植大麥、小麥、橄欖、石榴及葡萄。

從波斯時代到羅馬時代，撒馬利亞指猶大與耶斯列平原之間的山地，大約相等於現今的「西岸」。撒馬利亞的山地可分為三個區域：便雅憫高原、以法蓮山地和瑪拿西山地。[33] 便雅憫高原位於耶路撒冷的北邊，高達海拔八百米，主要地質屬石灰岩（參圖 1.5）；東部每年的平均雨量只得一百五十毫米，西部卻高達六百五十毫米。由於高原的東西部都是高山和深谷，出入均受限制，其中最重要的東西通道，是從東邊的耶利哥平原經曠野到便雅憫高原的山脊大道[34]（Ridge Road；參圖 1.6；參本書頁 25），然後經拉瑪、基遍、上伯和崙、下伯和崙，直到西面平原的基色。至於便雅憫以北的以法蓮山地，以及以法蓮山地北邊的瑪拿西山地，都高達海拔九百多米，地質主要屬石灰岩，而每年的平均雨量是五百至七百毫米。由於地勢都是高山和深谷，雨季又限於每年的十月至翌年三月，故古時人口稀少，直到以色列時代，居民開始採用梯田耕種和築建貯水池，才有較多人聚居，以色列亦可在更容易防守的山地設立首都。北國以色列的耶羅波安建都於示劍（王上十二 25），巴沙遷都至得撒（王上十五 21、33），最後，暗利遷都往撒馬利亞（王上十六 21～28），三個首都城市都是位於以法蓮山地及瑪拿西山地。

耶斯列平原是撒馬利亞北部及加利利南部的低地，形狀如一枝箭，指向地中海（參圖 1.4）。一些學者認為只是箭身部分，亦即東部的哈律通道，稱為耶斯列平原，而箭頭的三角地區，[35]

就應稱為以斯德倫（Esdraelon）。耶斯列平原是以色列最大的平原，土地肥沃，雖然雨量只有三百至五百毫米，但擁有充裕的泉水，屬以色列的魚米之鄉。當日貫通埃及和米所波大米的國際大道亦途經耶斯列平原（參圖 1.6），因此，耶斯列平原也屬軍事重地，自古至今皆為重要戰爭的場地，甚至末日的戰爭也稱為哈米吉多頓。[36]

耶斯列平原的北部和黎巴嫩之間的地區是加利利。一條稱為伯哈加林（Beth Hakkerem Valley）的東西河谷，將加利利分為上加利利（北部）及下加利利（南部）。上加利利的山地較下加利利的山地高，後者在海拔六百米以下，而前者就高達海拔一千多米，其中米龍山（Mount Meron）的高度，在以色列僅次於黑門山。上加利利的雨量也比下加利利多，下加利利每年的平均雨量約六百五十毫米，而上加利利一些地區則可達一千毫米。舊約時代，加利利的東部分配給拿弗他利支派，而西部就屬亞設支派。新約時代，加利利在大希律死後由希律安提帕統治。下加利利在地理上又可分為東西兩部分，大約以他泊山為界。耶穌時代的拿撒勒和迦拿就位於下加利利的西部，多個聖經故事亦以下加利利的東部為背景，如摩利岡（士七章）、隱多珥（撒上二十八章）、拿因（路七章）、書念（王下四章）等。

1.1.4 沿岸平原

以色列/巴勒斯坦沿地中海岸平原由南至北可分為三個區域：非利士平原、沙崙平原及亞柯平原，而由東南到西北的迦密山就分隔開沙崙平原和亞柯平原（參圖 1.4）。非利士平原的南北分別以比梭河谷（Nahal Besor）和雅孔河谷（Yarkon River）為界，南北長約八十公里。水源包括雨水（每年平均雨量四百至五百毫米）、井水（參創二十六 15～22）和露水，而地質主要是沖積土及黃土（參圖 1.5）。非利士平原主要的農產是穀物，大袞（Dagon）[37] 遂成為當地的神明。由於平原鄰近埃及，又位於通往埃及的國際大道（參出十三 17 及圖 1.6），因此對埃及的政治和經濟有舉足輕重的影響。埃及在古時控制著非利士平原，直到公元前十三世紀左右，非利士人成為當地的控權者，並建立起五大城市，即沿海的迦薩、亞實基倫、亞實突，以及內陸的迦特和以革倫。古代以色列在地中海的惟一海港約帕，亦位於非利士平原。

地中海岸從非利士平原到迦密山的地區是沙崙平原，南北長約五十公里。舊約時代，沙崙平原是一個沼澤地帶，滿佈樹叢，不宜耕種，但可作放牛之用（參代上二十七 29）。因此，當時的國際通道須建於沙崙平原的東部，靠近山地。直到大希律開發凱撒利亞為海港，方便跟羅馬聯繫，凱撒利亞也就成為海、陸兩路的重要城市，後來更成為當地的首府。沙崙平原北面窄小的沿岸地帶稱為多珥海岸（Coast of Dor），雖然南北的通道可由此經峽谷往東到耶斯列平原，然後北上，但因屬沼澤地帶，古人極少使用此區的通道。

亞柯平原（Plain of Acco）的東邊是加利利的山地，南邊是迦密山，北邊是黎巴嫩，南北長約三十五公里，地質主要是沖積土及化石沙岩（fossilized sandstone）。這平原的名稱源於其中最重要的城市亞柯；平原南部的基順河谷可通往耶斯列平原。亞柯在新約時代成為沿岸的重要港口，保羅在完成第三次宣教旅程後，曾途經亞柯到耶路撒冷。[38] 亞柯平原南邊的迦密山脈，從東南伸展到西北，長約五十公里，東南連接撒馬利亞的瑪拿西山地，而西北就是地中海。迦密山雨量充足，每年平均高達八百毫米，露水又多，因此叢林茂密，春天更野花遍地（參歌七 5）。迦密山脈高度由海拔二百米至五百多米，其中以西北部的山峯最高；以利亞大戰巴力先知的故事，就是以迦密山為背景。

1.1.5 地理與道路

由於受以色列/巴勒斯坦地勢影響，主要的通道都是由南至北伸展(參圖 1.6)，因此，入侵的軍隊也很自然會採用南北的通道。亞述軍和巴比倫軍多次自北方南下，攻打以色列和猶大；[39] 埃及多次揮軍入侵以色列國土，亦採用南北大道。當然，若要攻打以色列/巴勒斯坦全地，還需使用東西的通道。以色列人出埃及、進迦南，就是首先採用南北通道，經南地到摩押平原，[40] 再從東邊攻進迦南，直到示非拉(書四～八章)。

以色列/巴勒斯坦主要的南北大道包括京士大道(King's Highway)、[41] 山脊大道 [42] 和沿海大道(Coastal Highway)[43](參圖 1.6)。京士大道的名稱源於創世記十四章，是約旦河東的國際大道；以色列人進迦南前，曾要求以東人讓他們走京士大道。[44] 山脊大道從南地的別是巴通往耶斯列平原，途經希伯崙、伯利恆、耶路撒冷、伯特利、示劍、多坍等。因為亞伯拉罕、[45] 雅各、[46] 約瑟 [47] 等族長曾多次使用山脊大道，因此又稱「族長大道」(Patriarchal Road)。沿海大道的名稱源於以賽亞書九章 1 至 2 節，沿地中海岸從埃及到大馬士革，[48] 途經迦薩、亞實基倫、米吉多、迦百農、夏瑣等地。舊約時代，沿海大道多由其他強國控制，只在大衛時代及所羅門時代屬於以色列國土。

以色列/巴勒斯坦的東西道路包括別是巴通道、亞雅崙谷通道和耶斯列平原通道。別是巴通道是南部的橫貫公路，貫通京士大道、山脊大道及沿海大道三條南北通道，從約旦河東通往埃及。族長亞伯拉罕、以撒和雅各進出埃及，都使用別是巴通道。亞雅崙谷通道是中部的橫貫公路，亦貫通南北的三條大道。約書亞領以色列軍攻取迦南，便是採用亞雅崙谷通道(書十 6～15)。耶斯列平原通道是北部的橫貫公路；如上文所述，耶斯列平原是以色列/巴勒斯坦最大的平原，亦是最重要的戰場。[49]

1.2 埃及

埃及的面積大概是一百萬平方公里，約為中國的十分之一，但卻是以色列/巴勒斯坦的六十倍(參下表)，[50] 其中 95% 的人口居住在 3%的土地上。由於埃及處於沙漠地帶，北部每年平均雨量只得一百七十毫米，南部更低至一百毫米以下，因此有人說埃及是尼羅河所賜，意即沒有尼羅河就沒有埃及。

地區	面積(平方公里)*
香港	1,100
台灣	35,800
中國	9,561,000
北京市	17,800
以色列/巴勒斯坦	18,000
米所波大米	370,000
埃及	1,075,000

*大約數字

圖 1.7　聖地面積之比較

1.2.1 地勢與氣候

尼羅河的形狀像蓮花，河為莖，花為河北的三角洲。[51] 尼羅河河水源於中非洲，由南流往北；[52] 南部的上游名白尼羅河(White Nile River)，北流四萬多公里後，與源於埃塞俄比亞的藍尼羅河(Blue Nile River)合流，再往北流二百多公里與亞巴拉河(Atbara River)匯合後才流入埃及。從藍、白尼羅河匯合的地點到地中海，長約三千公里，途經六個奔流(cataracts)，最後一個在亞斯旺（Aswan）的南部。因此，埃及的地勢平坦，直到亞斯旺以南才見高山。由於藍尼羅河及亞巴拉河都屬季節性河流，埃及的尼羅河亦有季節性的升降：河水每年由南部開始上漲，於五月中到達藍、白尼羅河的匯合點，六月中到亞斯旺，六月底到孟菲斯（Memphis），[53] 直到九月底前漲至高位，稱「高漲尼羅」（High Nile）；河水漲至高位約兩星期後開始下降，到翌年四月就降至低位（Low Nile）。

申命記十一章 10 至 11 節說：「你要進去得為業的那地，本不像你出來的埃及地。你在那裏撒種，用腳澆灌，像澆灌菜園一樣。你們要過去得為業的那地乃是有山有谷、雨水滋潤之地」，埃及的水源是尼羅河，而應許之地的水源則是雨水。雖然埃及氣候乾熱，但尼羅河的河水足供飲用，又可供澆灌，種植各種糧食。鑒於埃及南部的高山、東西部的沙漠、北部的地中海都不宜居住，人口主要集中於尼羅河兩岸，而四周的地理環境則成為埃及的天然屏障，外敵不易入侵。因此，埃及的環境因素令居民可以豐衣足食，安寢無憂。

1.2.2 與以色列／巴勒斯坦的關係

古代埃及的王朝及國王的名稱來自埃及的碑文。[54] 雖然碑文所記載的內容並不一致，引發很多細節上的爭論，但我們仍可將這些資料整理及串連起來，從而大致掌握到埃及的歷史及其與鄰國的關係。

埃及原分為南北兩區，直到約公元前三二〇〇年，納默爾（Narmer）[55] 從南部攻打北部，統一埃及，開始了古王國的第一王朝時期，建都於孟菲斯。古王國第四王朝的國王古夫（Khufu）、哈夫拉（Khafre）和曼考拉（Menkaure）建築了世界著名的基薩（Giza）金字塔。據埃及文獻的記載，第六王朝的帕皮一世（Pepi I）曾進軍迦南，並稱當地人為「沙地居民」（sand-dwellers），又稱迦密山地區為「鹿鼻」。

閃族人約於公元前二二〇〇年入侵埃及，開始埃及的第一中期；約二百年後，埃及人重掌政權，開始中王國。從辛努希的故事（Story of Sinuhe）及咒詛禱文（Execration Texts）中，我們得知迦南當時雖受埃及影響，但仍屬城邦地區，高度自治，而埃及對迦南的影響力就視乎政治的穩定及國王的能力而定。公元前十七世紀，許克所斯人（Hyksos）入侵，統治埃及北部，結束了中王國，並開始第二中期。到公元前十六世紀中，埃及人將許克所斯人趕出埃及，再次執政，開始了可能是埃及最強盛的新王國。

新王國的國王，如杜得模西士三世（Thutmose III），曾多次入侵迦南，擄掠當地的居民，強迫迦南的城邦進貢，有能力的更攻進米所波大米。考古學者在埃及中部發現的亞瑪拿泥柬（Amarna Letters），來自約公元前十四世紀中，國王安曼赫特普四世（Amenhotep IV）[56]統治期間。泥柬是當日迦南城邦及其他國家領導人的信件，從中可知當時迦南的城邦曾向埃及進貢，所以當他們受外人攻打時，便向埃及求援，但安曼赫特普四世沒有回覆他們，也沒有出兵相助。公元前十三世紀末，埃及法老米聶他（Merneptah）的碑文提及「以色列」一名，是聖經以外最早載有以色列資料的文獻。[57]

公元前十一世紀中，即是以色列的王國時代，埃及對以色列／巴勒斯坦的影響力開始減弱。不過，埃及王雖然沒有直接干預以色列的政權，卻收容以色列的政治犯（王上十一14～22）。所羅門登基後，埃及王攻佔了基色（王上九16），但又讓他的女兒下嫁所羅門，以基色為妝奩。聖經亦首次記載埃及王法老的名稱，講述埃及王示撒（Shishak I）收容了背叛所羅門王的臣僕耶羅波安（王上十一 40），後來又於羅波安統治期間入侵猶大，[58] 戰況記錄於底比斯（Thebes）[59] 的卡納克廟（Karnak Temple）。

公元前九世紀到六世紀期間，埃及王多次攻打以色列及猶大，如尼哥（Necho）曾出兵支援亞述，於北上途中，在米吉多殺了猶大王約西亞（王下二十三 29～30）。以色列及猶大亦多次投靠埃及：以色列王何細亞曾投靠埃及王梭（王下十七 4），希西家亦依靠埃及（王下十八 19～21）；耶利米書也記載法老曾出兵為耶路撒冷解困（耶三十七 5、11）。耶利米多次勸喻猶大的領導人不可依靠埃及，[60] 可是他們不但沒有聽從，甚至將耶利米也強行帶到埃及。[61]

希臘時代，埃及的多利買王朝統治以色列／巴勒斯坦一百多年。雖然《亞利士提書信》（*Letter of Aristeas*）的記載受質疑，但舊約聖經很可能就是在這段期間譯成希臘語，亦即現今的《七十士譯本》（Septuagint）。羅馬時代，克利奧帕特（Cleopatra）意圖獲得一些以色列／巴勒斯坦的城市，藉與安東尼（Antony）的關係向大希律施壓，但安東尼後來失勢，而大希律又得奧大維（Octavian）的諒解，可以繼續作以色列／巴勒斯坦的分封王。

1.3 米所波大米

米所波大米（Mesopotamia）的名稱源於希臘語的「中間」（*meso*）和「河」（*potamos*）兩字，意即「兩河之間」。米所波大米名副其實，是指底格里斯河（Tigris River）[62] 和幼發拉底河（Euphrates River）[63] 兩者之間的土地（參圖 1.1），面積約三十七萬平方公里，接近中國領土的三十分之一（參圖 1.7）。

1.3.1 地勢與氣候

米所波大米的北部是高達海拔二千多米的山脈，從東北到西北分別是薩高山（Zagros Mountains）、庫爾德山（Kurdistan Mountains）及托魯斯山（Taurus Mountains），南部及西南部是敘利亞沙漠，西部就是沿地中海岸的敘利亞、黎巴嫩等地區。米所波大米北部的高山，每年平均雨量高達二千毫米，但南部的沙漠就少於二百毫米。處於高山與沙漠之間的米所波大米，地勢平坦，氣候乾旱。由於雨量不足，耕地只限於河岸地帶，且須用河水灌溉；城市亦集中於兩河流域，如蘇默（Sumer）、亞甲（Akkad）、巴比倫（Babylon）、吾珥（Ur）、馬里（Mari）、尼尼微（Nineveh）等。米所波大米的河流與埃及不同之處，是河水從北部的高山流往南部的波斯灣，南部的地土因水流帶來的礦物質，鹽分較高，不宜種植小麥，因此主要出產大麥。除了雨水，西北部的巴力河（Balih River）及哈博河（Habur River）之間亦有井水。[64]

1.3.2 與以色列／巴勒斯坦的關係

公元前九世紀之前，米所波大米的王國只局限於兩河流域，[65] 未能擴展到以色列／巴勒斯坦。公元前十三世紀，「海民移動」為古代近東的世界帶來很大的政治混亂，而當時的解決方法是建立強大的武裝力量，故以色列及其鄰近國家，於公元前十二世紀到十世紀，開始紛紛大舉提高軍力。公元前九世紀，亞述王撒縵以色三世開始擴展亞述帝國，他登基後西征，到了敘利亞俄隆提斯河（Orontes River）河畔的夸夸城（Karkar），[66] 與十二國的盟軍爭戰，包括以色列王亞哈。亞述軍在夸夸一役傷亡慘重，不得不退回亞述；十二國其後又互相交戰。夸夸之戰後十二年，撒縵以色再次西征，大敗敘利亞，並強迫「暗利的兒子耶戶」進貢金銀珠寶。[67]

公元前八世紀初，亞述受到北部烏拉圖（Uratu）的滋擾，無力轄制西部的王國。不過，公元前八世紀中，亞述王提革拉毘列色三世（Tiglath-Pileser III）登基後西征，強迫敘利亞、以色列等國進貢（參王下十五19～20）。以色列王比加其後與亞蘭王利汛結盟，並邀請猶大王亞哈斯加入，但遭亞哈斯拒絕，比加與利汛便圍攻猶大（王下十六5～7），亞哈斯差使者向亞述求援，提革拉毘列色三世便出兵摧毀亞蘭（王下十六9），又佔領以色列北部（王下十五29）。提革拉毘列色三世去世後，他的繼承人撒縵以色五世入侵以色列，圍困撒馬利亞三年（王下十七1～5）；最後，撒珥根二世（Sargon II）終於攻陷撒馬利亞。提革拉毘列色三世和撒珥根二世先後將以色列人擄到米所波大米的城邑（王下十五29，十七6），撒珥根二世又從米所波大米的其他地區，遷移人口到以色列（王下十七24）；以色列人逐漸與外邦人融合，成為撒馬利亞人，而猶大人與撒馬利亞人後來成為宿敵。[68]

猶大王亞哈斯可能由於願意向亞述進貢而沒有受到攻擊，但他的繼承人希西家跟隨鄰國，背叛亞述王西拿基立。西拿基立平息了南米所波大米的動亂後，便率軍西征，圍攻拉吉，[69] 又差遣將領圍攻耶路撒冷。[70] 希西家的繼承人瑪拿西曾在西拿基立的兒子以撒哈頓（Esarhaddon）及孫子亞述巴尼帕（Ashurbanipal）統治期間臣服亞述，可能因背叛亞述王而被放逐到巴比倫（代下三十三11）。

公元前七世紀末，拿布普拉撒（Nabopolassar）領導迦勒底人攻佔巴比倫，並與瑪代（Medes）聯盟，摧毀尼尼微，殲滅亞述帝國。拿布普拉撒的繼承人尼布甲尼撒更在迦基米斯（Carchemesh）大敗埃及軍，迫使法老尼哥退回埃及（耶四十六

1 ~ 2）。尼布甲尼撒又曾多次率軍入侵猶大，擄去大批優秀人材（參王下二十四 14）。公元前五八七年，尼布甲尼撒圍攻耶路撒冷，猶大王西底家不聽先知耶利米的勸告，沒有向巴比倫軍投降（參耶二十七 1 ~ 22）。最後，尼布甲尼撒焚毀耶路撒冷，亡了猶大王國，另立基大利為猶大省長（王下二十五 1 ~ 12、22）。

公元前六世紀中，波斯先侵吞瑪代，後亡巴比倫，建立波斯帝國。波斯王塞魯士為了安撫民心，塑造一個愛民的形象，實施「自選」政策，讓以前被巴比倫人擄到異鄉的百姓可以選擇歸回原地。塞魯士筒碑（Cyrus Cylinder）便記載來自底格里斯河以西的百姓可重返他們的「聖城」，以斯拉記亦記錄了塞魯士向猶大人的宣佈。[71] 在波斯的統治下，猶大人經歷了三次自願歸國潮：所羅巴伯和耶書亞率領第一批被擄之民返回耶路撒冷，築壇獻祭，並開始重建聖殿（拉三 1 ~ 13）。後來，文士以斯拉又帶領另一批猶大人回耶路撒冷，並且按照波斯王的委託，設立審判官治理猶大，教導百姓律法（拉七 11 ~ 14、25 ~ 26）。波斯王亞達薛西統治期間，委派尼希米為猶大省長；尼希米將歸回及留下的猶大居民組織起來，終於重建起耶路撒冷的城牆及城門。

1.4 總結

以色列／巴勒斯坦的面積比鄰近的國家小（參圖 1.7），以色列的人口亦不如其他民族多（參申七 6 ~ 7），但神卻揀選了以色列人為祂的子民，又選了以色列／巴勒斯坦為聖經最重要的「舞台」。

以色列／巴勒斯坦的面積不大，資源不多，沒有石油、鑽石礦等，也不是重要的金融中心，但其重要性不在於它的財富、資源等，而在於它是亞、非、歐三洲的中樞。由於以色列／巴勒斯坦的東邊是沙漠，西邊是地中海，它遂成為連接非洲和歐洲的陸路通道；同樣，由亞洲到非洲的陸路通道也必須經過以色列／巴勒斯坦。在海路方面，船隻經由紅海駛進以色列／巴勒斯坦的蘇伊士灣（Gulf of Suez）或亞喀巴灣（Gulf of Aqaba），而歐洲的船隻就往往停泊於地中海岸的港口，以色列／巴勒斯坦也就成為兩海之間的「陸橋」。因此，以色列／巴勒斯坦是世界上一個重要的商貿交匯點。

以色列／巴勒斯坦既位於一條重要的通道之上，也就成為強國必爭之地。舊約時代，以色列往往夾在兩個強國之間：米所波大米及北部的亞述帝國、巴比倫帝國、波斯帝國、西流基王朝、十字軍等，以及埃及與南部的帝國、多利買王朝、回教王國等。當兩強相鬥之時，處於兩者之間的以色列就被迫表態，作出取捨。猶大王亞哈斯、[72] 約西亞、[73] 先知耶利米 [74] 等都支持亞述或巴比倫，而以色列王何細亞、[75] 猶大王希西家、[76] 約雅敬 [77] 及被擄後的餘民 [78] 則投靠埃及。以色列／巴勒斯坦的居民成為「夾心階層」，經常活於這種張力之間，這便是以色列人的寫照。以色列人怎樣在這種情況下忠於那位揀選他們的耶和華神，也就成為聖經故事的焦點。

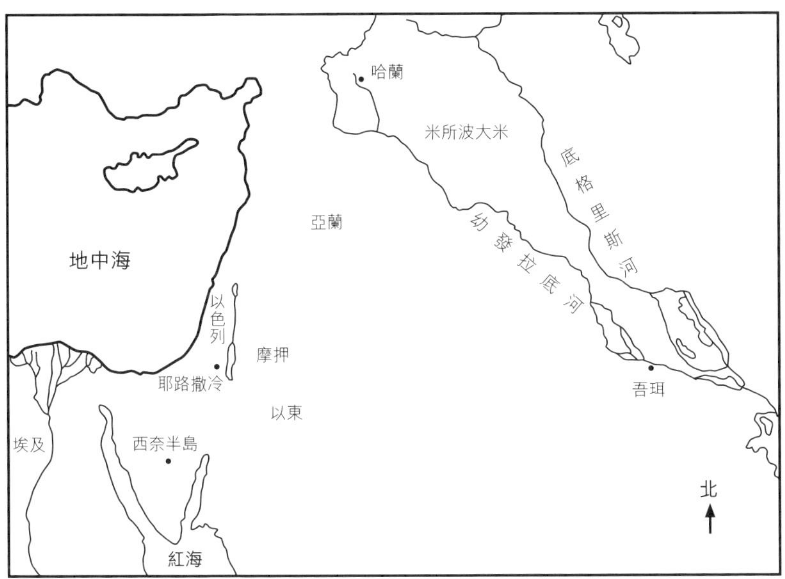

圖 1.1　古代近東

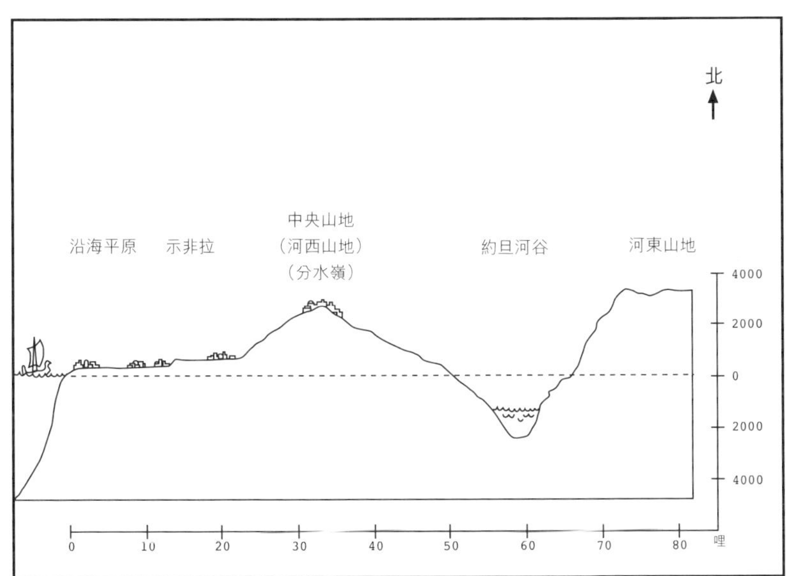

圖 1.2　聖地東西側視圖

季節性河流
常流河
分水嶺
0 10 20 哩
0 20 40 公里
北
地中海
基順河
加利利湖
雅穆河
哈律河
法列阿溪
雅博河
雅孔河
梭烈溪
奎爾特溪
昆蘭溪
以拉溪
拉吉溪
古烏連溪
死海
亞嫩河
比梭溪
撒烈河

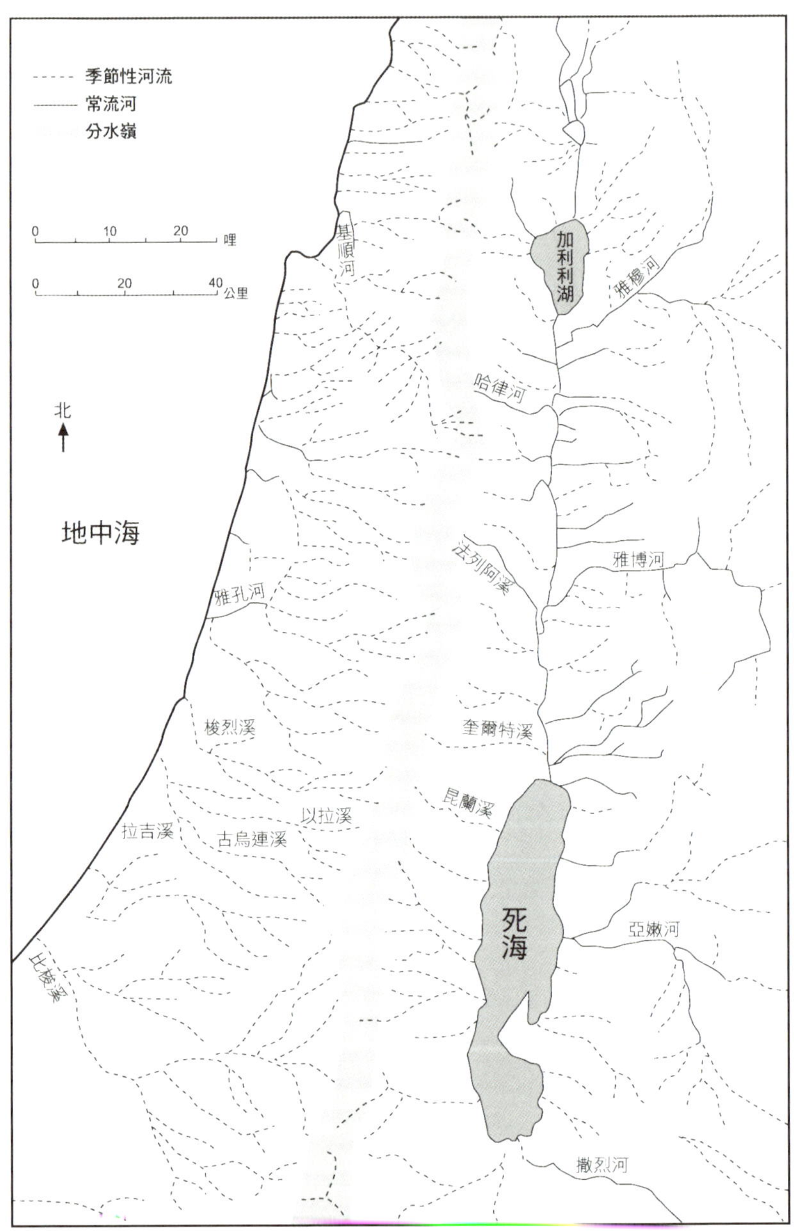

圖 1.3　聖地的河流

呼勒盆地
地中海
上加利利
亞柯平原
加利利湖
下加利利
巴珊
以斯德倫／耶斯列平原
雅穆河
迦密山脈
沙崙平原
雅博河
撒馬利亞
匠人之谷
基列
約旦河谷
非利士平原
示非拉
死海
猶大山地
亞嫩河
摩押
撒烈河
尋的曠野
亞拉巴
以東
西奈
紅海

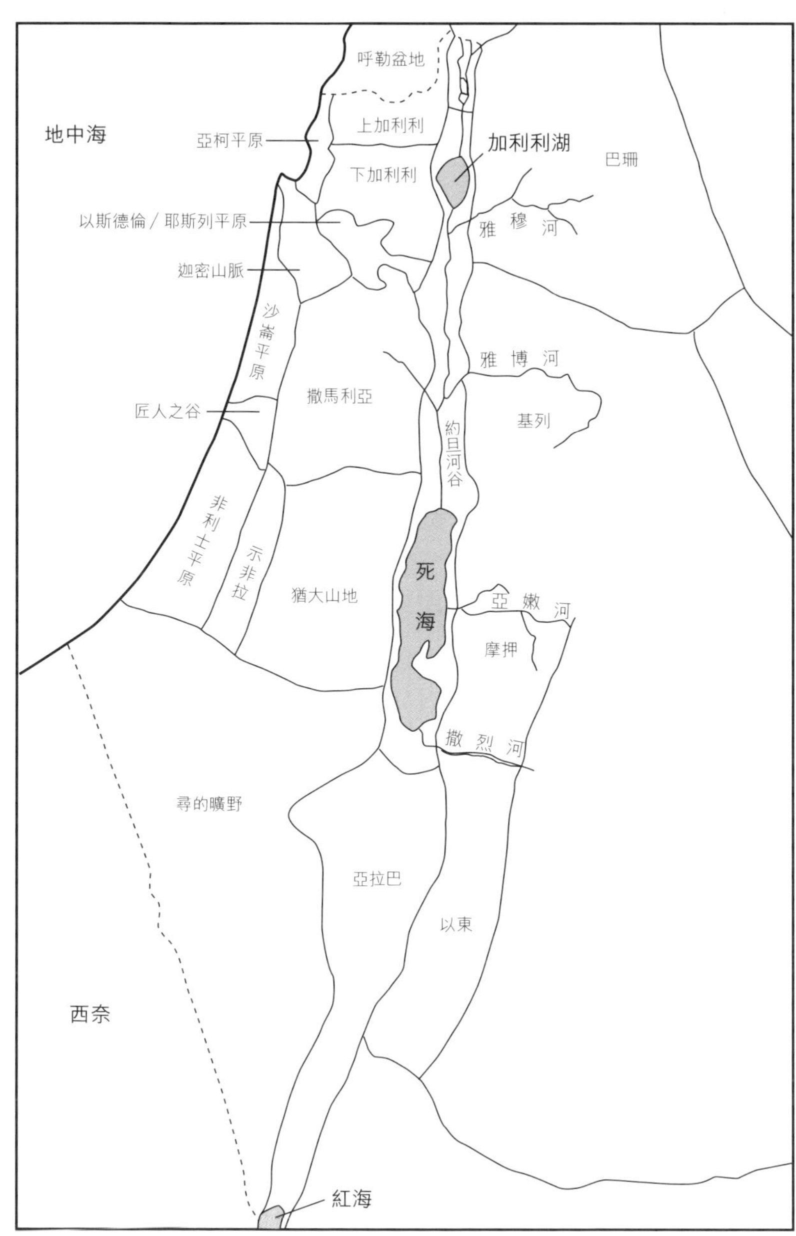

圖 1.4　聖地不同的區域

Alluvial Sands & Soils
沖積沙和沖積土
Soft Limestone
軟石灰岩
Chalk
白堊
Cenomanian Limestone
森諾曼石灰岩
Jurassic Limestone
侏羅紀石灰岩
Sandstone
沙岩
Granite
花崗岩
Volcanic
火山岩
北
加利利湖
地中海
死海

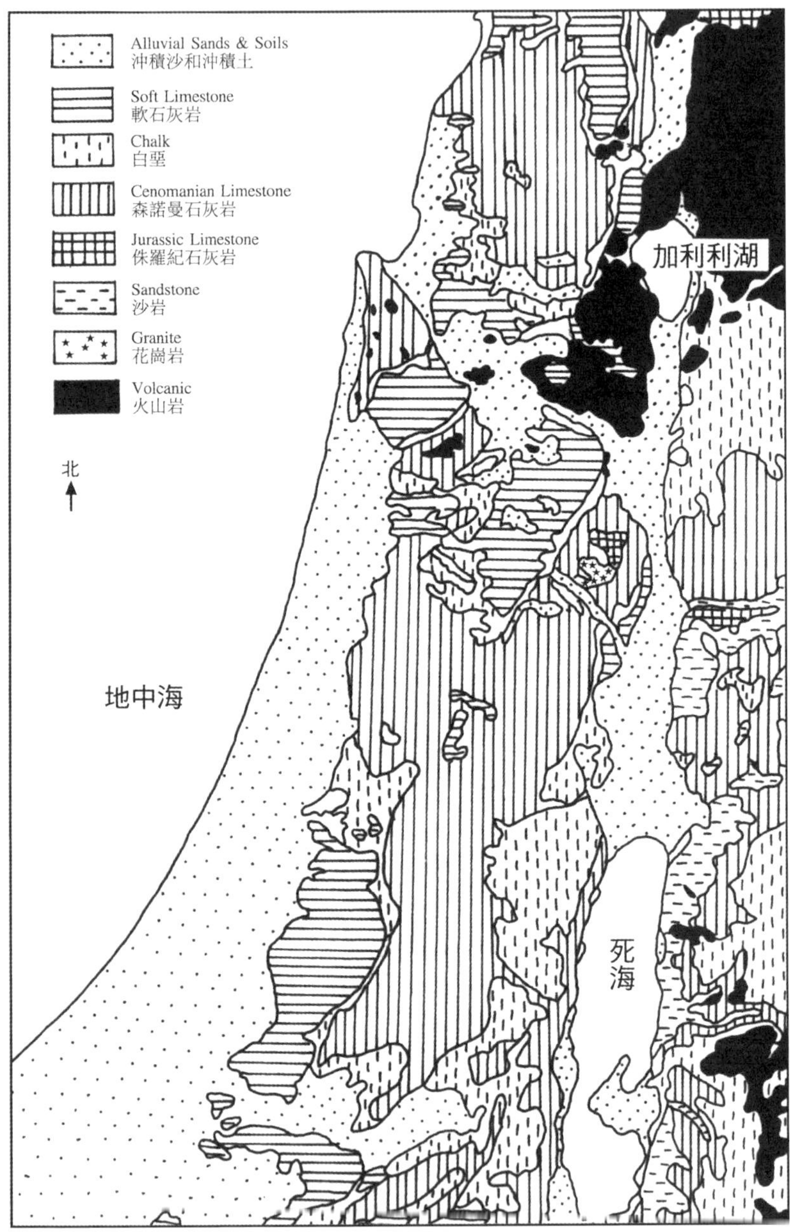

圖 1.5　聖地的地質圖

國際大道
地區公路
次要道路
城市
北
地中海
0 10 20 30 哩
20 40 公里
大馬士革
推羅
夏瑣
加利利湖
米吉多
伯善
示劍
約帕
拉巴
（安曼）
耶路撒冷
希伯崙
迦薩
別是巴
死海
沿海大道
京土大道
山脊大道

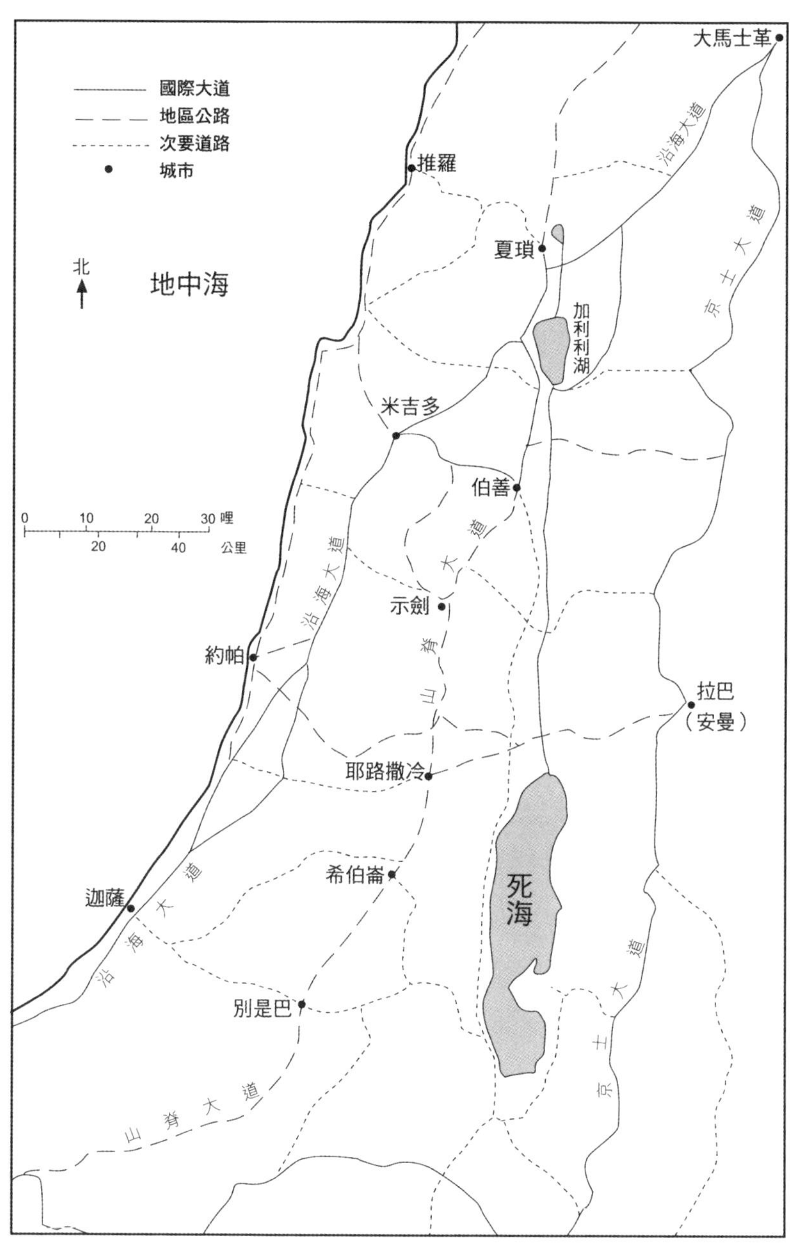

圖 1.6　聖地的交通要道

推薦書目

Aharoni, Yohanan, Michael Avi-Yonah, Anson F. Rainey, and Ze'ev Safrai, eds. *The Macmillan Bible Atlas.* 3rd ed. New York: Macmillan, 1993.（中譯：阿何尼、阿密約拿編。《麥克密倫聖經圖集》。台北：少年歸主社，1980。）一本按歷史時序而編的聖經地圖集，其中加插有聖經以外的重要事件。

Baly, Denis. *The Geography of the Bible*. New York: Harper & Row, 1974.（中譯：貝理丹尼。《聖經地理》。呂榮輝譯。香港：基督教文藝出版社，1987。）本書雖已出版多年，但仍是較詳盡的聖經地理書籍之一。

Josephus, Flavius. *The Complete Works of Josephus*. Translated by W. Whiston. Grand Rapids: Kregel, 1981. 此書是公元一世紀猶太歷史學家約瑟夫的作品。雖然約瑟夫作品的可信性受到質疑，但對新約史地的研究而言，此書仍屬不可或缺的參考資料。

Pritchard, James B., ed. *Ancient Near Eastern Texts Relating to the Old Testament.* 3rd ed. with supplement. Princeton: Princeton University Press, 1969. 此書為舊約聖經時代的文獻提供最豐富的第一手資料。

Rasmussen, Carl G. *The Zondervan NIV Atlas of the Bible*. Grand Rapids: Zondervan, 1989. 本書把聖經的地理和歷史分為兩部分探討，但地理中有歷史，歷史中有地理。

Stern, Ephraim, Ayelet Lewinson-Giboa, and Joseph Aviram, eds. *The New Encyclopedia of Archaeological Excavations in the Holy Land.* 4 vols. Jerusalem: Israel Exploration Society, 1993. 除了個別地點的挖掘報告，這四冊典籍可說是最豐富的考古資料庫。

註釋

1. 計有沙地阿拉伯、科威特、阿曼、巴林、卡達、也門、阿拉伯聯合酋長國等。
2. 《和合本》譯為「伯拉大河」。
3. 約八寸。
4. 現名 Wadi Hasa。
5. 現名 Wadi Mujib。

6. 現名 Wadi Zarqa。
7. 現名 Wadi Yarmuk。
8. 紅海亞喀巴灣北部的港口。
9. 約一百哩。
10. 希伯來語「紅」，又名「西珥」（Seir；參創三十六 9）。據聖經的記載，以東人是以掃的後裔（創三十六 1；民二十 14）。
11. 約四千九百五十尺。
12. 此道貫通沙地阿拉伯和大馬士革。
13. 此道貫通波斯拉（Bozrah）和迦薩（Gaza）。
14. 希伯來語為 *mîšōr*，意即「高原」，《和合本》譯為「平原」。參申三 10；書十三 9、16。
15. 參「摩押石碑」（Moabite Stone）、「米沙石碑」（Mesha Stele）。
16. 現名「以拉他」（Elath）。
17. 舊約聖經中的亞拉巴指死海到加利利湖的河谷。參申三 17；書十一 2；撒下二 29。
18. 參申三 17，四 49；書三 16，十二 3；王下十四 25。
19. 參創十四 3；民三十四 3、12；申三 17；書三 16，十二 3，十五 2、5，十八 19。
20. 參耶四十九 19，五十 44。
21. 參民三十四 11；申三 17；書十三 27，十九 35。
22. 太四 18，十五 29；可一 1，七 31；約六 1。
23. 約六 1，二十一 1。
24. 路五 1。
25. 高達海拔一千多米。
26. 「南地」是希伯來語 *negeḇ* 的意譯。
27. 希伯來語 *bəʾēr šeḇaʿ*。別是巴的意思是「七井」或「盟約之井」。參創二十一 31，二十六 33。
28. 參撒上二十二 1～二十七 6。
29. 如希律堡（Herodium）、馬撒大（Masada）等。
30. 學者認為海民源於希臘地區。
31. 參王下十八 13～37；賽三十六 1～22。
32. 參代下十四 9～10；彌一 15。

33. 名稱源於以色列人十二支派所得之地。參書十六～十八章。

34. 由於山脊也是約旦河西的分水嶺，因此又稱「分水嶺道」(Watershed Road)。

35. 以他泊山(Mt. Tabor)、以伯蓮(Ibleam)及黑甲(Helkath)為三角的三個尖端。

36. 意即「米吉多」的山(參啟十六 16)，指米吉多地區的耶斯列平原。

37. 意即「穀神」。參撒上五 2～5。

38. 亞柯當時名「多利買」(Ptolemais)。參徒二十一 7。

39. 參王下十八 34，十九 12～13；賽十四 31，四十一 25；耶一 13～15，四 6，六 1、22，十 22。

40. 參民十四 39～45，二十～二十一章。

41. 又名「王道」。

42. 又稱「分水嶺道」，參本章註 34。

43. 即"Way of the Sea"或"*Via Maris*"，又名「大幹道」(Great Trunk Road)。

44. 民二十 17，二十一 22。

45. 參創十二～十三章，十四 13～24，二十二章。

46. 創二十八 10～22，三十三 18～20，三十五章。

47. 參創三十七章。

48.《和合本》譯為「大馬色」。

49. 參士四～五章，六～八章；撒上三十一等。

50. 以色列／巴勒斯坦面積的計算方式：東西以約旦河及地中海為界，南北以別是巴及但為界。

51. 南北埃及的象徵分別是蓮花及紙草(papyrus)。

52. 亦因此緣故，南部稱為上埃及，北部則稱為下埃及。

53. 即現今開羅的地區。

54. 如"Turin Canon of Kings"、"Palermo Stone"、"Karnak Table"、"Abydos Table"等(公元前十三～十五世紀)及"Manetho"的記錄(公元前三世紀)。

55. 又名「米尼斯」(Menes)。參「納默爾石碑」(Narmer Palette)。

56. 又名「亞肯亞頓」(Akhenaton)。

57. 米聶他碑文中的「以色列」是指以色列國還是以色列民族，學者有不同的意見。

58. 參王上十四 25～26；代下十二 1～9。羅波安已預計示撒有此行動，參代下十一 5～12。

59. 現名「樂蜀」(Luxor)。

60. 參耶二 36～37，四十二 7～四十三 4。

61. 耶四十三 5 ～ 7；參王下二十五 25 ～ 26。
62. 《和合本》譯為「希底結河」。
63. 《和合本》譯為「伯拉大河」。
64. 參創二十四 11，二十九 2。
65. 如蘇默王國、亞甲王國、蘇默復興的王國、古巴比倫王國等。
66. 又可音譯為 Qarqar。
67. 參撒縵以色三世的「黑方尖塔」（Black Obelish）。
68. 參尼四 1 ～ 2；約四章。
69. 參王下十八 13 ～ 14，十九 8。
70. 參王下十八 13 ～十九 37，以及西拿基立的「西拿基立角柱」（Sennacherib Prism）。
71. 參拉一 2 ～ 4；代下三十六 23；拉六 3 ～ 5。
72. 參王下十六 5 ～ 20；賽七章。
73. 參王下二十三 29 ～ 30。
74. 參耶二十 3 ～ 6。
75. 參王下十七 1 ～ 6。
76. 參王下十八～十九章。
77. 參王下二十三 31 ～ 35，二十四 1 ～ 7。
78. 王下二十五 25 ～ 26。

第2章 律法書

周永健

2.1 律法書概論

2.1.1 名稱

2.1.2 律法書的地位

2.1.3 作者

2.1.4 合一性與相異性

2.1.5 形式體裁

2.2 五經的結構與內容

2.2.1 始源（創一～十一章）

2.2.2 先祖的事迹（創十二～五十章）

2.2.3 以色列民出埃及（出一～十八章）

2.2.4 以色列人在西奈山（出十九1～民十10）

2.2.4.1 立約的過程

2.2.4.2 建造會幕的指示

2.2.4.3 在會幕事奉的禮儀

2.2.4.4 繼續行程的準備

2.2.5 以色列人在曠野的飄流（民十11～三十六13）

2.2.6 摩西在摩押平原上的回顧及訓勉（申一～三十四章）

2.3 五經的神學主題

2.3.1 近代有關五經主題的研究

2.3.1.1 薛高

2.3.1.2 杜輔

2.3.1.3 克萊斯

2.3.1.4 孫達師與關能

2.3.2 中心主題：立約

2.3.2.1 神與挪亞的約

2.3.2.2 神與亞伯拉罕的約

2.3.2.3 神藉摩西與以色列民所立的約

2.1 律法書概論

2.1.1 名稱

聖經的首五卷書通常被稱為「摩西五經」(Five Books of Moses),或簡稱「五經」(Pentateuch)。猶太人稱之為「妥拉」(Torah, *tôrā^h*),即「律法」之意。在希伯來的正典中,這五卷書曾先後被稱為律法書(申三十一26;書一8)、律法(尼八2、7、13)、耶和華的律法(代下十七9,三十四14;尼九3)、摩西的律法(書八31;王上二3;王下十四6)及摩西的書(代下二十五4,三十五12;拉六18)。可見五經在舊約的時代已奠定它的地位。「律法和先知」代表了整本舊約聖經。

2.1.2 律法書的地位

「律法」不僅是指法律的條文,還含有訓誨、教導的意思。律法書在古代以色列人的信仰和羣體生活中佔著極重要的位置。律法是以色列人信仰、生活和行事的準則,凡事皆須依照耶和華所吩咐摩西的指示而行。在以色列人的歷史裏,從摩西開始到進入迦南、士師掌政、立國,以至王國分裂與興衰的每一時期，全國上下都要遵守耶和華所頒佈給他們的律例和典章。

2.1.3 作者

五經與摩西的名字連在一起，傳統相信摩西是五經的作者。這不是沒有根據的。在五經內，多次提及摩西將耶和華的命令寫下來（出十七 14，二十四 4～8；民三十三 1～2；申三十一 9、22）；舊約的其他書卷亦有相似的見證（書八 31，二十二 9；士三 4；王下十四 6）。新約同樣將律法與摩西等同並列（太十九 8；可七 10，十二 26；路二十四 27；約五 46～47）。因此，耶和華是藉著摩西向以色列人頒佈律法的這個觀念，在舊約本身有著清楚而牢固的傳統。儘管如此，接受傳統說法的學者，亦即認同摩西是五經的基本作者的，並不認為五經全部都是摩西所寫。

近百多年來，聖經文學及歷史等考證學的研究結果認為，五經來自多個不同的底本源頭。雖然學者的理論不一，但直到最近，比較一致的看法仍是以 J、E、D、P 等底本為五經背後所根據的文獻。[1] 另一方面，原來的文學分析所引致的底本學說，已與宗教發展的理論結合，對古代以色列人的宗教和歷史繪畫出一幅與聖經相異的圖畫，對五經作者問題的討論亦由此進入了另一更為複雜的層面。

近代的研究成果指出，五經的完成經過了複雜而漫長的過程，其內容涉及不同的來源和傳統，經後人編輯而成書。考證學使我們注意到經文的結構、文學體裁、字彙、重複語句、神學表達等多方面的現象，固然可幫助我們了解經文的含義，但在五經寫成的悠長過程中，其中不少細節已不可考據，因此，不同的論說既為我們提供了不同的可能性，可供我們參考，但當中亦有部分僅屬猜測和推論而已。

2.1.4 合一性與相異性

五經的作者是誰，不是最重要的問題，但作為一部完整的作品，五經絕不是雜亂無章、東拉西扯、由不同片段拼湊而成的著作。五經的合一性在於書中的歷史記述，由亞伯拉罕開始，發生的事件按著次序和連貫性被一一記錄下來，這不僅構成了五經的架構，亦成為整個舊約故事不可缺少的骨幹。歷史的記述帶出了重要的神學主題，如創造、應許、揀選、拯救、立約、律法、土地等，其中以色列人出埃及的事件更是顯要的中心。五經的內在統一性說明了這書是一部經過仔細構思而寫成的作品，作者與編訂者的目的，是要表明上帝在以色列祖先和以色列民族起源期間的工作。

然而五經的內容亦顯示出它有內在的相異性和複雜性。下段將論及書中的不同文體。其中包含的法典或法律文獻，分佈於各種記敘的不同段落之中，有時缺乏緊密的連貫性，其題材亦欠缺明確次序。上帝的名字「耶和華」（Yahweh）與「伊羅興」（Elohim）分別在不同部分出現，加上字彙、句法、風格等的差別，以及重複的記述與相似的事件等，都反映出五經是經過一段傳遞過程及經文演變，方才完成的。

2.1.5 形式體裁

五經雖被稱為律法書，但卻不是一套有關法律條文的書籍。五經基本上屬於敘述文體，講論的是過去發生了的事，體裁亦頗為多樣化，包括：

1. 歷史記述：五經有很多部分都是歷史往事的記述，如創世記、出埃及記一至十八章、民數記十章 11 節至三十六章 13 節。
2. 詩歌：如拉麥之歌（創四 23 ～ 24）、紅海之歌（出十五 1 ～

18）、摩西之歌（申三十二 1～43）。

3. 律例典章：如十誡與約書（出二十～二十三章）；獻祭、祭司、節期及潔淨的條例（利未記全書；民五～八章；申五，十二～二十六章）。
4. 家譜：如創世記五章，十一章 10 至 26 節；出埃及記六章 14 至 27 節。
5. 講章：如摩西在申命記中的訓話。
6. 預言：如創世記九章 24 至 27 節，四十九章 1 至 27 節；民數記二十四章 15 至 25 節。

2.2 五經的結構與內容

律法書雖共有五卷，但整體而言其實是一卷書。下文將進一步闡述上面曾提及的合一性和記敘架構，並就五經的內容勾勒出一個梗概。

2.2.1 始源（創一～十一章）

五經一開始便以萬物的起源作導論，交代萬物的來歷，「創世」只是引言。創世記以「起初」作開始，因此把本書視為一本關於「萬物起源」的書應更為貼切。在創世記一至十一章，作者用簡潔的手法講述上帝在「六日」之內創造了世界和人類、始祖犯罪的經過，以及早期人類歷史發展的事件，包括洪水、巴別塔和挪亞三個兒子的後裔。

創造的記載不是歷史性或科學性的記錄，更不是目擊者的報告。作者用「六日」的形式和次序來描述神創造的經過，其主旨在於陳明神在創造過程中所定下的秩序，其中兩個重要的用詞和觀念是「分開」和「充滿」。[2] 若按照這兩個重複出現的用詞，以及創世記一章的格式和結構來了解創造的記錄，可以發現經文的重點在於說明，神的創造是從「空虛」到使世界充滿生物，從「混沌」到分開，到井井有條，以致世界適合人在其中生存居住。至於「日」是否指二十四小時的一天，就不是重要的問題，無須堅持或爭辯。

創世記五章及十一章記錄了從亞當到亞伯拉罕的家譜。由亞當至挪亞有十代，由閃至亞伯蘭也有十代，兩個家譜相當對稱（試比較太一 1 ～ 17）。家譜的目的是追溯亞伯拉罕的祖先，見證人類在洪水之後，照著神所應許的，在地上繁衍後代，並顯示神所揀選的家族。這兩章的家譜不一定是完整、沒有間斷的，因此不應用作計算歷史年代。

古代近東，有蘇默（Sumerian）和巴比倫關於創造和洪水的神話流傳下來。例如《以魯瑪伊力施》（*Enuma Elish*）講述瑪爾杜克（Marduk）殺了天阿瑪（Tiamat），用她的軀體造成世界；創造在這個神話中只佔一小部分，整個神話的重點在於高舉瑪爾杜克過於別的神。《吉加墨施詩史》（*Gilgamesh Epic*）則提及主角在尋找永生的旅途中，遇見了經過洪水浩劫後的生還者烏拿比施提（Utnapishtim），從他得知洪水的故事，但這不過是一段小插曲，記於第十一塊泥版。此外，《雅特拉哈西士史詩》（*Atrahasis Epic*）亦包含了創造和洪水兩個主題，講及眾天神造人原是要他們代替眾神作勞役的工作，只是後來因被人的聲音吵得不能入睡，一怒之下才用洪水毀滅人類。這些神話與聖經的記載有相似之處，是無可否認的事實，但兩者的差異也非常顯著，不論是從宗教或道德的角度來看，都不能混為一談。在同樣的古代文化背景裏，以色列和米所波大米顯然都承受了類似的傳統，這些傳統可追溯到更古遠的源頭。創造和洪水正是屬於這樣的例子，而聖經這方面的記錄不但保存了一神信仰，與古代神話背後的傳統比較，亦來得簡單和純正。[3]

2.2.2 先祖的事迹（創十二～五十章）

創世記的第二部分關乎以色列民族的起源，內容講述他們先祖的生平事迹。嚴格來說，這部分由十一章27節開始，主要人物是亞伯拉罕、以撒、雅各和約瑟。之前的十一章是背景，為其後耶和華從萬國萬民中呼召亞伯拉罕的記述鋪設歷史舞台；而本段的焦點則集中在亞伯拉罕身上，由他一個人發展至一個家庭、一個民族。其中談論的不是世界性的國家大事，而是發生在家庭中的日常生活事件，如移民、不育、生子、嫁娶、不和、父母偏寵、兄弟相爭等。就在這些平凡的事件中，上帝介入人的生命，帶來改變與更新，向人啟示祂的旨意，成就祂的計劃。本段結束時記敘了雅各的子孫下到埃及寄居，為接下來發生的重大歷史時刻留下伏筆。

創世記的經文中有一個字，音譯作「吐勒都」（toledot, *ṯôlᵊḏôṯ*），是我們了解這卷書的一個鑰字。在《和合本》聖經，這字除譯作「來歷」（二4）和「記略」（三十七2）外，其餘均譯為「後代」。「吐勒都」先後出現過十一次，有些用來引出家譜中後代的名字，有些用於記述人們的生平事迹。我們可根據此字出現之處，以人物為主線，將創世記分為十段。以下為每段開始時的章節：

1. 用於家譜的，計有：亞當（五1）、挪亞的兒子（十1）、閃（十一10）、以實瑪利（二十五12，參原文）、以掃（三十六1、9）；
2. 用於記敘的，包括：天地（二4）、挪亞（六9）、他拉（十一27）、以撒（二十五19）和雅各（三十七2）。

從「吐勒都」來看創世記整體的結構，當更能貼近作者撰寫本書的原意，就是從亞當開始，直到書末，最重要的內容不在別的，就在於書中人物和事迹所傳遞的信息。我們甚至不必將全書分作兩大部分去理解，也是因為這個原因。特別是亞伯拉罕等先祖的事迹所彰顯的神的作為，更是本書的重要信息所在。[4]

近代對聖經中先祖記敘的研究，主要圍繞兩個課題：先祖的歷史性（historicity）及年代問題（chronology）。一些學者質疑有關記錄的真確性，認為只是傳奇故事，亦有些學者否定先祖等人的真實存在。但問題在於，現代學者認為必須有聖經以外的證物及當代的文獻作為支持，才能證實聖經記載的真確性；這其中涉及的，是先祖的記錄究竟屬於哪類型文學體裁及其可靠性的問題。[5]

2.2.3 以色列民出埃及（出一～十八章）

出埃及記頭十八章記述以色列人出埃及的經過。這部分可分作兩段：

1. 出埃及記一至十一章記載出埃及前的境況。以色列人經過若干年代後，在埃及淪為奴隸，被法老苦待。在這之前的創世記已交代了為何雅各的子孫會在埃及出現。從本段起，摩西成為作者筆下的中心人物。上帝興起他，使他在法老面前行神蹟奇事，帶領以色列人離開為奴之地。
2. 出埃及記十二至十八章描述以色列人守逾越節、耶和華擊殺埃及人的長子，以及以色列人出埃及、過紅海、經曠野到西奈山下安營的經過。其中十五章 22 節至十七章 7 節一段，記述了以色列人在曠野發怨言、試探耶和華一事。

出埃及的日期是一個富爭議性的歷史性問題。早期說（early date）認為以色列人出埃及是在公元前十五世紀，約公元前一四五○年發生；晚期說（late date）則把日期延至公元前十三世紀，約為公元前一二九○年。前者是根據列王紀上六章 1 節的記載，即所羅門建造聖殿那年為以色列人出埃及後第四百八十年，再加上創世記的年代資料而推算出來的結果。後者則參照考古學的發現，指出公元前十五世紀時，約旦河東一帶都是荒蕪的廢墟，是渺無人迹之所，與聖經的記載不符；考古學反而發現公元前十三世紀的約旦河東與聖經所描繪的情況吻合。表面看來，這似乎是聖經與科學（考古學）之間矛盾的另一例子，但事實上，這只是用聖經來計算年代，並以此解釋目前找到的考古學資料，才會引起不協調。其實兩者都不能說是已有了最後的定案。列王紀上六章 1 節所說的四百八十年，可能是將過往不同的年代及時期累加而得出的年數，其中或有重疊的數字，因此不能作準確計算之用。至於考古學的資料，日後仍可能有新的發現，故此現今亦不宜作出太武斷的結論。

2.2.4 以色列人在西奈山（出十九 1～民十 10）

這一段經文是五經的核心，背景是以色列人在西奈山下安營，記載了歷時十個月又十九日的期間所發生的事。經文從出埃及記十九章開始，跨越利未記，直至民數記十章 10 節才結束，所佔的篇幅亦相當長。這部分可分作四大段：

2.2.4.1 立約的過程

耶和華與以色列人立約的經過，記載於出埃及記十九至二十四章。「立約」是律法書的重要主題，創世記已記述耶和華先後與挪亞（創九 8～17）及亞伯拉罕（創十七 1～14）立約。

在西奈山上，耶和華又藉著摩西與以色列民立約——祂作他們的上帝，以色列人作祂的子民。立約之後，耶和華頒佈律法，以此作為約的典章。

考古學家發現了古代的國際條約，特別是宗主國與附庸國所訂立的條約（suzerainty treaty），當中包括公元前二千年代赫人帝國（Hittites）和公元前一千年代亞述帝國（Assyrian）的條約文獻。在內容方面，這些政治上的不平等條約與聖經這裏所載的約固然不同，但它們在形式和結構上卻有相似的地方，這對我們研究立約的文化甚有幫助。

今天，我們對古代近東的法典（law codes）的認識增加了不少。摩西的律法並不是最早的律法，在此之前，已有蘇默和巴比倫的法典。其中較著名的是漢謨拉比法典（Code of Hammurabi），此法典寫於約公元前一七二〇年。該文獻出土時，不少學者把摩西的律法與之比較，由此認為以色列人的律法源自巴比倫。這樣的觀點實過於簡化，因為二者既身處同時代的文化世界，自然有文化的共通之處。法典寫成之前，先會經過一段流傳的時期，並在不同社羣及處境中發展；而舊約聖經的律法與巴比倫的法典正好說明兩者的差異——特別是在不同的宗教背景下，法典所蘊含的道德和價值觀，以及其衍生出來的社會公義與刑罰制度，明顯是不一樣的。

2.2.4.2 建造會幕的指示

出埃及記二十五至四十章的重點，是以色列人依照上帝的指示建造會幕。在結構方面，經文的前部與後部是互相呼應的。前部（二十五～三十一章）記載了耶和華的吩咐，清楚列明建造會幕必須用的材料、尺碼、顏色等；後部（三十五～四十章）記述以色列人遵照耶和華的吩咐，完成會幕的建造工作。

在兩者中間夾著一段特別記載（三十二～三十四章），講述當摩西在山上時，亞倫在山下為以色列人鑄造金牛犢，招惹耶和華的怒氣，幸好得摩西懇切哀求，上帝才再次確定祂的約，繼續與以色列人同行。

會幕是耶和華與以色列人同在的可見記號。耶和華住在祂的子民中間，是立約的一個保證。會幕象徵上帝的同在。出埃及記結束時，提及會幕建造完畢，耶和華的榮光充滿帳幕，其上有雲彩遮蓋，只可惜摩西不能進去（出四十 35）。會幕保護了上帝的聖潔，同時亦保護了人，使人不致因親近上帝而被擊殺。問題如何解決呢？這要留待利未記來處理。

2.2.4.3 在會幕事奉的禮儀

利未記一開始便承接出埃及記的尾段，寫道：「耶和華從會幕中呼叫摩西……」（利一 1）而書中內容都關乎在會幕中事奉耶和華的禮儀，可說是給祭司專用的手冊。全書所關注的，在於指示尚未聖潔的約民以色列人，怎樣才可以親近聖潔的上帝耶和華。使人與神相隔的是罪，罪成了人親近神的攔阻。因此，要恢復人與神的關係和交往，必然涉及除罪與潔淨。利未記指出，約民必須遵照神所指示和規定的方式獻祭，才可得蒙赦罪。

利未記全書可分作兩大部分，**前半部**是一至十六章，展示人親近神的方法，包括：

1. 獻祭的律例（一 1～七 38）：描述獻祭的類別和祭司獻祭的細則；
2. 有關祭司的律例（八 1～十 20）：描述祭司分別為聖的禮儀、祭司的職分，以及獻祭的先後程序；

3. 潔淨的律例（十一 1 ～十五 33）：涉及潔淨與不潔淨的動物以及其他有關潔淨的條例；
4. 贖罪日（十六 1 ～ 34）：每年的七月初十日是為全以色列贖罪的日子。

利未記的**後半部**是十七至二十六章，論及人如何保持與神相交的生活，主題就是「聖潔」，故常被稱為「聖潔法典」。人藉獻祭而得著赦罪和潔淨，蒙神悅納；不過人亦要過聖潔的生活，遵守有關聖潔的教導與條例，討神的喜悅。

2.2.4.4 繼續行程的準備

民數記一章 1 節至十章 10 節，記載以色列人從西奈山起行前的準備。希伯來聖經根據民數記的首句，將本書稱為「在曠野裏」，能更貼切地說明了本書的主題。以色列人在西奈建造會幕及領受律法後，便準備繼續行程。起行前他們需要統計人口，最終點算出能打仗的男丁數目共有六十萬三千五百五十人，利未支派則沒有計算在內。他們亦須排列各支派安營和前行的次序和位置，以便建立秩序，施行有效的管理。此外，本段還有關乎利未人、拿細耳人、潔淨和會幕敬拜的條例。

出埃及的以色列人到底有多少？若按民數記所載的男丁數目作保守估計，約有二百多萬。如此龐大的數字不是沒有可能，只是從歷史和考古的資料來看，以色列擁有二百多萬人口，實在不太符合當日城市和人口的情況；而為數多達二百萬的羣眾在曠野前進並漂流四十年，亦涉及不少實際的困難。再說，有其他經文提及以色列人「在萬民中是最少的」，別國的民比以色列人更多（申七 7、17）。因此，如何理解這個數字，可說令人費煞思量。溫南（John W. Wenham）指出問題在於對原文

"ʾlp"的了解——這字通常譯為「千數」，但亦可解作「家（庭）」（士六 15）或「族長」（亞九 7，十二 5、6），也可指「軍中的統領」（書二十二 14）。按照溫南的推算，以色列中能作戰的勇士人數約為一萬八千，出埃及的總人數則大概有七萬人。[6] 溫南的計算方法不一定正確，卻代表了他認真處理經文的努力和嘗試，為我們提供了一種可能的解釋。

2.2.5 以色列人在曠野的飄流（民十 11～三十六 13）

民數記大部分是記述以色列人在曠野飄流的事迹，歷時共三十八年之久。這部分可主要分為兩大段：

1. 十章 11 節至二十章 13 節：記述以色列人來到加低斯巴尼亞，打發十二個探子窺探迦南地的情況，之後在該地一帶徘徊，直到三十八年後才有進展。本段與出埃及記十五章 22 節至十八章 27 節相似，敍述以色列人發怨言，並挑戰摩西的權威。結果不信的一代都在曠野死去。
2. 二十章 14 節至三十六章 13 節：主要講述從加低斯巴尼亞到摩押平原期間所發生的事。其中為人熟悉的事件包括：摩西造銅蛇、巴蘭的咒詛變為祝福、以色列人在什亭犯罪、數算男丁共有六十萬一千七百三十人、立約書亞作領袖以承繼摩西的工作等。

2.2.6 摩西在摩押平原上的回顧及訓勉（申一～三十四章）

申命記以民數記最後的記敍為背景，就是以色列人抵達了約旦河東的摩押平原。除了摩西離世一事以外，申命記沒有記載新的事件，只有補充而沒有提供新的歷史資料。申命記本身有它的特色。這是一本完整的著作，自成一格，因此有學者認為可與律法書的前四卷（創、出、利、民）分開，並將那四卷書稱為「四經」（Tetrateuch）。另一方面，亦有學者覺得摩西五經並沒講完以色列人入迦南的故事，倡議把約書亞記納入其中，以攻取迦南，得地為業作為整個故事的結束，於是又有「六經」（Hexateuch）之說。不過，五經的組合有悠久的傳統，以摩西的死作為一個時代的結束，亦有其道理。

列王紀下二十二章記載猶大王約西亞在聖殿發現律法書，時間是公元前六二一年。學者們相信，約西亞發現的是整卷律法書的部分，又或只是申命記。更有學者認為申命記是當時的作品，作者不知其名，可能是祭司或先知圈中的人，目的是要推行宗教改革，特別是廢除邱壇，鼓吹以耶路撒冷為敬拜的中心。「律法書」一詞是申命記所用的稱號，我們有理由推斷約西亞王在聖殿所發現的，是與申命記有關的書卷；但若說申命記是公元前七世紀才面世的著作，則須有更確實的證據和資料，如今我們只能視之為一種學說或觀點。

申命記以摩押平原為地理背景，對以色列人出埃及後在曠野四十年的生活作出總結，顯示他們已踏入一個新舊交替的過渡時期。本書收集了摩西在摩押平原對以色列人最後的訓話，有回顧與前瞻的意味，可以分為四大部分：

1. 一章 1 節至四章 43 節：這段落是歷史的回顧，複述以色列人從何烈山（西奈山）起行，經過曠野，停在加低斯巴尼亞，往西珥，過撒烈溪，直到摩押為止。其中提及摩西把約旦河東的地域分給兩個半支派，設立逃城，並勸勉百姓遵守律法。
2. 四章 44 節至二十八章 68 節：這是摩西的第二次訓話，以陳明律法作開始，以強調守約與否的後果（祝福或咒詛）

為結束。其中的誡命和律例，除了十誡外，還包括有關敬拜、君王、先知、戰爭、婚姻、立嗣、土產的條例。

3. 二十九章1節至三十章20節：在這段第三次訓話中，摩西重申約的要求，勸勉以色列人守約，應許悔改的必蒙赦免，呼籲百姓選擇生命。
4. 三十一章至三十四章：這是摩西最後的一段訓話，也是臨終前的勸勉，講述他傳授律法書給眾領袖，並作詩歌為記。訓勉完後，摩西登上尼波山，遙望神所應許的迦南美地，為百姓祝福後便與世長辭。

2.3 五經的神學主題

五經的統一性或內在的一致性，除了顯示於記敘的架構之外，還可以從五經的主題看到其連貫性與合一性。學者對如何闡釋五經的主題，持不同的進路和見解，但基本上都是大同小異。下文會先簡介比較有代表性的觀點，然後再討論五經中一貫的主題。

2.3.1 近代有關五經主題的研究

2.3.1.1 薛高

薛高（Moses H. Segal）指出，五經中的記敘與律例是分不開的，這些記敘一方面記述過去的事件，另一方面又記錄了其後的律例之定立，而五經所記述的往事，是經過作者挑選，符合全書主題的。按薛高的分析，五經的主題關乎以色列從萬民中被揀選，分別為聖歸予神，在神所指定的地土上事奉祂，並遵行祂的律例。[7] 換言之，五經的主題有幾個重點，就是以色列蒙揀選、分別為聖、土地及律法。

2.3.1.2 杜輔

杜輔（Roland de Vaux）認為五經的內容環繞著四個主題，就是應許、揀選、立約和律法。[8]它們都是互相關連，一環扣著一環地發展出來的：一、創世記有關人類早期與直到亞伯拉罕出現之間的事迹，都以盼望與應許作結束；二、神對亞伯拉罕的呼召純粹是神的揀選，而以色列蒙選召，就是令這揀選達致完滿的行動；三、神與人立約的關係，是神揀選的具體說明；四、以色列人守約，在乎遵行約的律法。

2.3.1.3 克萊斯

克萊斯（David J. A. Clines）對五經的主題作出了深入的研究與闡釋，廣為學界接納。他認為五經的主題是神對列祖的應許和祝福的局部應驗，而全部的應驗則要待將來才能見到。應許和祝福是神主動的作為，而人「自作主動」的事情，往往引發危機，甚至招致悲慘的下場。神的應許和祝福再度肯定了神從起初便對人存有的心意。[9]

根據創世記十七章1至8節的經文，克萊斯指出神對亞伯拉罕的應許有三方面：賜他眾多的後裔（6節）；作他和他後裔的神，亦即表示神與他們建立特殊的關係（7節）；把迦南地賜給亞伯拉罕的後裔為業（8節）。五經的主題就是記述這些應許如何逐步成就，而在過程中雖然出現困難、挑戰與危機，但始終不能廢掉神的應許和阻止它應驗。這三方面的應許貫穿於五卷律法書之中，只是每卷書各有不同重點，應許的成就亦各有先後次序。下文簡略介紹一下克萊斯的看法。

創世記十二至五十章強調有關「後裔」的應許，突出亞伯拉罕年老得子的事件，繼而是雅各和他的十二個兒子如何發展成為一個民族、十二個支派的過程。出埃及記開始時便見證了這

方面的應許得到實現：「以色列人生養眾多，並且繁茂，極其強盛，滿了那地。」(出一 7)

出埃及記和利未記進一步顯明第二方面的應許，就是「建立神與人的關係」：從神要作亞伯拉罕和他後裔的神(創十七 7)，到在西奈山神與以色列人立約，給他們「神的子民」的身分(出十九 5～6)；從神吩咐亞伯拉罕在祂面前作完全人(創十七 1)，到在西奈山神頒佈律法，要求祂的約民以色列人遵守(出二十四 1～8)，都表明神一再確立祂與亞伯拉罕及其子孫的關係。

至於第三方面的應許——迦南美地，是民數記和申命記的關注點。以色列人出埃及，目的地是迦南；他們離開西奈向前進發，其目標就是要得到這塊美地為業。民數記所描述的曠野行程，便是指向這個應許的實現。他們要數點人數，要知道能打仗的男丁有多少，因為要得到該地，就得攻佔、征服迦南。以色列人向前邁進的目標是清晰的：「我們要行路，往耶和華所應許之地去；他曾說：『我要將這地賜給你們。』」(民十 29)民數記強調以色列人奪得約旦河東的土地(民二十一 24、35)，摩西亦計劃將土地分配給眾支派(民二十六 52～56)。雖然五經結束時，他們尚未過約旦河入迦南，但神的應許已經實現，只等待完全的應驗。

在神的應許成就的過程中，有不少困難和危機出現，人的信心亦多次受到嚴峻的考驗。五經的主題帶出了神的信實，人需要堅定不移地相信神，並依照神的指引行事。人若自作主張，違背神的吩咐，只會為自己招惹禍患；相反，人若倚靠神，以敬畏的心遵從神的指示，必能安然渡過危機，經歷神的救助。在五經中，我們往往讀到一些人與事，無論是出於人為的因素還是出於自然，似乎都會對應許的實現構成威脅，但結果這些威脅仍給一一消解，化險為夷，顯明「耶和華豈有難成的事麼」這句話是真確的(創十八14)。這些人和事包括:撒拉不育、獻以撒為祭、迦南地發生饑荒、手足相殘、法老要殺盡希伯來人的男嬰、法老不容許以色列人離開、紅海擋著前路、以色列人在曠野發怨言、鑄造金牛犢、神發怒要滅絕以色列人、相信十個探子的報告而不肯前進並攻取迦南等等。這些記載都與應許的實現有關,構成了五經主題所包含的重要部分。

2.3.1.4 孫達師與關能

在五經裏,記敘和律例是分不開的。這個雙重點是律法書「妥拉」的特色。孫達師(James A. Sanders)曾指出,從正典的觀點來看,律法書平衡地結合了故事與律法。律法書從沒有失去「密佛士」(mythos)及「伊佛士」(ethos)的雙重特性。[10] 關能(Michael D. Guinan)則指出「密佛士」一字不應以現代「神話」(myth)的意思去理解。他按照原文專用的意思,認為這字解作記敘或故事,指向一個信仰羣體所接受的傳統往事,以及由此而形成的世界觀。[11] 從另一角度說,「密佛士」包括了人對本身存在的認識,以及對各樣事物意義的理解。至於「伊佛士」指的是人在確認了本身的身分後,進一步了解自己在歷史洪流中所擔當的角色,以及所應負的責任。「伊佛士」由此顯示出,人在這一切生活、行事和關係的建立上所依循的準則、價值和理想等等。換句話說,「密佛士」和「伊佛士」分別發揮了五經中歷史記敘和律法的兩個主題,並賦予它們現代的意義。

五經是神賜給祂子民的書卷。當日的以色人領受律法的訓誨,透過歷史的記述而認識本身的來歷,並把這故事世代相傳。他們的「密佛士」,焦點是耶和華神:是祂創造這個世界;是祂呼召亞伯拉罕,揀選他的後裔成為屬神的約民。從五經的記敍中，以色列人知道自己民族的源頭，確立自己的身分，並且界定與別的民族及其他事物的關係。作為神的選民，應如何行事為人，分辨真假，棄惡行善，履行使命，就在乎他們有否遵守神所賜的律例典章。五經中「密佛士」所回答的問題，即昔日以色列人的問題，亦同樣是今天我們這信仰羣體的問題：「我是誰？我從何處來？這個世界如何形成？我如何能在其中找到生存的意義？」另一方面，五經中的「伊佛士」所針對的，是實存的問題：「我應如何行事？如何過活？如何建立關係？靠賴甚麼指引、價值和準則？我有甚麼責任？」這兩個重點亦是新約在兩方面的提示：福音書與使徒行傳記敍耶穌基督的生平事迹和初期教會的歷史，使我們能認識福音的內容及教會的始源；新約的書信教導個別信徒和羣體如何生活、成長、行事、作見證、傳福音等，使我們既然蒙召，行事為人就可與蒙召的恩相稱（弗四 1）。

關能進一步指出，五經裏的「伊佛士」可以分為「回應」（response）與「對話」（dialogue）兩個層面。在五經中向人啟示的神，是一位創造、管理的神。是祂造出秩序，按著祂自己的形象造人，賜予生命，並使生物遍佈全地。我們對這位神的回應是「單向」的：我們要敬拜祂，敬畏祂，服事祂，聽從祂。這是申命記所強調的信息。「伊佛士」的另一個層面是人與神「對話」，屬於「雙向」的關係。神所作的，人也要照著並隨著去作：人不是神，但人是神的形象，因此人要按著神的意念去思想，照神所給予的定義和解釋去理解事物；人也能夠創新、帶出秩序、管理、守約、施愛、救助人、解放為奴者等等。律法書告訴以色列民，也告訴今天信靠神的子民：我們有著雙重的身分——既是神所造、有神形象的人，也是神所救贖、屬於祂的約民。我們要知道五經中的故事「密佛士」，才能明白自己的身分；聽從五經中的律例典章「伊佛士」，才能活出神的形象和神選民的身分。

2.3.2 中心主題：立約

上文引述的幾位學者有關五經主題的觀點，相當有代表性。事實上，他們不同的進路與闡釋，均可溯源至立約這中心主題。在五經裏，立約是神與人建立關係的一種表達、一種方式；在立約的關係之中，神向人作出承諾，作出應許，並施予恩典，藉此逐步實現祂救贖的計劃。

2.3.2.1 神與挪亞的約

神用洪水毀滅當時的世代，因為人在地上肆意妄為，罪惡滔天，但祂仍與挪亞立約（創六 18）。經文指出，挪亞是個義人，與其他行為敗壞的同代人有別；更重要的是，挪亞在耶和華眼前蒙恩。神與挪亞所立的約有幾個特點：這約是神主動和單方面的行動，由祂設計和執行，在這過程中，人完全沒有參與。立約的對象不限於挪亞本人，亦包括他全家、他的後裔，以至一切活物，就是飛鳥、牲畜和走獸（創九 8～10）。神與挪亞所立的約，是普及全世界的約。

約的內容是神的應許。這次洪水之後，神應許不會再用洪水滅絕生靈，毀滅大地（創九 11）。神如此應許，並不是因為祂知道洪水之後人不會再犯罪，蒙祂悅納；相反，經文清楚提到「人從小時心裏懷著惡念」（創八 21），神深知人的軟弱。祂不再因人的緣故咒詛地，不再滅絕各種活物，卻使四季依舊運作不息，社會文明進步，歷史發展有序，這全都是基於祂的恩典和憐憫。神與挪亞所立的約，是神在人類歷史進程中施行救贖的基礎。這約是沒有條件的，人無須作任何事，也不可能背約。挪亞之約是一個祝福，以天虹為記號，神看見就記念祂與地上各樣活物所立的永約。

2.3.2.2 神與亞伯拉罕的約

同樣，神與亞伯拉罕所立的約也是恩典之約，其中包含了神對亞伯拉罕和他後裔的應許。約的對象，從集中在一個人身上，延續至他的後代。約的應許與祝福都來自神，這是約的特徵。不過，亞伯拉罕的約出現了新的元素。約既是關係的建立，就涉及立約的雙方。神仍採取主動，但並不是獨立行事的，祂需要人作出回應。亞伯拉罕信耶和華，耶和華就以此為他的義（創十五 6）。信心是人對神所賜應許的回應。神不是基於人的信心而與人立約，因此信心並不是立約的條件；但人必須存有信心，才能活在神的恩約之中。神吩咐亞伯拉罕在祂面前作完全人，表示了祂對人亦有所要求，期望他們在恩約之中活出約民的身分。挪亞之約是普世性的，以天上的彩虹為記號可說十分適切；亞伯拉罕之約的對象是亞伯拉罕及其後裔，以他們肉身的割禮作為記號（創十七 9～14）是恰當的，且有除污潔淨的象徵意義。行割禮是約民的責任，守割禮便是守約。因此，不受割禮的男子就是背了神的約，必須承擔背約的後果。

2.3.2.3 神藉摩西與以色列民所立的約

這是西奈之約，在歷史與神學意義上，都是亞伯拉罕之約的延續。神拯救以色列人離開埃及為奴之地，是祂記念自己與亞伯拉罕等列祖所立之約而引發的行動。經文多次將兩約相提並論。西奈之約一如過往之約，強調神的主動作為，包括祂的拯救、祂頒佈的律法和建造會幕的吩咐等，但西奈之約更進一步強調約民的責任，就是要謹守遵行耶和華的律例典章。這是神吩咐亞伯拉罕在祂面前作完全人的具體指示，而且對象不只是一個人，而是整個以色列民族。

耶和華是守約施慈愛的神。祂是可信的，因為祂不能背乎自己。以色列人面對的考驗，是守約還是背約。守約是敬拜事奉獨一的真神耶和華，遵守祂的誡命，遵行祂的旨意；背約是離棄耶和華去隨從別神，不遵守祂的誡命，犯罪行惡。守約與背約是生命與死亡、祝福與咒詛之間的抉擇。神與以色列人所立的約是恩典之約，沒有任何附帶條件，但神對祂的約民是有要求的。以色列人必須守約，才能保持約民的身分，並得著神的祝福與眷顧。他們如果背約，便會從恩典中墮落，須承擔背約的後果。不過，他們縱然可以背約，卻不能將約毀掉。神所立的約是有功效的；以色列人若因背約而遭禍患，受管教，只表明神的約正在運作之中，並未被廢掉。以色列人日後的歷史，就在他們與神所建立的恩約關係中開展。神的指示已經非常清楚。以色列人的將來是如何的，視乎他們如何回應神的律例誡命。從這個角度來看，他們其實已掌握了自己的命運。

推薦書目

一般舊約導論書籍都有介紹五經的部分。若要了解較詳盡的資料和討論，可參閱專門討論五經的導論作品及專著。筆者在上文中按不同課題曾提及的一些相關著作，在此便不再重複，下面只開列一些其他值得參考的書籍。

Allis, Oswald T. *The Five Books of Moses*. Philadelphia: Presbyterian and Reformed., 1964 (1943). 此書初版於一九四三年。在現今普遍接受底本學說之際，作者的觀點代表了另一類聲音。作者曾是普林斯頓神學院的舊約教授，致力維護教會在五經作者問題上的傳統立場，質疑近代學說對聖經的批判。對他的觀點及所提出的論據，我們應以客觀的態度加以衡量，不宜忽視之，更不應冠之以「保守」的標籤，將之擱置一旁。

Blenkinsopp, Joseph. *The Pentateuch: An Introduction to the First Five Books of the Bible*. New York: Doubleday, 1992. 本書首先總結兩個世紀以來學者對五經研究的成果，描述了底本學説的發展，並指出到了二十世紀末，該學説已呈現出種種漏洞與缺點，而學者對可以辨認的底本來源，亦沒有取得一致的共識。作者的取向是歷史與文學並重，以結構與年代為五經的基本特色，並強調律法的意義。本書是很有參考價值的學術著作。

Frethein, Terence E. *The Pentateuch*. Nashville: Abingdon, 1996. 本書的重點在於剖析經文的意義，但它本身並不是一本註釋書。作者採納以經文及以讀者為本的雙重進路，在其上以神學為主導。頭兩章介紹研讀五經的方法論和建議，然後逐卷書按照記敍或本身的題材分段講解，精簡易明。

Green, William Henry. *The Higher Criticism of the Pentateuch*. Grand Rapids: Baker, 1978. 本書初版於一八九五年。作者與前面介紹過的艾理思（Oswald T. Allis）一樣，都曾是普林斯頓神學院的舊約教授，兩人對維護教會在五經作者問題上的傳統立場，可謂不遺餘力。他們的觀點及論據都不容忽視。

Griffith, Thomas W. H. *The Pentateuch Chapter by Chapter*. Grand Rapids: Kregel, 1985. 這是一本古典的著作，近年重新編印出版。作者是十九至二十世紀初期的解經家。本書提綱挈領地講述五經各書卷的內容，逐章分析，幫助讀者熟悉經文的內容，可作為讀經的良伴。

Poythress, Vern. *The Shadow of Christ in the Law of Moses*. Brentwood: Wolgemuth and Hyatt, 1991. 這是一本很特別的書。作者的出發點是探討舊約與新約的關係，而基督就是開啟了解舊約這寶庫的鑰匙。他指出摩西律法中有關獻祭、會幕的經文如何預表基督，以及基督在新約與神子民的關係。律法中其他有關罪的懲罰亦指向基督的救贖，以及消除罪惡的方法。

Sailhamer, John H. *The Pentateuch as Narrative: A Biblical-Theological Commentary*. Grand Rapids: Zondervan, 1992. 在眾多釋經書之中，單本的釋經書以此書為首選。作者在首章奠下解釋五經的基礎，強調五經是一本具有統一性的書，避開了爭議性的作者與底本問題，把焦點放在闡釋經文的意義上。本書提供了分析得很仔細的大綱，但不是逐節釋義，而是按著段落，逐一闡明從創世記至申命記貫徹一致的歷史記敍。

Whybray, R. Norman. *Introduction to the Pentateuch*. Grand Rapids: Eerdmans, 1995. 此書是作者接續其 *The Making of the Pentateuch: A Methodological Study*

(Sheffield:Sheffield Academic Press, 1987) 一書之後的作品，內容簡潔清晰，既深入淺出地討論五經的複雜性，介紹不同學說，又能依照五經的正典形式，帶出它的主題和意義。本書尤其適合初學者閱讀。

註釋

1. 參 J. W. Rogerson, *An Introduction to the Bible* (London: Penguin, 1999), 45 ～ 48。
2. 有興趣者可參閱 P. J. Wiseman, *Clues to Creation in Genesis* (London: Marshall, Morgan and Scott, 1977)。
3. 有興趣研究者，可參 K. A. Kitchen, *The Bible in Its World* (Downers Grove: InterVarsity Press, 1977), 19 ～ 36；Richard S. Hess and David Toshio Tsumura, eds., *I Studied Inscriptions from Before the Flood* (Winona Lake: Eisenbrauns, 1994)。
4. 參李思敬：《恩怨情仇論舊約》(香港：更新資源，1997)，頁 65 ～ 71。
5. 參 A. R. Millard and D. J. Wiseman, eds., *Essays on the Patriarchal Narratives* (Winona Lake: Eisenbrauns, 1980)。
6. 參〈有待商榷的舊約數字〉，《證主聖經手冊》(香港：證主出版社，1979)，頁 191 ～ 192。
7. "For the real theme of the Pentateuch is the selection of Israel from the nations and its consecration to the service of God and His laws in a divinely-appointed land." Moses H. Segal, *The Pentateuch* (Jerusalem: Magnes, 1967), 23.
8. 杜輔的觀點可見於他為《新耶路撒冷聖經》(New Jerusalem Bible) 撰寫的五經導言，參氏著："Introduction to the Pentateuch," in *The New Jerusalem Bible*, ed. Henry Wansbrough (New York: Doubleday, 1985), 13。
9. "The theme of the Pentateuch is the partial fulfillment—which implies also the partial non-fulfillment—of the promise to or blessing of the patriarchs. The promise or blessing is both the divine initiative in a world where human initiatives always lead to disaster, and a re-affirmation of the primal divine intention for man." David J. A. Clines, *The Theme of the Pentateuch* (Sheffield: JSOT Press, 1978), 29.
10. "In a canonical perspective, the Torah is a balanced intermingling of story and law ...

Torah never lost or loses the mythos-ethos character." James A. Sanders, *From Sacred Story to Sacred Text* (Philadelphia: Fortress, 1987), 43. 亦參孫氏的另一著作：*Torah and Canon* (Philadelphia: Fortress, 1972)。

11. Michael D. Guinan, *The Pentateuch* (Collegeville: Liturgical, 1990), 123～124.

第3章 歷史書

梁國權

3.1 舊約正典卷數、編目與歸類

3.1.1 基督教正典

基督教舊約正典的書卷共有三十九卷，分作四類：摩西五經（創、出、利、民、申）、歷史書（書、士、得、撒上、撒下、王上、王下、代上、代下、拉、尼、斯）、詩歌智慧書（伯、詩、箴、傳、歌）、先知書（大先知：賽、耶、哀、結、但；小先知：何、珥、摩、俄、拿、彌、鴻、哈、番、該、亞、瑪）。

3.1.2 希伯來正典

希伯來正典所包括的書卷，內容與基督教舊約正典的書卷相同，但卷數、編目與歸類則不盡相同。希伯來正典共有二十四卷，分作三類：律法（創、出、利、民、申）、先知（前先知：書、士、撒、王；後先知：賽、耶、結、十二卷小先知）、著作（又稱「聖卷」；詩、伯、箴、得、歌、傳、哀、斯、但、拉—尼、代）。[1]

在希伯來正典的歸類中，並沒有「歷史書」一類；而基督教舊約正典屬歷史書類別的其中六卷，即：書、士、撒上、撒下、王上及王下，在希伯來正典則被列入「先知」部分。那麼我們該從「歷史」的角度去看這六卷書，還是該從「先知」的角度去看呢？至於被歸類為歷史書的其他書卷，我們又應怎樣看待？

3.2 從創世到波斯：摩西五經與歷史書內容綜覽

3.2.1 摩西五經

在基督教舊約正典的編目中，摩西五經及歷史書這兩個類別，為舊約的故事——從創世開始到以斯帖所屬的波斯時期——提供了一個連續而順序的記錄。創世記一至十一章記錄了人類最初的故事，十二至五十章則由人類的故事轉入了以色列列祖（亞伯拉罕、以撒、雅各、約瑟）的故事。創世記以雅各的後裔寄居埃及作為結束，出埃及記一至十五章則記錄以色列人在摩西的帶領下，離開埃及的經過。出埃及記十六至十八章，是以色列人脱離埃及的威脅後，起行前往西奈的旅程的記述；十九章至民數記十章 10 節則記錄以色列人在西奈停留約一年的事，[2]當中包括了整卷利未記。民數記十章 11 節至二十章 13 節，記錄以色列人離開西奈，前往迦南，卻在加低斯因不信而觸怒神，以致被罰飄流四十年的經過。由民數記二十章 14 節開始，是四十年飄流的結束，[3]以色列人繼續向應許之地進發，取得了約旦河東之地，並把它分給呂便、迦得及瑪拿西半支派。申命記以以色列人來到摩押平原，摩西眺望耶利哥並在訓示以色列人後離世，作為摩西五經的結束。

3.2.2 歷史書

歷史書的第一卷書約書亞記，緊接著五經的結束部分，記錄了摩西死後，以色列人在約書亞帶領下，渡過了約旦河，並在中部（耶利哥及艾城）、南部（基遍）及北部（米倫）三場戰役中，奪得約旦河西不少土地，[4]為以色列人在迦南取得了生存的空間（一～十二章）。十三至二十二章是約書亞拈鬮分地予各支派的詳情。最後兩章則記錄了約書亞對以色列人的最後訓示。

士師記記錄了約書亞死後，以色列進入王國時期以前，由士師作領袖的一段歷史。士師記亦分三段。第一段（一1～三6）以約書亞之死作開始，承接約書亞記末段約書亞對以色列領袖的勉勵，重申他們要為所拈鬮得來的地爭戰，把原來的居民趕出去。[5]故事以猶大一個支派爭戰得地的經過作範例，說明所有支派在戰爭中獲勝，奪得土地，均是神的賜予，可是他們最終卻沒有把當地的居民趕出去。而這些沒有被趕出去的人，就在他們中間成為他們肋下的荊棘，這些人的神則成為他們的網羅。這段落的敍述亦成為了第二段（三7～十六31）故事的背景。[6]士師記末段（十七～二十一章）附帶記錄了兩個故事：米迦立像與基比亞人的惡行，兩者無論在內容和結構上，都與第二段的士師故事有別。作者藉這兩個故事帶出一個信息：那時以色列沒有王，各人任意而行。

路得記的內容與前後書卷的內容取向並不相同。它記錄的，不是甚麼國家民族大事，而是發生在農村一個家庭中的故事。由於故事背景屬士師時期，故基督教正典編目將此書放在士師記之後。

士師記最後的一個士師參孫雖然殺了不少非利士人，但經文並沒有說：「這樣，非利士被以色列人制伏了……國中太平XX年」。[7]撒母耳記的故事緊接著士師記出現。參孫並沒有制伏非利士人，當撒母耳作士師、掃羅作王時，非利士人仍是以色列人的威脅，直到大衛作王後，非利士人才被治服。[8]當撒母耳作士師時，以色列人在非利士人的威脅下，要求撒母耳為他們立王治理他們，像列國一樣。撒母耳記上十二章是士師時期的結束，十三章是王國時期的開始，掃羅成為以色列人首位君王。[9] 只是掃羅沒有聽從神的話，於是神另行揀選大衛，由此亦開始了大衛如何在掃羅連番追殺下，最後成為全以色列君王的記述部分。[10] 撒母耳記下七章是以色列人歷史上的重要轉捩點，因為這一章記錄了神應許讓大衛的子孫世世代代作以色列的王。雖然大衛的後人也有不合神心意的，但神應許大衛，就算他們犯了罪，祂的慈愛仍不會離開他們，像離開被廢棄的掃羅一樣。[11] 這應許改變了以往領袖的任命是由神個別揀選的模式，[12] 令以色列在歷史上出現了第一個王位世襲的王朝。但隨之而來的問題是：大衛哪一個兒子會繼承王位？[13] 列王紀上一至二章為這問題提供了答案。大衛的第十子所羅門在祭司撒督、先知拿單，並軍方將領比拿雅等人的擁護下，最終得到了王位。[14] 所羅門的事迹記錄在列王紀上一至十一章，他在大衛所奠下的基礎上治國，為神建殿，為己建宮，治國制度日漸成形，官僚系統亦日趨龐大。[15] 所羅門死後，國家分裂為南國猶大、[16] 北國以色列；[17] 由十二章開始，列王紀上的記錄亦進入了南北兩國相間並敍的部分。到了列王紀下十七章，北國被亞述殲滅，百姓被擄，北國的歷史告終，餘下各章的焦點隨之集中在南國猶大的事件上。最後，猶大在巴比倫的攻擊下，耶路撒冷陷落，聖殿被毀，百姓被擄，南國的歷史亦告一段落。

歷代志大部分內容與撒母耳記及列王紀平行，而作者是從另一角度記錄以色列人的歷史，以大衛王朝及聖殿為報導的中心。以斯拉記和尼希米記記錄了猶大人在波斯王的准許下回歸故土，重建聖殿、聖民及聖城的經過。以斯帖記則記錄了波斯的亞哈隨魯王在位時，猶大人幾遭滅族之禍，但最終獲王后以斯帖解救的故事。

3.3 歷史書的材料

3.3.1 歷史的記錄

要認識過去發生的事，就不能不研究過去留下來的事物。這些資料可以分作兩類：語言文字的與非語言文字的。前者除了文字的記錄外，也包括口傳的故事和歌謠之類；後者包括器物、建築、服飾、禮儀及風俗等等。兩者之中，文字的記錄尤其重要。

古代近東的文字記錄最早可以追溯至公元前三二○○年左右。考古學者在埃及、米所波大米、敍利亞、巴勒斯坦一帶地區，發掘到林林種種的文字記錄，包括神話、傳奇、法典、條約、宮廷記錄、智慧、預言、詩歌、信札、商業文件等等，多不勝數。[18] 在上述的類別中，與歷史書課題關係較密切的是宮廷記錄。以斯帖記內記載亞哈隨魯夜讀史書一段，[19] 便反映了古代宮廷有記錄史事的習慣，同樣的習慣亦可見於以色列的宮廷。在大衞及所羅門的官員名單中，列有史官一職；[20] 在希西家與約西亞的故事中，也有史官出現。[21] 列王紀多次提及君王的事迹記載在《猶大列王記》(*Book of the Annals of the Kings of Judah*)、[22]《以色列諸王記》(*Book of the Annals of the Kings of Israel*)[23] 及《所羅門記》(*Book of the Annals of Solomon*)[24] 等書。歷代志也提及不同的典籍如《以色列和猶大列王記》、[25]《猶大和以色列諸王記》、[26]《以色列諸王記》(*The Book of the Kings of Israel*)、[27]《以色列諸王記》(*The Chronicles of the Kings of Israel*)、[28]《列王的傳》(*The Commentary on the Book of the Kings*)[29] 等，記錄有君王的事。我們不能肯定這些書卷之間的關係，但它們的出現卻肯定了一件事，就是歷史記錄對以色列人來說，一點也不陌生。

3.3.2 先知的著作

公元前八世紀是以色列先知運動發展的一個新階段：寫作先知出現。他們的作品被留存下來，當中包括了「後先知」類別中所有的書卷。「寫作先知」的稱呼其實並不恰當，因為容易令人誤以為這些先知主要是藉著寫作而不是宣講來傳遞神的話，同時也會給人錯覺，以為在他們之前的先知單單有宣講而沒有寫作。上述兩點都不是事實。其實寫作先知的主要工作仍是藉著宣講來傳遞神的說話，而公元前八世紀以前的先知也有從事寫作，只是他們撰寫的內容較為偏重與君王有關的歷史，他們的著作也成為後人編寫歷史時的材料。按歷代志所載，大衛的事記載在先見撒母耳的書、先知拿單並先見迦得的書上，[30] 所羅門的事記載在先知拿單的書、示羅人亞希雅的預言書，以及先見易多論尼八兒子耶羅波安的默示書上，[31] 羅波安的事記載在先知示瑪雅和先見易多的史記上，[32] 約沙法的事記載在哈拿尼的兒子耶戶的書上，[33] 瑪拿西的事記載在何賽的書上，[34] 希西家的事記載在亞摩斯的兒子先知以賽亞的默示書上。[35]

3.3.3 其他資料

無論是宮廷的記錄，還是早期先知的作品，都毫無疑問地為列王紀及歷代志等書的編者提供了寫作的資料。只是要從他們的作品中分辨出到底哪段經文來自哪一份資料，就肯定是不能辦到的事了。除了上述這些作品外，還有《雅煞珥書》、[36] 關於士師們的口傳故事、關於先知以利亞和以利沙的口傳故事、學者認為屬完整段落的「大衛登基史」（“The History of David’s Rise”，簡稱“HDR”，即撒上十六14～撒下五5）並「王位繼承故事」（“Succession Narrative”，簡稱“SN”，即撒下九章～王上二章）等等，都為歷史書的作者提供了編寫的材料。而歷代志在編寫的過程中，更顯然大量引用了撒母耳記及列王紀的記錄。

3.4 歷史書是怎樣的歷史記錄

3.4.1 關注過去的人與事 [37]

顧名思義，歷史書所關注的，是以色列民族過去的歷史。「歷史」指過去曾經發生的事；寫書的人並非憑空想像，天馬行空地虛構杜撰，而是運用過去所留下來的材料，包括宮廷的記錄、先知的作品和其他材料，以之作為他們寫作的根據。列王紀及歷代志的編者在介紹諸王生平的時候，往往按著既定的格式，告訴讀者該王何時登基、他與另一個王的關係、作王多久、在何處作王、去世與安葬、繼位者是誰、在信仰上所得的評價等等，此外亦略述王的一些重要事件、他其餘的事迹記載在甚麼典籍之中。對於南國的君王，更提及君王母親的身分（這是編者對北國諸王的介紹所沒有的）。[38] 這些記錄顯示書卷所關注的是過去的真實世界，而不是虛構的人物、想像的空間。

3.4.2 關於過去的故事

歷史書關注的是過去真實世界中的人與事，但當中不少內容卻是以故事的形式呈現在讀者面前。「故事」有故事的表達手法，有情節的發展和轉折；故事有主角和配角，角色之間亦有對話。路得記及以斯帖記便是歷史書中故事類型的好例子。路得記的故事背景是士師時代的初期，[39] 但成書的日期卻在大衛作王期間。[40] 著書日期與故事的發生時間雖然相距甚遠，但全書八十五節經文中，約有五十五節是以對話的形式出現。若問作者何以在事隔多年，幾代之後，仍能知悉書中主角們私底下的談話，並如實報導出來，就明顯是問錯了問題，完全忽略了作者是在「寫作」的事實：在時間上，他採取了順序報導的方式；在手法上，他以不加議論的全知觀點[41]鋪陳出整件事的經過；在敘述的重心方面，他將焦點放在刻劃故事人物的角色上。以斯帖記亦相近，而書卷的故事味道甚濃。作者同樣以不加議論的全知觀點順序報導，只是敘述的重心較為側重於情節的發展，而不是人物角色的刻劃。在歷史書其餘的書卷中，以故事方式敍事的手法亦十分明顯。試想想傳奇一生的參孫，他的出身，他的力量，他的下場。想想牧童出身卻成為一國之君的大衛，他怎樣在兩軍對壘、眾目睽睽之下，以單打獨鬥的方式，殺死巨人歌利亞；他如何逃避掃羅的迫害，卻又兩次放棄可以下手傷害掃羅的機會；他怎樣設計殺烏利亞，再娶拔示巴。又想想以利亞在迦密山上如何一夫當關，力抗事奉巴力的四百五十個先知；以利沙因親眼目睹以利亞升天而得到加倍的靈的感動……這些記載無論在情節的佈局、氣氛的營造、對話的安排上，都有極高超而優美的文學技巧。

「歷史」若不是指過去發生的事，就是指對過去發生之事的記錄。要記錄過去發生的事，既不可能有聞必錄，也不可能使歷史重演。記錄一定有它的選擇性與局限性，其中涉及作者對事件的理解，也取決於作者記錄的目的為何；它能否達到作者的寫作目的，又取決於作者的表達能力。歷史書的作者以故事形式作為表達手法，並非表示他不尊重歷史，不關心事實，而是因為他寫作的目的並不在於揭露事實的真相，而在於向寫作的對象，就是書卷的原讀者，傳達某些信息。朗斐廉（V. Philips Long）提醒我們「真理宣稱」（truth claim）與「真理價值」（truth value）的分別。人們對某段經文所宣稱的真理是甚麼，可能會有一致的看法，但對這真理所給予的評價，卻可能不一樣，有高低之分。不信聖經的人固然可以對它不予理會，就是在信徒當中，也會因著各人不同的宗派背景與神學傳統，有不完全一致的看法。另一方面，我們可以給予整本聖經最高的評價，完全信任，毫無保留地接受它所宣稱的真理價值，卻不一定可以準確掌握到聖經各段落所宣稱的真理是甚麼。[42]假若一段經文所宣稱的真理是甲，某人卻誤會是乙，那麼即使那人對聖經給予最高評價，並且完全信任聖經，但由於理解錯誤或偏差，自然問題叢生。

3.4.3 著作目的：傳達教訓

那麼歷史書的著作目的是甚麼？

歷史書的著作目的，不在於陳述歷史本身；它所講述的故事，亦不是為了娛樂讀者，而是為了傳達教訓。

一九四三年，德國的舊約學者諾．馬丁（Martin Noth）提出了「申典歷史」（Deuteronomistic history）的理論。[43]他根據語言風格、組織結構、神學思想及年代的完整銜接這四方面特徵，論證約書亞記、士師記、撒母耳記及列王紀是一部完整的著作。語言風格是指這幾卷書的作者在文筆上都直接簡潔，甚少刻意修飾，可稱為舊約聖經中最簡潔的希伯來文。在組織結構上，整部申典歷史在論及以色列民族的一些關鍵時刻之際，每每會有一位重要人物出現，發表重要講話，內容主要是回顧歷史，從中帶出具體實際的教訓，指導以色列人未來該如何生活。這些重要時刻的例子，包括在約書亞記一章，以色列人過約旦河之前；約書亞記二十三章，以色列人經過連場勝仗，各支派獲分配土地之後，約書亞年紀老邁，留下最後的訓示之時；撒母耳記上十二章，士師時代告終，以色列人進入王國時期，撒母耳從領導的地位退下來的歷史時刻；列王紀上八章，聖殿的奉獻禮上，所羅門的祈禱等等。而貫穿著這些說話內容的神學觀點，就是聽從神話語的蒙福，不聽從神話語的將會受罰。至於年代的銜接，可從列王紀上六章開始，作者提及開始建聖殿的那一年是出埃及後的四百八十年（諾・馬丁用了頗長的篇幅討論這日期是如何計算出來的，在此從略），然後接連不斷地交代了猶大及以色列諸王的在位年期，一直到被擄為止。換言之，即申典歷史的範圍覆蓋了由出埃及至被擄的整段時期。諾・馬丁進而指出，這部歷史著作不是開始於約書亞記，而是申命記；作者編寫這一段歷史時，其實是受著申命記的神學所影響——聽神的話就蒙福，不聽神的話將受罰，目的是向被擄的猶大人說明以色列民族落得亡國被擄這下場的原因。

其後，學者對諾・馬丁的申典歷史理論雖有修正，例如對於申典歷史的作者、成書日期，以及諾氏認為作者對以色列民族抱悲觀態度等看法，都提出異議，但其基本論調，畢竟仍廣被接納。申典歷史的著作是帶著目的的，為的是向讀者傳遞某些信息。

一如新約的符類福音（Synoptic Gospels），歷代志與部分申典歷史的內容是舊約的「符類」記錄。由於歷代志的成書日期、寫作對象和目的均有別於撒母耳記、列王紀等書，因此，兩者雖是對同一段歷史的記錄，作者的取材和報導方法卻與申典歷史的記錄有別。例如歷代志以掃羅之死作為敘事部分的開始，略去了大衛排除萬難後才登上寶座的經過；既沒有記錄大衛殺烏利亞、娶拔示巴的事件，也沒有提及押沙龍叛變一事。同樣，在記錄所羅門的事迹時，作者也特意略去所羅門不光采的事，就是他晚年因寵愛外邦女子而干犯神，導致國家分裂。作者也沒有記錄所羅門的王位是經過一番鬥爭而得，反倒記錄他像父親大衛一樣，從開始就是天命所歸，民心依附，政權是平順轉移的。若問歷代志的作者是否想藉此掩飾大衛王朝不光采的醜事，答案是：不！歷代志成書於撒母耳記及列王紀之後，大衛王朝不光采的事早已為人所知，要掩飾亦掩飾不來。作者對材料的取捨，實是受他的寫作目的所影響。[44]

把歷代志與列王紀兩相比較，前者著述的焦點便立時顯明：作者要強調的是，大衛王朝是一個順天應民的王朝。大衛王朝是作者整個記述的焦點，只會在與南國有關時作者才會提及北國以色列。同時，作者多次指出北國的分離並不是神的心意，北國理應回歸大衛王朝。[45] 可是歷代志的記錄並非集中於大衛王朝的文治武功。在涉及大衛與所羅門的記錄中，極多的篇幅是放在興建聖殿的經過，以及在聖殿供職的祭司和利未人身上。此外，書卷的結尾亦不像列王紀那樣，以約雅斤王被巴比倫王厚待一事作結，而是以塞魯士下詔重建聖殿為結束。

作者在本書中表達了他對以色列民族未來的理想：寄望大衛王朝重現，南北兩國復歸為一；但回歸的猶大人，面對波斯帝國管治的政治現實，他們當前應著重的，是向神降服，重視聖殿與敬拜。

簡而言之，歷史書除了陳述一些客觀的資料外，主要是以故事形式報導過去發生的事，目的是為了向讀者傳達信息。說得更準確一點，歷史書所關注的是教訓的信息，不是歷史事件的準確細節。當然，強調教訓信息與著重記錄的真確無誤，兩者並非不能兼容，但我們在解讀這些書卷時，既不應漠視故事體裁的寫作手法帶有極多文學技巧和創作空間的事實，也不應把作者寫作的目的本末倒置。至於有關史實的研究，一切均有待證據的支持，決不能一廂情願地隨意詮釋。

3.5 我們該怎樣讀歷史書

3.5.1 提防研究取向的偏差

基督教是一個重視歷史的宗教。在舊、新兩約的正典編目中，從創世記到以斯帖記，從馬太福音到使徒行傳，記錄事件的書卷都是擺在前面，往後才是以論述為主的書卷——在舊約是詩歌智慧書與先知書，在新約是保羅書信、普通書信和啟示錄。[46] 正典的編目本身就反映了我們重視歷史這個事實。

在十八世紀的批判方法（critical method）出現之前，教會都接受聖經記錄都是真確無誤的歷史，並為聖經的記載加以辯護。但批判方法的出現，令不少研究聖經的人重新判斷聖經所記錄的內容及傳統的看法。例如，傳統認為摩西是摩西五經的作者，但高等批判（higher criticism）的學者卻提出了好些截然不同的看法，例如底本說（documentary hypothesis）認為摩西五經是由四份成書於不同時期的底本，經後人剪輯合併而成；殘篇說（fragmentary hypothesis）認為它是由許許多多長短不一、本是各不相屬的殘篇斷簡，經一位或多位編者編輯而成；補充說（supplementary hypothesis）則認為它是由一份底本開始，然後像滾雪球般，後人斷斷續續地把新資料加添進去，最後形成了現在的正典形式。[47] 除了重新解釋書卷的作者及來源等問題外，學者對經文記述的事迹的史實性也提出了疑問：亞伯拉罕是否真有其人？亞伯拉罕、以撒和雅各的關係，是否真的是父、子、孫三代的關係？經文所反映的到底是怎樣的實況？這些都成為舊約學者關注的課題。摩西五經如此，歷史書亦然。究竟在約書亞記、士師記等書卷的成書過程背後，是否有底本作為根據？以色列人得迦南，到底是全面的武力征服（conquest），還是逐步的和平演變、移民滲入式的定居（settlement）？

批判學研究的結果，雖然往往與傳統對經文的解釋，以及與經文所記錄的不一致，但其研究取向，基本上還是希望探求歷史真相。只是這種研究取向，無論焦點放在尋索經文成書的過程，還是放在發掘經文背後的歷史真相，其焦點都不在經文本身，而在經文背後的歷史。同時，由於要探究經文背後的資料來源（無論是成文典籍還是口頭傳統），這種研究的另一個偏差，就是把完整的經文分割得支離破碎。

3.5.2 尋找文本的信息

讀歷史書的時候關注史實，本身並沒有不妥當的地方，就如讀福音書的時候，有人嘗試重組基督的生平；讀使徒行傳的時候，有人嘗試把書中所記的事情，與保羅書信所提及的事件，關聯起來，建構一幅較為完整的歷史圖畫。只是尋找書卷背後的歷史實況，不應取代了尋找經文本身所要傳達的信息；認識初期教會發展的經過，不應取代了認識使徒行傳要讀者知道的事情。我們不應單單認識耶穌的生平與言訓，卻不認識馬太、馬可、路加及約翰這四卷個別書卷所要傳遞的思想。同樣，探究書卷的成書過程，也不應取代對書卷內容本身的理解。假若書卷真的是由不同來源發展而成，則無論這些來源是成文的還是口傳的，這些來源都不是我們信仰的權威，因為我們接受為正典的，並非這些底本或傳統，而是聖經現在的形式。近年聖經學者對正典和聖經文學研究的重視，便顯示出他們要修正從前之研究取向的偏差。

正如上文所說，歷史書的寫作目的並非提供準確客觀的歷史陳述，而是傳遞教訓信息。因此，研讀的焦點應該放在歷史書所要傳達的信息教訓，而不在歷史細節上。這兩者絕對不能本末倒置。

3.6 結語

有人曾說：「歷史留給人類最大的教訓，就是人類從來都不留心歷史的教訓。」這話應用在聖經研究上，尤為恰當。前車可鑒，正是我們讀歷史書的時候所要留心的。

推薦書目

Curtis, Adrian H. W. *Joshua*. Sheffield: Sheffield Academic Press, 1994.

Gordon, R. P. *1 and 2 Samuel*. Sheffield: JSOT Press, 1984.

Jones, Gwilym H. *1 and 2 Chronicles*. Sheffield: JSOT Press, 1993.

Larkin, Katrina J. A. *Ruth and Esther.* Sheffield: Sheffield Academic Press, 1996.

Mayes, A. D. H. *Judges.* Sheffield: JSOT Press Press, 1995.

Provan, Iain W. *1 & 2 Kings.* Sheffield: Sheffield Academic Press, 1997.

Williamson, H. G. M. *Ezra and Nehemiah*. Sheffield: JSOT Press, 1987.

上述七本書同屬“Old Testament Guides”系列，對十二卷歷史書的內容、學術研究的成果和爭議，以及最近的研究發展等，均有述及，每本書並附有詳細書目，幫助讀者作進一步探索，是研究有關經卷的最佳入門書籍。

Bright, John. *A History of Israel: With an Introduction and Appendix by William P. Brown*. 4th ed. Lousiville: Westminster John Knox Press, 2000.（中譯：布賴特。《以色列史》。蕭維元譯。香港：基督教文藝出版社，1975。）本書是論述以色列史的經典作品，最新修訂的是第四版。作者不是簡單地把聖經的內容複述一遍，而是以聖經的記錄為史料，結合考古學的研究成果，客觀地探討以色列自列祖時期至兩約之間的歷史真實面貌。本書是研究這課題的必讀作品。

Long, V. Philips. *The Art of Biblical History.* Grand Rapids: Zondervan, 1994. 作者以視覺藝術為例，分析聖經中的故事陳述與真實的歷史記錄之間的種種問題，十分精采，頗值一讀。

Noth, Martin. *The Deuteronomistic History*. Sheffield: JSOT Press, 1991. 本書作者於一九四三年首倡申典歷史理論。要準確了解他的理論，不致人云亦云，本書是必讀之作。

註釋

1. 見以下各表：

基督教舊約正典卷數、編目與歸類

1	2	3	4	5	6	7	8	9	10	11	12	13	14	15	16	17
創	出	利	民	申	書	士	得	撒上	撒下	王上	王下	代上	代下	拉	尼	斯
摩西五經					歷史書											

18	19	20	21	22
伯	詩	箴	傳	歌
詩歌智慧書				

23	24	25	26	27	28	29	30	31	32	33	34	35	36	37	38	39
賽	耶	哀	結	但	何	珥	摩	俄	拿	彌	鴻	哈	番	該	亞	瑪
先知書																
大先知書					小先知書											

希伯來正典卷數、編目與歸類

1	2	3	4	5
創	出	利	民	申
律法				

6	7	8	9	10	11	12	13
書	士	撒	王	賽	耶	結	十二先知書
先知							
前先知				後先知			

14	15	16	17	18	19	20	21	22	23	24
詩	伯	箴	得	歌	傳	哀	斯	但	拉一尼	代
著作										

天主教舊約正典卷數與編目

1	2	3	4	5
創世紀	出谷紀	肋未紀	戶籍紀	申命紀

6	7	8	9	10	11	12	13	14	15	16	17	18	19	20	21
若蘇厄書	民長紀	盧德傳	撒慕爾紀上	撒慕爾紀下	列王紀上	列王紀下	編年紀上	編年紀下	厄斯德拉上	厄斯德拉下又稱乃赫米雅	**多俾亞傳**①	**友弟德傳**②	艾斯德爾傳	**瑪加伯上**③	**瑪加伯下**④

22	23	24	25	26	27	28
約伯傳	聖詠集	箴言	訓道篇	雅歌	**智慧篇**⑤	**德訓篇**⑥

29	30	31	32	33	34	35	36	37	38	39	40	41	42	43	44	45	46
依撒意亞	耶肋米亞	哀歌	**巴路克**⑦	厄則克耳	達尼爾	歐瑟亞	岳厄爾	亞毛斯	亞北底亞	約納	米該亞	納鴻	哈巴谷	索福尼亞	哈蓋	匝加利亞	瑪拉基亞

粗體字的書卷，基督教視之為次經，其中文譯名如下：

①《多比傳》(*Tobit*)

②《猶滴傳》(*Judith*)

③《馬加比一書》(*1 Maccabees*)

④《馬加比二書》(*2 Maccabees*)

⑤《所羅門智訓》(*Wisdom of Solomon*)

⑥《便西拉智訓》(*Ecclesiasticus*)

⑦《巴錄書》(*Baruch*)

2. 參出十九 1；民十 11～12。
3. 參民二十 1、22，三十三 38。
4. 雖然如此，以色列人「還有許多未得之地」，見書十三 1。
5. 書二十三 4～5。
6. 士三 7～十六 31 基本上依循著「背道—懲罰—呼求—拯救」的格式，逐一講述六位士師的事迹。
7. 士三 30，四 23，五 21，八 2，十一 33（在耶弗他的故事中，已沒有「國中太平XX年」一語）。
8. 撒下八 1。在撒母耳記這節經文之後，非利士人不再成為以色列人的威脅。
9. 以掃羅王為中心的經文只有撒上十三～十五章，由撒上十六章開始，記錄的焦點已從掃羅轉到大衛身上。參撒上十六 13～14：「耶和華的靈就大大感動大衛……耶和華的靈離開掃羅……」

10. 撒下五 5；另參撒下二 4。
11. 撒下七 14。
12. 這種委任方式見於「耶和華的靈臨到某人身上」一語，如士師、掃羅及大衛便是。此外，摩西、約書亞及撒母耳也是神親自揀選的。
13. 撒下九～二十章，以及王上一～二章和撒下六～七章的部分經節，學者稱之為「王位繼承故事」(succession narrative)，內容記錄大衛王位繼承的問題。長子暗嫩、三子押沙龍先後被殺，四子亞多尼雅認為自己是真命天子，但結果是所羅門接續父親大衛作王。參 R. P. Gordon, *1 and 2 Samuel* (Sheffield: JSOT Press, 1984), 81 ～ 94。
14. 支持所羅門的比拿雅和撒督，後來分別取代了支持亞多尼雅的約押及亞比亞他，成為元帥及大祭司。參王上二 35。
15. 試比較撒上十四 50；撒下八 15 ～ 18，二十 23 ～ 26；王上四 1 ～ 6。
16. 南國猶大仍是屬於大衛王朝，建都耶路撒冷。
17. 北國共歷九個王朝，先後建都於示劍(王上十二 25)、得撒(王上十五 21)和撒馬利亞(王上十六 23 ～ 24)。
18. 有興趣的讀者可參 James B. Pritchard, ed., *The Ancient Near East*, 2 vols. (Princeton: Princeton University Press, 1973)。
19. 斯六 1。
20. 撒下八 6，二十 24；王上四 3。
21. 王下十八 18、37；賽三十六 3、22；代下三十四 8。
22. 王上十五 23。
23. 王上十四 19。
24. 王上十一 41。
25. 代下二十七 7。
26. 代下十六 11，二十五 26，二十八 26，三十二 32。
27. 代下二十 34。
28. 代下三十三 18。
29. 代下二十四 27。
30. 代上二十九 29。
31. 代下九 29。
32. 代下十二 15。
33. 代下二十 34。

34. 代下三十三 19。「何賽」是希伯來文「先見」一詞的音譯，因此本句可譯作「…… 都寫在先見的書上」。
35. 代下三十二 32。
36. 書十 13；撒下一 18。
37. 參 Iain W. Provan, *1 and 2 Kings* (Sheffield: JSOT Press, 1997), 20 ～ 25。
38. 參王上二十二 41 ～ 44、46、51。
39. 參得四 19；太一 5：「撒門從喇合氏生波阿斯」。
40. 得四 17；另參得四 7。
41. 「全知」並非指如神一樣的無所不知，而是指作者在寫作上有表達的自由，故事人物的所有言談舉止，均在作者的掌握之中。
42. V. Philips Long, *The Art of Biblical History* (Grand Rapids: Zondervan, 1994), 24.
43. Martin Noth, *The Deuteronomistic History* (Sheffield: JSOT Press, 1991).
44. 有關歷代志的討論，可參 Gwilym H. Jones, *1 and 2 Chronicles* (Sheffield: JSOT Press, 1993)。
45. 參代下十三 4 ～ 12，三十 6 ～ 9。
46. 啟示錄也是一封書信，參啟一 4。
47. 有關摩西五經的批判研究，可參舊約導論的書籍，如狄拉德〔Raymond B. Dillard〕、朗文〔Tremper Longman III〕：《21 世紀舊約導論》〔*An Introduction to the Old Testament*〕，劉良淑譯（台北：校園書房出版社，1999）。

第4章 先知書

黃嘉樑

4.1 引言

一般人談到先知的時候，通常想起的，是那些以他們名字命名舊約書卷的先知，然而，這些先知並未涵蓋所有以色列的先知。根據猶太人的傳統，在以色列人的歷史中，共有四十八位男先知及七位女先知。而最早有著作以他們命名的先知（如阿摩司及何西阿），都清楚指出在他們之前已有不少先知存在（摩二 11～12；何六 5，九 7～8）。另外，要留意的是，在猶太人的傳統裏，他們對聖經書卷的分類與基督教是不同的，就正如本書第三章曾提及的，而筆者於下文將再稍作介紹，惟以探討先知書為重點。而先知在以色列人不同的歷史時段中，都擔當著重要的角色。

猶太人希伯來聖經的編排分為三部分：「妥拉」（*tôrā*^{h}）、先知（*nəḇîʾîm*）及著作（*kəṯūḇîm*）。一、「妥拉」包括了中文《和合本》聖經的首五卷書，即創世記、出埃及記、利未記、民數記及申命記。希伯來文「妥拉」一字意指教導，而一般將之翻譯為「律法」，並未能準確表達出它的意思。二、先知分為前先知書及後先知書。前先知書包括約書亞記、士師記、撒母耳記及列王紀四卷經書；後先知書則包括以賽亞書、耶利米書、以西結書及現在我們所謂的十二小先知（即由何西阿書到瑪拉基書）共四卷書。前先知的四卷書正好對應後先知的四卷書。按猶太人的傳統，約書亞記的作者為約書亞，士師記及撒母耳記的作者為撒母耳，而耶利米則為列王紀的作者。所以，對猶太人來説，稱書、士、撒、王這四卷為前先知書的原因不在於其內容，而在於它們都被視為先知的作品。三、著作（又稱「聖卷」）包括其餘的舊約書卷，依次是詩篇、約伯記、箴言、路得記、雅歌、傳道書、哀歌、以斯帖記、但以理書、以斯拉記、尼希米記及歷代志。

希伯來聖經的編排與中文《和合本》聖經不同。中文聖經的編排及分類，基本上是依照《七十士譯本》的排列方式。《七十士譯本》是希伯來聖經的希臘文譯本，分為四部分：五經、歷史書、詩歌智慧書及先知書。撇開次經，《和合本》的編排也是這樣。五經包括創、出、利、民、申。歷史書由約書亞記到以斯帖記。詩歌智慧書是由約伯記到雅歌五卷書。先知書則有所謂大先知書及小先知書兩類；前者有賽、耶（及哀）、結、但，後者包括餘下十二卷較短的先知書。這樣的編排似乎蘊含了一個歷史性的向度。首先，五經談及以色列人的起源及早期的歷史，歷史書繼而描述以色列人由未立國到亡國之後的歷史，兩者都指涉著以色列人的過去；詩歌智慧書接下來所展示的，是對當代一些問題的關注，先知書則將一幅未來的圖畫呈現在讀者眼前。

至於新約聖經，《和合本》的編排方式同樣反映出這種脈絡：福音書的內容是耶穌的生平，這可視為有關基督教起源的記載；使徒行傳則談及初期教會的發展。所以，福音書及使徒行傳都是與基督教的過去有關的。接著是一系列的書信，針對的是當代教會所關心的問題。最後，啟示錄指向將來，繪畫出一幅未來的末世圖畫。下文談到的先知書，指的是在中文聖經分類中的先知書。

4.2 基本問題

目前有關以色列先知的研究，基本上環繞著兩大範圍，一個是有關先知現象的研究，另一個是對先知書的研讀。針對前者，學者一般會就以下問題作出討論及尋求解答：先知究竟是一個怎樣的人？誰是先知？先知如何理解自己的身分？先知在當時的社會擔當著怎樣的角色？先知傳講甚麼信息？先知彼此間有沒有關連？若有的話，又是怎樣的關連？如何分辨真先知及假先知？以色列的先知與近東國家（如古巴比倫或新亞述）的先知，以及近代不同地區的先知，有何異同？至於與先知書有關的研讀，學者所關心的其中一些問題是：先知與先知書的關係如何？先知的信息如何由口述轉為文字？為何會出現先知書這類文學體裁？這與其當時的社會歷史處境有甚麼關係？是否可以從先知書的經文中找出先知本人真正說過的話？若可以的話，如何找出來？又以何種方法或準則把它們找出來？研讀先知書有哪些不同進路？這些不同進路的優點和限制是甚麼？它們彼此之間又有甚麼關係？

以上提及的各個問題，彼此間不是沒有關連的。就以十九世紀一些德國釋經學者為例，他們既受著當時德國浪漫主義的大氣候影響，亦發現了希伯來詩歌體裁的特色，認為以色列的先知基本上是受感說話的詩人，所以他們的講述也是以詩的形式表達出來的。若果是這樣的話，先知書中那些不是以詩的體裁寫出來的內容，譬如故事敘述或散文式的講話，便不是出自先知本身，而是由後來編輯先知書的人加插進去的；故此，要找出先知書中真正屬於先知的講話，就必須透過研究希伯來詩歌，將先知的講述中那些以詩的體裁寫成的語句區分出來，才能知道哪些是先知本人真真正正說過的話語，亦即神真真正正的啟示；其餘的內容乃後人所添加，縱然這些後加的經文有其價值，但卻是次要的。從這個例子看來，先知是個怎樣的人，我們應該用甚麼方法閱讀先知書，以及如何從先知書找出先知真正說過的話，這三個問題都是相關的。因篇幅所限，下文我們只能就以上提及過的其中一些問題作初步探討。

4.3 先知

4.3.1 名稱

中文「先知」一詞為希伯來文 *nāḇîʾ* 的翻譯。學者對這個希伯來字的字源並沒有一致的看法。有學者認為它與亞甲文 *nabû* 這個解作「呼叫、宣告、命名」的動詞有關，但究竟 *nāḇîʾ* 所依據的是 *nabû* 的主動還是被動意思，卻未能確定。若是前者，則 *nāḇîʾ* 意指「一個呼叫或宣告的人」；若是後者，則 *nāḇîʾ* 意指「一個被呼喚的人」。在《七十士譯本》中，*nāḇîʾ* 絕大多數翻譯為希臘文 *prophētēs*，解作「一個宣講或詮釋神啟示的人」或「一個為他人講話的人」，而英文 prophet 一字，便是由這個希臘文演變而來。這些含義都可從 *prophētēs* 的字根看出來：*prophētēs* 是由字首 *pro-* 及 *phēmi* 這個動詞組成；前者可解作「在⋯⋯之前（時間或空間上），代替」，而後者的意思是「說話、講話」。所以，從字根的剖析來看，*prophētēs* 可解作「在人或神面前說話的人、在事件發生之前就將它說出來的人、代替別人講話的人」。在早期的希臘文資料中，*prophētēs* 基本上是指那些向人宣講及解釋神的話語的人。當這些話是涉及未來的事情時，講話的人就成為預言者，也就是在事件發生之前便將它說出來的人。同時，這些人亦擔當著神與一般人之間的中間人角色，代替人向神說話，也代神向人說話。當然，以上的看法只是從字源角度來看 *nāḇîʾ*，未必能反映出其實際用法及意義。要知道 *nāḇîʾ* 真正的含義，最好的做法是看看在聖經中這個字的用法。

雖然舊約聖經中多以 *nāḇîʾ* 來稱呼一個先知人物，但聖經中亦有其他稱謂，用以指稱類似的人物。這些稱謂包括：一、"*rōʾeh*"，其希伯來文字根的意思為「看見」，《和合本》翻譯為「先見」，指那些人可以看見一般人所不能看見的事情；二、"*ḥōzeh*"，《和合本》也翻譯為「先見」，其希伯來文字根的意思也是「看見」，多用來指那些看見異象的人；三、"*ʾîš-ʾĕlōhîm*"，《和合本》翻譯為「神人」。這三個稱謂的應用對象有時會與 *nāḇîʾ* 重疊，例如撒母耳就被稱為"*rōʾeh*"、"*'ʾîš-ʾĕlōhîm*"及"*nāḇîʾ*"（撒上九 9），以利亞就被稱為"*ʾîš-ʾĕlōhîm*"及"*nāḇîʾ*"（王上十七 18，十八 36）。

4.3.2 先知身為神的使者

4.3.2.1 申命記

在舊約聖經的記載中，申命記提供了一個較有系統的、對先知現象的反省。在申命記，「先知」這字第一次出現時，是與「作夢者」一起出現的（申十三 1），那節經文的重點是：任何先知或作夢者若藉著神蹟奇事，叫以色列人去敬拜別的神，以色列人就應將這人從民中剪除。在申命記十八章 10 至 11 節，摩西將先知與其他一些與神靈相交的活動或方法分別出來，包括使兒女經火、占卜、觀兆、用法術、行邪術、用迷術、交鬼、行巫術及過陰等。我們對這些活動的區別及執行細節不大了解，但可以肯定它們都被視為以色列人絕不應仿效的迦南居民的行徑。接著，在同一章的 15 至 18 節，耶和華藉摩西向以色列人指出先知應該是怎樣的。摩西提到昔日當以色列人在何烈山聚集時，因為懼怕神直接向他們說話，於是請求摩西向他們說話，而不要神向他們說話（出二十 18～19）。所以，神所興起像摩西的先知，不單是神講話的對象，也是將神所吩咐他的一切話覆述給以色列人聽的傳話人。如果是這樣的話，先知就必須小心聆聽神的吩咐，並且將神的話傳給其他人聽。他是神的代言人，也是神和人之間的中間人；這些都是先知需要承擔的基本職分。這樣，說預言便只是先知眾多職事的其中一種職事，而不是惟一的工作——儘管很多時先知的講論都帶有未來的向度。縱然如此，評核一個人是否真先知，其中一個準則就是看他自稱藉神的名而說的話有否成就（申十八 20～22）。換句話說，這個人所講的預言有否應驗，就成為決定他是否一個真先知的其中一個準則。所以，我們不應將先知局限為說預言者，但同時也不能否定，說預言也可以是先知的一部分特徵。雖然如此，仍需留意的是，就算一個人所宣告會發生的神蹟奇事果真得到應驗，他也不一定是值得尊重和信任的耶和華的先知（參申十三 1～5）。

4.3.2.2 神的使者

一個人作為神的先知，他要藉著神的名說話，將神吩咐他的，都如實講出來。先知宣講神的話語時，經常會以「耶和華如此說」為開始，以「這是耶和華說的」為結束。以賽亞書四十五章 11 至 13 節可作為一個例子：

耶和華—以色列的聖者，就是造就以色列的如此說：

> 將來的事，你們可以問我；至於我的眾子，並我手的工作，你們可以求我命定。我造地，又造人在地上。我親手鋪張諸天；天上萬象也是我所命定的。我憑公義興起塞魯士，又要修直他一切道路。他必建造我的城，釋放我被擄的民；不是為工價，也不是為賞賜。這是萬軍之耶和華說的。

聖經學者一般稱「耶和華如此說」為「使者公式」，意指說這語句的人是一個使者，他帶著耶和華的信息，要向指定的對象宣講。當他說「耶和華如此說」時，他就表明了自己作為使者的身分，目的是要將他主人的話，即耶和華的話，傳講出來。類似的公式可見於其他受差派的使者的口。創世記三十二章 3 至 4 節是一個明顯的例子：

> 雅各打發人先往西珥地去，就是以東地，見他哥哥以掃，吩咐他們說：「你們對我主以掃說：『你的僕人雅各這樣說：我在拉班那裏寄居，直到如今……』」

上面的「這樣說」與以賽亞書四十五章 11 至 13 節中的「如此說」，在希伯來原文是一樣的字眼。在這段經文中，雅各差遣僕人到以掃那裏；雅各的僕人作為他的使者，開始時要說明是雅各差他來講出雅各要講的話。另一個例子是士師記十一章 14 至 15 節：

> 耶弗他又打發使者去見亞捫人的王，對他說：「耶弗他如此說，以色列人並沒有佔據摩押地和亞捫人的地……」

同樣地，耶弗他的使者對亞捫人的王說明是奉主人耶弗他之命，講出耶弗他要說的話。以上兩個例子，都是僕人以「使者公式」為開始，宣講主人所吩咐他們傳講的信息。除了一般的主人外，君王的僕人也是用這個公式開始的。例如在列王紀下十八章19節，亞述王差遣拉伯沙基到希西家那兒，拉伯沙基開始時就說「**亞述大王如此說**」。

先知作為神的代言人，也就是神的使者，要將神所吩咐他的講出來。為了表明他是神的使者，他的講話便以「耶和華如此說」來開始。在以西結書中，使者公式甚至可以用來代表神講話的內容。在以西結書二章4至5節、三章11和27節，神命令以西結去傳講祂的話；無論以色列人聽還是不聽，他都要傳講，而他所說的，就只是「主耶和華如此說」這句話。這句使者公式便代表了神講話的全部內容。

一個人怎樣看待使者，代表了他怎樣看待差遣這個使者前來的主人。善待使者，等於善待使者的主人；惡待使者，就表示對差他來的人心存不敬。因此，我們不難明白為何亞捫王哈嫩侮辱大衛的使者，會使得大衛派兵攻打亞捫人（參撒下十章）。一個使者與他主人的緊密關係，在出埃及記七章1節就表露無遺。當耶和華差派摩西去見法老時，祂指出摩西其實是代表神講話，而摩西的哥哥亞倫就代表摩西講話。正因為使者與他的主人有這樣密切的關係，人有時會容易將神和神的使者混淆。當夏甲因逃避撒萊而跑到曠野時，神的使者向她顯現並說話，夏甲卻以為自己見到了神（創十六7～14）。同樣地，我們也可以問：在被火燒著的荊棘中向摩西顯現的，究竟是神自己還是神的使者（出三2～4）？這些經文都清楚指出神與祂的使者有著緊密的關係。

4.3.2.3 蒙召描述

先知作為神的使者，誠然是神所差遣，正如神在耶利米書一章 7 節所說的，祂「差遣」耶利米往哪裏，他就要往那裏。先知亦要向他的聽眾表明自己是神所差派來講話的，他的宣講絕不是出於自己的意思。為了證明這一點，先知會清楚講出自己受神差遣的經過，這通常包括神如何在異象中向他顯現，和他說話，並指示他所要做的是甚麼。這些異象，一般被稱為「蒙召異象」(vision of call) 或「被差遣的異象」。德國聖經學者冼慕理 (Walther Zimmerli) 指出，蒙召異象大致可分為以賽亞式和耶利米式兩類。

以賽亞式的蒙召異象，可見於以賽亞書六章 1 至 9 節及列王紀上二十二章 19 至 22 節。我們可將經文並排如下：

賽六 1～9	王上二十二 19～22
我見主 坐在高高的寶座上…… 有撒拉弗侍立 其上…… 主的聲音說：「我可以差遣誰呢？誰肯為我們去呢？」 我說：「我在這裏，請差遣我！」 他說：「你去告訴這百姓說……	我看見耶和華 坐在寶座上， 天上的萬軍侍立 在他左右。 耶和華說：『誰去引誘……？』 隨後有一個神靈出來，站在耶和華面前，說：「我去引誘他。」 ……耶和華說：『……你去如此行吧！』

在這類蒙召異象中，作者首先會描述一幅天軍侍立在耶和華寶座旁的圖畫，同時強調先知看見這個景象，接著指出神和這羣天軍正在討論某個問題，神問有誰肯為祂去做一些事情。在以賽亞書六章，以賽亞就自動請纓，勇敢地願意作神的使者，做神想他做的事；在列王紀上二十二章米該雅的異象中，一個靈願意承擔這使命。在以賽亞書六章，以賽亞直接加入神與天軍的討論；在列王紀上二十二章，米該雅就只是一個旁觀者，見

證神的工作。在以賽亞表明願意為神工作後，神便差遣他向百姓宣講祂的話；同樣，神也差遣那個靈去引誘其他先知。

與以賽亞式異象存在不少分別的，是耶利米式的蒙召異象，後者可見於耶利米書一章1至11節（耶利米）、出埃及記三章7節至四章17節（摩西）及士師記六章11至40節（基甸）等經文。這類蒙召異象大多從以色列人面對某個困境開始，例如，耶利米面對的困境是猶太人將要被巴比倫人擄去，摩西面對的困境是以色列人在埃及為奴，基甸面對的困境是以色列人正被米甸人攻擊。面對這些困境，神主動揀選一個人去為祂解決問題。就這點而言，耶利米式的異象便與以賽亞式的異象的特點，即一個人主動請纓去為神工作，截然不同。在耶利米式的異象中，面對神的揀選，人不但不願意接受，而且還主動推辭，強調自己沒有能力為神工作。耶利米說他是年幼的（耶一6）；摩西說他不是甚麼重要人物（出三11），且是一個拙口笨舌的人（出四10）；基甸則說自己又窮又微小，無力拯救以色列人（士六15）。比起以賽亞那種勇敢的回應，他們的反應，似乎更能反映一個普通人面對神的託付時的態度。他們覺得自己既然只是一個平常人，必不能勝任神所交付的重任。面對這種反應，神並沒有斥責祂所揀選的人，反倒安慰他們，指出祂必與他們同在（耶一8；出三12；士六16），同時給他們一些確據，使他們有信心，知道神真的與他們同在。例如神給摩西三個確據，第一個確據是將杖變為蛇，又將蛇變回杖（出四2～4）；第二個確據是令摩西的手長滿大痲瘋，其後又使之復原（出四6～8）；第三個確據是將倒在旱地上的河水變為血（出四9）。至於基甸，神的使者吩咐他把所獻的肉和無酵餅放在磐石上，神使者的杖接觸過肉和餅後，就有火從磐石上來，把肉和餅都燒盡了（士六19～21）。其後，神先讓放在禾場上的羊毛有露水，其他地方卻是乾的；然後再使得羊毛是乾的，其他地方則有露水（士六 36～40），以此作為證據。至於耶利米，神就伸手按他的口並告訴他，祂已將要說的話傳給他了（耶一 9）。

以賽亞式蒙召異象中的神，被描述為一位**超然的神**，高高坐在天上的寶座，令人肅然起敬；相對而言，耶利米式異象中的神是一位比較**隨和的神**，透過對話及交流，與人建立個人的關係。以賽亞式異象強調人**看見**神的偉大，耶利米式異象則著重神的**話語**及神人之間的交流。在以賽亞式異象中，人因著看見神的榮美，**自願**去承擔神的工作；在耶利米式異象中，並不是人自己選擇去承擔，而是神主動去揀選某人，這人不但**不是自願**領命的，而且更抱著遲疑的心，甚或拒絕神的託付，往往只待神鼓勵他，給他確據後，才肯答應。不過，雖然這兩種蒙召方式有不少迥異之處，但都以神的差遣作結束。無論是一開始就自願領命，還是後來才肯接受任務，這人最終都會成為神的使者、神的代言人，將神要他說的話傳講出來。

4.3.3 先知身為預言家

當人論及先知，往往會聯想到他是一個說預言的人。正如上面曾提及的，說預言的確可以是先知職事中的一環，因此我們也特別關注聖經中提及的預言及其應驗。事實上，這種關注也可以在聖經中找到。例如列王紀上十四章 1 至 16 節中提到，先知亞希雅預告，耶羅波安家的人將來全都會被剪除，後來當耶羅波安全家被巴沙殺盡時，列王紀上十五章 27 至 30 節就清楚指出這應驗了亞希雅的預言。同樣，在列王紀下一章 2 至 4 節，以利亞預言亞哈謝必會病死，結果，一章 17 節就清楚說明這預言應驗了。值得注意的是，這種清楚指出某個預言應驗了的說法，很少在先知書中找到。不過，對這些先知來說，這並不表示預言的應驗不是一個重要課題。在以西結書十二章26至28節，有人指以西結所說的預言仍沒有應驗，他便為此作出辯護，說明神的話是不會耽延的，最終必定會成就。

不過，重要的是，我們該如何正確地理解預言的本質？也就是說，甚麼是預言呢？若果把先知理解為神的使者，是神人的中介者，那麼我們就必須從這個角度去理解甚麼是預言——預言是神透過先知向人宣講的信息，藉此傳遞神對人的心意和計劃。所以，預言並不是對將來會發生的事情的直接描述。因著當時的具體處境，神就按祂對人的計劃，宣講將會發展出來的情況。這就是先知所預告的信息。因此，這將會發展出來的情況，並不是預定的，它既與人的行動有關，也與神如何看人的行動有關。從這個角度來看，先知預言未有應驗，也未必是一個問題。舉一個例子來說，耶利米曾論及西底家王，說：「猶大王西底家啊，你還要聽耶和華的話。耶和華論到你如此說：你必不被刀劍殺死，你必平安而死，人必為你焚燒物件，好像為你列祖，就是在你以前的先王焚燒一般……」（耶三十四4～5）但是，西底家最後的結局卻不是這樣。耶利米書有這樣的記載：「巴比倫王在西底家眼前殺了他的眾子，又在利比拉殺了猶大的一切首領，並且剜了西底家的眼睛，用銅鍊鎖著他，帶到巴比倫去，將他囚在監裏，直到他死的日子」（耶五十二10～11）。雖然耶利米所說有關西底家的預言未能應驗，但這並不否定耶利米仍是個真先知。

值得留意的是，先知書中有一些地方清楚指出，因為某些預言未能實現，先知就講出新的預言去取代舊的預言。例如以賽亞書十五章1節至十六章12節預言摩押將會被滅，歸於無有，但在接著的十六章 13 節，作者卻指出這預言是耶和華**從前**論到摩押的話，然後在同章的 14 節，作者指出耶和華**現在**再說新預言，就是摩押會在三年內被滅。另一個更詳盡的例子，可在以西結書找到。以西結書二十六章 1 節記載以西結在第十一年十一月初一日，從耶和華得到一個有關推羅的啟示，預言巴比倫王尼布甲尼撒會率領大軍攻打推羅，並會將推羅徹底毀滅（結二十六 7～14）。學者一般認為文中提及「第十一年」，應為公元前五八七年左右，但事實上巴比倫並沒有攻陷推羅，對推羅的圍困亦於公元前五七三/五七二年停止。所以，這個預言沒有應驗，但以西結也沒有因此就認為自己是個假先知。再看以西結書二十章 17 節，這兒提及第二十七年正月初一日，以西結從耶和華領受另一個有關埃及的啟示，指出尼布甲尼撒王雖然努力為神攻打推羅，卻始終一無所獲，所以神將埃及賜給巴比倫王作為酬勞（結二十九 18～20）。按上面的推算，以西結這個預言應是在公元前五七一年才發出的。換句話說，這個預言是在先前那個預言（即結二十六 7～14）宣講後十四年才出現，也同時是在巴比倫王停止了圍困推羅之後兩年才出現的。這個新的預言，可以說是對先前所講的那個預言作出修正或者重新詮釋。特別的是，我們也不知道究竟以西結所講的這個新預言有否應驗，因為現有的歷史資料並沒有給我們提供任何確實的答案。從以上的討論可見，預言並不是固定不變的，預言是神人交流的結果，會隨著人或神的行動而變改。除此之外，先知書中一些關於以色列國復興的預言，由於並沒有在講者或先知書編者的年代應驗，當時的聽眾只能期望它們在遙遠的將來實現。但無論如何，這不減我們對先知的信任，相信他們是神的代言人，傳講神對人的心意和計劃。

4.3.4 先知身為道德家

有時我們或會過分強調一個先知的預言職事，忘記了先知也是活在其身處的時代中。因此，他所說的並不單是有關將來的事情，也是針對當時處境的宣告。而事實上，先知往往會將聽眾的現在與將來連結在一起，聽眾將來的光景，就是他們現在所作所為的後果，因此先知所關心的，是聽眾的道德操守。以阿摩司為例，他斥責列國違反國際慣例及一般的道德標準，所以耶和華神作為全地的神必會刑罰他們（摩一 3～二 3）。針對以色列，阿摩司斥責他們欺壓貧窮人，又在買賣中行騙（摩二 6～8，八 4～6），所以神必對他們施行審判。同樣地，以西結指出凡行惡的必會死亡。怎樣的行為才算是惡呢？就是「玷污鄰舍的妻，虧負困苦和窮乏的人，搶奪人的物，未曾將當頭還給人⋯⋯向借錢的弟兄取利，向借糧的弟兄多要」（結十八 10～13）。先知控訴以色列人違反了社會公義，亦因此違背了神的誡命律例。作為社會的良心，先知指出以色列人的行為不當，提醒他們神必照他們的行為報應他們。先知是一個道德家，透過斥責以色列人道德操守的不當，指出正確的道德標準是甚麼。

先知道德家的這個角色，有時會因我們過於著重先知的預言職分而被忽略。在十九世紀，隨著聖經歷史批判法的興起，一些聖經學者如杜本恆（Bernhard Duhm）及史樂信（W. R. Smith）就指出，先知的講話往往流露出一種道德的理想主義，因而令學者常將他們的思想視為以色列思想發展史中的高峯，而祭司神學則代表以色列人道德思想衰落的時期。雖然現今的聖經研究對這種以進化論眼光去看以色列人思想發展的理解，普遍持反對或保留的態度，但對於先知作為一個道德家，對以色列人的道德有一定要求的這種看法，畢竟仍是予以肯定的。

4.3.5 先知身為作者及詮釋者

以上的討論都強調先知是宣講者，他傳講神的話語和心意，不論這是關乎將來的還是現在的事情。然後，他所宣講的才被書寫下來，最後結集成書。然而，近代學者逐漸關注到先知作為作者及解經者的角色。有些學者指出，先知書的部分內容應該不是先知話語的記錄，而是從開始就是以書寫的方式記載下來的。意思就是説，當先知從神接收神諭時，他就把這神諭真接寫下來。隨後，先知或許再沒有以宣講的形式把這些內容表達出來，又或許會把所記下來的背誦出來。一個明顯的例子就是哈巴谷書二章 1 至 5 節。經文指出先知哈巴谷要看神的話語，而神的回應是吩咐先知「把異象寫下，清楚的記在泥版上」（哈二 2，《聖經新譯本》）。先知並不是先宣講神的異象，然後才把它記載下來，而是真接地把異象記載在泥版上。所以，把異象內容書寫下來，並不是次要於宣講的行動，而是先知現象的一部分。而先知正是使用這個書寫形式傳遞神的話語，以回應當時所要面對的處境。先知以西結多被稱為「書本先知」（book prophet），因為以西結書中不少內容都被視為沒有經過口傳就已被寫下來的，其中包括有關歌革的預言（結三十八～三十九章），以及有關將來以色列的復興及安排的神諭（結四十～四十八章）。

先知承接及使用過去的傳統來宣講他們的信息，並不是新的觀點（參下文「先知傳統」一段，頁 98），但愈來愈多學者進一步指出，有些先知會重新詮釋他們所熟知的經文，並將這些經文應用在他們新的處境中。就以約珥書二章 3 節為例，經文提及「牠們前面如火燒滅，後面如火焰燒盡。未到以前，地如伊甸園；過去以後，成了荒涼的曠野；沒有一樣能躲避牠們的。」有學者認為這節經文至少引用了詩篇五十篇 3 節，九十七篇3節和以西結書三十六章35節。詩篇五十篇3節提及「有烈火在他面前吞滅」，詩篇九十七篇3節則有類似的說法：「有烈火在他前頭行」。這兩段經文都提及神的顯現，並以火作為神的先行者，而約珥則把火看為一強盛的民（有學者將此民理解為蝗蟲）的先行者。這個詮釋把這民看為具有神的特質的，有火作為他們的保護，而這火也會帶來毀滅。這民既是像神一般，自然「沒有一樣能躲避牠們的」。而以西結書三十六章35節則有「這先前為荒廢之地，現在成如伊甸園」，這句話原是出自回歸者對以色列地的評價。約珥一方面認為這話已經應驗，因為他正指出「地如伊甸園」；但另一方面，約珥則逆轉這個情況，指出這像伊甸園的地土會變為「荒涼的曠野」。這類詮釋及應用經文的現象，也多見於撒迦利亞書。其中一個例子是撒迦利亞書一章12節提及的「七十年」。耶利米書二十五章11至12節及二十九章10節也提及「七十年」，指的是巴比倫會管治猶大七十年，然後巴比倫會受罰，而猶大就得以回歸。所以，撒迦利亞並不直接引用耶利米的宣告，而是把耶利米的講話加以詮釋，理解這七十年為神忿怒的（最長）時期。當然，我們不能絕對肯定撒迦利亞使用耶利米書的經文。不過，撒亞利亞曾論及「從前的先知」（亞一4，七7），所以，他引用耶利米的講話也是很有可能的。先知作為詮釋者這個現象的出現，與先知角色或身分的改變有關，意即後期的先知不再是受感說話者（參亞十三1～6），他們的角色是詮釋者，所詮釋的是他們所認識的經文，無論這些經文是從前先知宣講後被寫下來的話語，還是其他被視為具權威的作品。

4.4 先知書

4.4.1 先知話語的記錄

在我們現存的聖經中，「阿摩司」是最早有書卷以其名字來命名的先知。其他比阿摩司更早在歷史舞台上出現的先知（如以利亞或拿單），只出現在一些敍事中，成為那些事件的主角。相對於這些敍事，先知書較多記錄先知的講話，較少記載他們的行事經歷。當然，這些比較只是想指出，先知書與記載早期先知事迹的敍事這兩種文獻的區別，主要在於程度上，而不是內容上。

聖經學者一般認為，先知將他們的講話記錄下來，是由公元前八世紀開始的，至於為甚麼會是在這個時期開始，其中一個原因，可能是文字寫作在當時已愈來愈普及。在此以前，書寫只是少數特權人士的專利；隨著時間過去，書寫的技巧才慢慢傳開。以色列的考古發現證實了這個發展趨勢。人們開始將宮廷的誌事及歷史記錄下來，有學識的祭司寫下聖殿中的誡律及其他教訓，先知及其門徒亦將先知所講的話及經歷寫下來。

若果阿摩司的講話是由他自己或他的門徒記錄下來的，這可能是由於當時的歷史處境提供了這種迫切性。隨著亞述王提革拉毘列色三世興起及向西方推進，北國以色列受到嚴重威脅，撒馬利亞其後的滅亡更成為一股動力，驅使人將曾準確預言這事的先知的講話寫下來，一方面作為記錄，另一方面作為對南國猶大的提醒。而由於以色列國慢慢踏上國際政治舞台，先知的講話也愈來愈多針對整個國家民族，較少針對個人。不過，以上的觀點仍需作進一步論證。此外，需要留意的是，由先知話語的記錄到先知書的形成，兩者在時間上和內容上的差距仍是不少的。近二、三十來，不少研究先知書形成過程的學者指出，第二聖殿時期的歷史社會處境，很可能為這類體裁的出現提供了契機。不過，具體的情況仍有待更多的研究。

4.4.2 神諭

「神諭」一詞泛指神透過先知所傳遞的信息，包括有關將來的啟示，以及透過先知求問神的人所得到的回答。不過，若把「神諭」看為是希伯來文 *maśśāʾ* 的翻譯，就是一個技術性用語。聖經中有不少地方，描寫先知等候別人來求問神，其中一個例子就是底波拉（士四 4～5）。再者，在耶路撒冷被圍困時，西底家王打發人到耶利米那裏求問耶和華（耶二十一 1～2）；以色列人被擄到巴比倫後，猶太人的長老也到跟他們一起寄居巴比倫的先知以西結那裏求問神（結十四 1，二十 1）。面對這些詢問，神就透過先知作出回應。

先知書的記載，絕大部分是神諭，神諭可說是先知書的基本單元。而神諭可分為不同類型，其中較常見的是「審判神諭」及「拯救神諭」。這兩類神諭都有一些基本元素，這些元素使它們明顯有別於其他神諭類型。

一般而言，審判神諭包含以下三個元素：一、指控——目的是指出被審判者的罪行；二、以「所以」及「使者公式」作為宣告審判的引言；三、審判的宣告——目的是指出被審判者將會受到甚麼刑罰，而這刑罰是與其所犯的罪行有關的。有些審判神諭會在指控之前，加上神對先知的差遣，又或者加上對被指控者的召喚，要求他們小心聆聽神的話語。以下，我們會以阿摩司書七章 16 至 17 節及耶利米書二十九章 31 至 32 節為例，說明這些元素（參右表）。

要留意的是，在所有審判神諭中，最重要的兩個元素是指控及宣告審判。

元素	摩七 16～17	耶二十九 31～32
差遣先知		「你當寄信給一切被擄的人說：
呼召被指控者去聆聽神	亞瑪謝啊，現在你要聽耶和華的話。	
指控	你說：『不要向以色列說預言，也不要向以撒家滴下預言。』	『耶和華論到尼希蘭人示瑪雅說：因為示瑪雅向你們說預言，我並沒有差遣他，他使你們倚靠謊言；
使者公式	所以耶和華如此說：	所以耶和華如此說：
宣告審判	『你的妻子必在城中作妓女，你的兒女必倒在刀下；你的地必有人用繩子量了分取，你自己必死在污穢之地。以色列民定被擄去離開本地。』」	我必刑罰尼希蘭人示瑪雅和他的後裔，他必無一人存留住在這民中，也不得見我所要賜與我百姓的福樂，因為他向耶和華說了叛逆的話。這是耶和華說的。』」

相對於審判神諭，學者對拯救神諭的基本元素並沒有一致的看法。早期的拯救神諭大多以使者公式開始（例如王上十七14，二十13）。普遍而言，拯救神諭很少會提出拯救的理由（例如王上二十28；王下十九20）。有些學者認為，這類神諭有三個元素：稱呼、應許及保證。例如在以賽亞書四十四章1至8節中，1至2a節是稱呼，2b至5節是拯救的應許，6至8節是保證。我們也可以從另一個角度去看拯救神諭的特色，就是把拯救神諭分為不同類型。第一類是將之分為有條件或無條件的。第二類是將神的拯救看為是神直接幫助以色列人，包括神的救助、神的祝福、神使人或國家回復到一個理想狀況等等；又或將神的拯救看為是神對列國的懲治，因而幫助以色列人。例如，在以賽亞書四十三章1至7節，提到耶和華神對以色列人的拯救是保護他們免受危害，並將他們從列國中帶領出來，而對以色列人來說，這是沒有任何要求的；但在以賽亞書五十八章13至14節，神的拯救卻帶有條件：以色列人若要得到耶和華的應許，「乘駕地的高處」及蒙神以「雅各的產業養育」他們，就先要符合守安息日，以之為耶和華的聖日這個條件。

在以上兩個例子中，神的拯救都是直接向以色列人發出的，分別在於前者是無條件的，後者卻是有條件的。在以賽亞書十章24至27節，神安慰以色列人並指出，雖然他們正面對亞述王的攻擊，但他們不用害怕，因為神會擊打亞述王，使他滅亡。在這裏，神的拯救也是無條件的，祂沒有要求以色列要做些甚麼才能得救；同時，神對以色列的拯救是透過懲治列國（即亞述王）而體現出來的。

4.4.3 先知傳統

4.4.3.1 先知傳統的延續

在先知書中，有充分的證據顯示，某些先知之間是有一定關聯的。這些關聯可以是借用某些簡單的稱呼，或者共用某些傳統概念，或者借用一段說話，又或者將他人的意念加以發揮擴展。以下將逐一舉例說明之。

在以賽亞書中，耶和華多次被稱為「以色列的聖者」（例如一4，五19）。這可說是以賽亞特有的對神的稱謂；除以賽亞書外，在先知書中，這個稱謂只在耶利米書兩處地方出現過（耶五十29，五十一5）。所以，這很可能是耶利米借用了以賽亞的這個特殊用法；但學者認為，這更可能是以賽亞借用了何西阿的用語（何十一9）。除了這些特殊用語外，先知書還有一些多次出現的獨特概念，例如將以色列比喻為葡萄樹。在聖經中，這個比喻似乎最早出現在何西阿書（何十1；參何十四8），但這並不足以讓我們確定誰是這個比喻的原創者，也因此很難斷定是誰採納了誰的用法。不過，可以肯定的是，這個比喻為多數先知所採用（賽五章；耶二21；結十五，十七章），也成為先知傳統中一個經常出現的元素。

除了獨特的稱謂和概念外，我們還可以在先知書中找到一些幾乎完全相同的內容。耶利米書四十九章 14 至 16 節及俄巴底亞書 1 至 4 節便是一個典型例子。

耶四十九 14～16	俄 1～4 節
	俄巴底亞得了耶和華的默示。論以東說：
我從耶和華那裏聽見信息，並有使者被差往列國去，說：你們聚集來攻擊以東，要起來爭戰。	我從耶和華那裏聽見信息，並有使者被差往列國去，說：起來吧，一同起來與以東爭戰！
我使你在列國中為最小，在世人中被藐視。	我使你——以東在列國中為最小的，被人大大藐視。
住在山穴中據守山頂的啊，論到你的威嚇，你因心中的狂傲自欺；	住在山穴中、居所在高處的啊，你因狂傲自欺，心裏說：誰能將我拉下地去呢？
你雖如大鷹高高搭窩，我卻從那裏拉下你來。這是耶和華說的。	你雖如大鷹高飛，在星宿之間搭窩，我必從那裏拉下你來。這是耶和華說的。

另一個例子是以賽亞書二章 2 至 5 節及彌迦書四章 1 至 5 節（參後頁）。

出現這種情況有以下幾個可能性：先知甲採用先知乙的話語、先知乙採用先知甲的話語、先知甲及乙有同一個資料來源，又或者兩段經文都是後來的編輯者加上去的。要確定兩段如此相似的經文的關係，我們首先要注意兩者之間的微細差異及相同之處；其次是留意這些經文在書卷中的位置，考慮這些異同與其上下文在意義上的關連。這些都不是容易判斷的。

當一個先知採用了另一個先知的意念，並將之擴充時，他們的關係就比上面提及的情況較容易確定。建基在何西阿的論述之上，耶利米論及耶和華與祂子民的婚姻，並以曠野時期為兩者最恩愛的時期（耶二 1～3），又將以色列／猶大的罪視為行淫離棄神（例如，耶三 1～3、6～7、9 等）。在耶利米書三章 6 至 10 節，耶利米把以色列及猶大比喻為兩姊妹，雖然她

賽二2～5	彌四1～5
末後的日子，耶和華殿的山必堅立，超乎諸山，高舉過於萬嶺；萬民都要流歸這山。	末後的日子，耶和華殿的山必堅立，超乎諸山，高舉過於萬嶺；萬民都要流歸這山。
必有許多國的民前往，說：來吧，我們登耶和華的山，奔雅各上帝的殿。主必將他的道教訓我們；我們也要行他的路。因為訓誨必出於錫安；耶和華的言語必出於耶路撒冷。	必有許多國的民前往，說：來吧，我們登耶和華的山，奔雅各上帝的殿。主必將他的道教訓我們；我們也要行他的路。因為訓誨必出於錫安；耶和華的言語必出於耶路撒冷。
他必在列國中施行審判，為許多國民斷定是非。他們要將刀打成犁頭，把槍打成鐮刀。這國不舉刀攻擊那國；他們也不再學習戰事。	他必在多國的民中施行審判，為遠方強盛的國斷定是非。他們要將刀打成犁頭，把槍打成鐮刀。這國不舉刀攻擊那國；他們也不再學習戰事。
	人人都要坐在自己葡萄樹下和無花果樹下，無人驚嚇。這是萬軍之耶和華親口說的。
雅各家啊，來吧！我們在耶和華的光明中行走。	萬民各奉己神的名而行；我們卻永永遠遠奉耶和華──我們上帝的名而行。

們都歸耶和華作妻子，但都犯了姦淫，背叛神，背叛她們的丈夫。縱然神將休書給了行淫的姊姊以色列，妹妹猶大卻仍不真心歸向神。這短短的五節經文，到了以西結筆下，就演變為長達四十九節的比喻。在以西結書二十三章，姊姊名為阿荷拉，指的是撒馬利亞；妹妹則稱為阿荷利巴，指的是耶路撒冷。文中描寫阿荷拉如何與外邦人行淫，離開丈夫耶和華，以及耶和華向她施行審判。雖然阿荷利巴親眼看見了阿荷拉行淫招來的惡果，但竟然比阿荷拉更放肆地行惡。經文用了很多篇幅描寫她們的淫行及神的懲罰。在這個例子中，可以肯定的是，以西結採用了耶利米的比喻，並將之擴展為一篇長講章，用來控告猶大人所犯的罪行，同時肯定神對他們的刑罰是公平的。

在以上的討論中，我們指出了先知傳統以不同方式及在不同程度上延續著。有些只是借用一些特別字彙，有些是稍為修改整段講話後再複述，還有一些是將前人的意念加以發揮擴充。這清楚表明了先知體會到自己正處身於傳統當中，他們不但可以引用這傳統中的某些素材，還可將這些材料進一步發揮、應用，以面對他們當天的環境。可是，鑑於他們的處境各有不同，神學理念也不一樣，所以他們有時也會對傳統的某些元素作出否定。這便是我們下面要接續探討的問題。

4.4.3.2 先知傳統的間斷

在先知以賽亞的講論中，耶路撒冷和大衞家的傳統的地位十分重要，學者一般稱這傳統為「錫安傳統」。在過去，耶路撒冷是一個充滿忠信及公義的城（賽一 21）；在將來，神也期望它能再次成為「公義之城、忠信之邑」（一 26）。它是神的居所，是神所建立的（十四 32）。神將火安置在錫安，將爐安置在耶路撒冷（三十一 9）。當敵人來攻擊時，耶和華會降臨錫安山，為它爭戰；祂也會保護耶路撒冷（三十一 4～5）。雖然亞述是強大的，但它只是神手中的棍或杖（十 5），它的功用是替神教訓以色列人，以色列最終卻不會被亞述所滅。在適當的時候，耶和華必會消滅亞述，保衞耶路撒冷（三十七 33～35），以色列家剩下的民，都會歸回神那裏（十 20～27）。耶和華神必會在錫安山作王（二十四 23），在神所造的耶路撒冷中居住的人必然生活快樂，沒有哀號（六十五 17～25）。總括而言，以色列人那理想的「過去」，可在耶路撒冷中找到；耶路撒冷的「現在」，有神的保守；「將來」的理想國度，也會在耶路撒冷實現出來。

相對於以賽亞，以西結繪畫出一幅截然不同的圖畫。以西結指出，縱然耶路撒冷過去擁有特殊的地位，但因著它的所作所為，神要施行審判，使它在列國眼前蒙羞（結五 5～10）。以西結用了不少篇幅說明神對耶路撒冷的懲罰是絕對、全面及必然的。雖然耶城中的聖殿是以色列人所誇耀及喜愛的，但它將會被褻瀆（二十四 21）。在整卷以西結書中，「錫安」這個字一次也沒有出現過。即使在將來的理想國度中，那個置放在以色列中間的城市也不是稱為耶路撒冷或錫安，而是稱為「耶和華的所在」（四十八 35）。值得留意的是，在將來這個理想的藍圖中，神的殿不像以往那樣，置放在耶路撒冷，而是處於城的北面；在城與聖殿之間，隔著利未人及祭司的土地。這個城雖然被稱為「耶和華的所在」，但是見證神臨在的聖殿卻不在這個城中。對以西結來說，他不像以賽亞那樣重視耶路撒冷，錫安在他的神學中也沒有甚麼重要的地位。他的核心思想在於神的同在及祂的榮耀。我們也可以比較以賽亞及何西阿如何在他們的講論中，引用以色列過去的歷史。何西阿比以賽亞較早出現，但兩者的活動時期，或有重疊。何西阿詳細講及族長雅各的事迹（何十二 2～5、12）。他提到以色列人曾經寄居埃及（八 13，九 3），以及提到先知帶領他們離開埃及的事（十二 13）。他知道以色列人在巴力毘珥所犯的罪（九 10），知道他們經過亞割谷才進入迦南地（二 15），也知道他們在基比亞的戰事（十 9），以及他們曾經要求立王（十三 10）。相反，以賽亞甚少提及以色列人的歷史事件。他沒有提及族長的故事；當他提到「雅各」時，只是以「雅各」代表以色列人；在論到耶和華的奇事時，他也只是暗指大衛在毘拉心山及基遍谷的勝利（賽二十八 21）。所以，相對於何西阿，以賽亞甚少引用以色列人過去的歷史片段作為講道材料。

何西阿在他的著作中，以以色列的過去為素材，描繪了一幅未來的理想圖畫——神與以色列人未來的關係，就仿如當年以色列人剛從埃及出來，在曠野跟隨耶和華時一樣（何二 15～20）。這過去的情境成為了將來理想的範例。類似的做法，也可在耶利米書找到。耶利米同樣把以色列人在曠野的時期視為以色列與耶和華的蜜月期，那時以色列與神是處於一個「幼年的恩愛、婚姻的愛情」的境況中（耶二 1～3），將來神與以色列人的關係也會像當年在曠野時般美好（三十一 1～6）。然而，在以西結的神學中，以色列卻從沒跟神有過任何蜜月期。從神在埃及選召以色列人出來，到第一代人死在曠野，及至第二代人在曠野中前行，他們都沒有聽從過神的話，也沒有遵守過祂吩咐他們的典章律例（結二十 1～31）。對以西結來說，以色列人從始至終都是叛逆的。

最後，我們可以簡單提及兩個先知傳統元素的運用。第一個是「神的靈」。在早期先知如以利亞或以利沙的行事中，神的靈擔當著一個重要的角色。然而，自他們以後，直到被擄之前的先知，都很少提及神的靈。在被擄時期及被擄後的先知中，神的靈再次佔重要地位。神的靈不但使以西結作出某些舉動，並且幾次帶領以西結看見異像（結二 2，三 12，八 3，三十七 1）。神的靈是人力量的來源（該二 5；亞四 6）。神的靈又藉著先知所說的話，將律法傳給以色列人（亞七 12）。受到神的靈澆灌的人會說預言、作異夢及見異象（珥二 28～29）。第二個是「使者公式」的用法。上面曾提及過使者公式（「耶和華如此說」）是先知講論的引言，目的是要表明先知接下來所說的話並不是出於自己，而是出於神。這公式大多與結束的公式「這是耶和華所說」並用，將神諭的開始及結束清楚顯示出來。到了後期的先知，這兩個公式的用法有了變化，它們不單在神諭的首尾出現，而且散見於神諭中間，其目的可能是為了強調或證實先知的權威（該二 4～9；亞一 2～6）。

4.5 總結

在上文，我們首先指出希伯來聖經與中文聖經在書卷編排上的不同，由此說明兩者對先知書的定義是有差別的。接著，我們綜合介紹了一些研究先知書的方向，包括以先知的角色身分及先知書的內容信息為焦點的兩種研究。在第三節，我們探討了先知的角色，提到先知是神的使者，要宣講神要他宣講的。假如先知的話是指向未來發生的事，他會被視為預言家；假如他的話是針對當時社會的腐敗及不公義，他會被視為道德家。當然，先知還有別的身分角色，包括身為作家及解經者。在第四節，我們對先知書的內容作出初步探討。先知書大部分是神諭，其中通常出現的是審判神諭及拯救神諭。這兩類神諭都包含一些基本元素，使它們與其他類型的神諭分別出來。接著，我們初步檢視了先知的傳統。先知與先知之間，的確存在著相同或相似的內容及觀點，但我們不能因此過分強調先知書內容的單一性或一致性。事實上，先知彼此間存在著不少差異，甚至持相反看法。我們必須留意，在先知的傳統中，是異中有同，同中亦會有異的。

推薦書目

Blenkinsopp, Joseph. *A History of Prophecy in Israel*. Rev. ed. Louisville: Westminster John Knox Press, 1996.（中譯：Joseph Blenkinsopp。《先知職在以色列的發展史》。宋蘭友譯。香港：公教真理學會，1998。）作者從社會、歷史及文學的角度探討先知現象及先知文學。

Bullock, C. Hassell. *An Introduction to the Old Testament Prophetic Books*. Chicago: Moody, 1986. 此書提供各卷先知書內容的簡介，觀點較為傳統。

Gordon, Robert P., ed. *The Place Is Too Small for Us*. Winona Lake: Eisenbrauns,

1995. 編者收集了三十多篇有關先知書的研究，提供了多向度探討先知書的方法。

McConville, Gordon. *Exploring the Old Testament: A Guide to the Prophets*. Downers Grove: InterVarsity Press, 2002.（中譯：麥康維爾。《舊約文學與神學：先知書》。紀榮神譯。香港：天道書樓，2008。）本書簡介每卷先知書的作者、寫作日期、結構、主要內容及神學主題，以及討論每卷書在正典中的位置。在每卷書的介紹中亦附有思考問題，鼓勵讀者進一步思考當中的課題。

Overholt, Thomas W. *Prophecy in Cross-Cultural Perspective: A Sourcebook for Biblical Researchers*. Atlanta: Scholars, 1986. 對先知現象的跨文化研究有興趣的讀者，可從本書找到研究的基本素材。

Petersen, David L. *The Prophetic Literature: An Introduction*. Louisville: Westminster John Knox Press, 2002.（中譯：大衛．彼得森。《先知文學導論》。伍美詩譯。香港：道聲出版社，2007。）在簡述先知書的內容之餘，作者也關注到不同體裁的運用。此外，作者亦有論及在非先知書中出現的先知文學及先知人物。

Redditt, Paul L. *Introduction to the Prophets*. Grand Rapids: Eerdmans, 2008. 本書絕大部分篇幅是討論各先知書的內容的，包括其歷史背景、體裁、主題，再加上一些討論思考問題以及簡單書目。

Rofé, Alexander. *Introduction to the Prophetic Literature*. Sheffield: Sheffield Academic Press, 1997. 此書由希伯來文翻譯為英文，內容包括探討先知書的形成過程、先知的社會角色，以及先知與天啟現象的關係。

Uffenheimer, Benjamin. *Early Prophecy in Israel*. Jerusalem: Magnes, 1999. 此書是對以色列早期先知如以利亞的研究。

Westermann, Claus. *Basic Forms of Prophetic Speech*. Foreword by Gene M. Tucker. Louisville: Westminster John Knox Press, 1991. [= *Grundformen prophetischer Rede*. Munich: Chr. Kaiser, 1964.] 此書為研究不同形式的審判神諭的經典之作。

Westermann, Claus. *Prophetic Oracles of Salvation in the Old Testament*. Louisville: Westminster John Knox Press, 1991. [= *Prophetische Heilsworte im Alten Testament*. Göttingen: Vandenhoeck & Ruprecht, 1987.] 作者採取的進路與上書一樣，但研究的主要是拯救神諭。

Wilson, Robert R. *Prophecy and Society in Ancient Israel*. Philadelphia: Fortress, 1980.

本書從社會學角度探討以色列先知中的以法蓮及猶大傳統。

黃嘉樑、梁國權、雷建華。《舊約先知書要領》。香港：基道出版社，2007。本書探討先知現象、先知書的形成及解釋、先知書卷內容簡介及主題綜覽。

第5章 詩歌書

李思敬

詩歌書

5.1 舊約中的詩歌

舊約聖經正典中，以「詩歌」直接命名的書卷包括詩篇、雅歌和耶利米哀歌。

「詩篇」(*biblos psalmōn*, scroll of psalms) 一詞見於新約路加福音二十章 42 節及使徒行傳一章 2 節。*Psalmos* (psalm) 是希伯來文 *mizmôr* 的翻譯，[1] 就是在五十七首詩篇標題內所提到的「詩」，現存舊約希臘文《七十士譯本》第四世紀的《梵蒂岡抄本》(Codex Vaticanus, codex B) [2] 也稱詩篇為 *psalmoi* (psalms)。至於詩篇另一個英文音譯"Psalter"，其實亦源自第五世紀《七十士譯本》的《亞歷山太抄本》(Codex Alexandrinus, codex A)，大概指有樂器伴奏的詠唱。[3] 學者認為 *psaltērion* 是希伯來文 *nēḇel* 的翻譯，或指絃琴之類的樂器(見詩三十三 2；王上十 12)；但既然 *mizmôr* 的字根"*z-m-r*"亦有「彈奏」的含義，也許《七十士譯本》的不同抄本只是採用了兩個同義詞而已。然而，希伯來《馬所拉正典》卻採用 *təhillîm* 作為全卷書的專用名稱，[4] 意即「頌歌」，其本義與「哈利路亞」(讚美上主) 相通。[5] 由此看來，無論是「伴奏」或「讚頌」的詩歌，都顯示詩篇是古以色列敬拜的詩集而非個人抒情的作品。[6]

「哀歌」(*qînāh*)一詞雖見於撒母耳記下一章17節，但希伯來正典僅以卷首的「何竟」(*ʾêḵāh*)作為書名；[7]《巴比倫他勒目》(*Babylonian Talmud*)及其他早期猶太著述稱這卷書為 *qînôṯ*，直譯可作《哀歌集》。古卷除沿用此書名(*Thrēnoi*)外，《七十士譯本》又加註前言謂「以色列人被擄，耶利米坐著為耶路撒冷哀哭，唱此哀歌」；[8]拉丁文《武加大譯本》(Vulgate)亦加上副題「先知耶利米的哀歌」(*threni idest lamentationes jeremiae prophetae*)。二者都接受有關本書作者身分的猶太傳統。[9]《馬所拉正典》不把哀歌列在耶利米書之後，卻置於「著作」(*kəṯūḇîm*)部分的「五卷」(Megilloth, *məḡillôṯ*)中，是反映出猶太會堂的節期誦經習慣：逾越節讀雅歌、五旬節讀路得記、亞筆月九日讀哀歌、住棚節讀傳道書、普珥日讀以斯帖記等。[10]事實上，遲至十五世紀在意大利出版的希伯來聖經，「五卷」也可以出現在「五經」(*tôrāh*)和「先知」(*nəḇîʾîm*)中間，甚或夾雜在五經的經文內，以配合猶太會堂全年的讀經次序。[11]亞筆月九日是記念耶路撒冷兩所聖殿先後被毀的慘劇，猶太拉比視其宗教意義跟七月初十的「贖罪日」(利十六，二十三26～32)無分軒輊。[12]

雅歌是舊約詩歌書中惟一附有標題的書卷，直譯可作「歌中之歌，就是所羅門的」。《思高聖經》謂「撒羅滿作」(按：即所羅門作)，[13]但《現代中文譯本》卻附加註腳：「『所羅門之歌』或譯『獻給所羅門之歌』，或『關於所羅門之歌』」，[14]這是較為可取的審慎態度。「歌中之歌」是希伯來慣用語，用以表達「最好」的至高層次。[15]此外，「歌」(*šîr*)在詩篇的標題中常與「詩」(*mizmôr*)並用，[16]而詩篇一百二十篇至一百三十四篇等十五首「上行之『詩』」，原文其實也是「歌」。[17]再者，錫安之歌（詩一三七 3）和耶和華殿之歌[18]（代上六 31，二十五 6）都再三說明「歌」不一定指民間的曲謠，也可以是崇拜禮儀的聖樂。不過，猶太口傳的律法補遺《土西他》（*Tosefta*）〈論議會〉篇卻提及亞基巴拉比（Rabbi Aqiba，卒於公元一三五年）曾批評當時仍有人「在宴會廳上尖聲高唱《歌中之歌》，就像通俗的樂曲」（*t. Sanh.* 12:10），亦足見雅歌是如何深入民間，備受普羅大眾歡迎。

除了詩篇、哀歌和雅歌三卷詩歌書以外，舊約聖經其他書卷也有一些段落清楚標明是詩歌的，例如，出埃及記十五章「紅海之歌」、申命記三十二章「摩西之歌」、士師記五章「底波拉之歌」、撒母耳記下一章「弓歌」、以賽亞書十四章「巴比倫王之歌」及三十八章「希西家之歌」等。近代學者認為在舊約的智慧文學與先知文學中，詩歌體裁的篇章更多：約伯記除了首尾的引言和結語外，所有對話內容均屬詩句。箴言收錄的格言也不例外，壓軸的更是一首字母詩。約拿書的故事中間夾有先知在魚腹中的祈禱，每句禱文背後幾乎都有詩篇的典故。再者，珥、俄、彌、鴻、哈、番等六卷小先知書，在中文《新標點和合本》聖經中亦全部作詩歌分行，其他先知書的部分經文亦以類似方式排列。聯合聖經公會的編輯在《新標點和合本》的〈說明〉中聲稱，「原文是詩的體裁就用詩體排法」，但問題是：離開了詩歌的標題，我們到底如何辨別哪些經文屬希伯來詩的體裁？

5.2 希伯來詩的入門

為向初學者介紹希伯來詩的基本形式和結構，猶太學者麥高納（Jonathan Magonet）建議初學者從創世記四章「拉麥

之歌」入手。下面仿照原文的句法，將經文重新翻譯及排列如下：[19]

節				行
23	亞大和洗拉	聽	我的聲音	1
	拉麥的妻子	細聽	我的話語	2
	壯年人	我殺了	因他傷我	3
	少年人		因他損我	4
24	七倍	遭報	該隱	5
	拉麥		七十七倍	6

這首短詩最明顯的特色，就是每句話講完後都好像再重複一遍；聖經學者稱這特色為「平行體」（parallelism），[20] 並將平行體細分為同義平行（synonymous parallelism）、反義平行（antithetical parallelism）及綜合平行（synthetic parallelism）三個類別。拉麥之歌首兩行便是同義平行的好例子，因為這兩行對應的字彙都屬同義詞（「亞大和洗拉」同「拉麥的妻子」，「聽」同「細聽」，「我的聲音」同「我的話語」），格式因此顯得十分對稱均衡：

a	b	c
a’	b’	c’

事實上，首倡平行體理論的盧福樂主教（Bishop Robert Lowth）本來說的“*parallelismus membrorum*”，不一定指詩句中每個詞

彙都有相關的和應，[21] 譬如拉麥之歌的第三、四行，中間的動詞雖然沒有重複，但平行而對稱的格式令讀者懂得把「我殺了」的意思延展到下一句：[22]

a	b	c
a'	（b'）	c'

麥高納稱這種變化為「不完整的平行體」（incomplete parallelism），[23] 他更進而說明，第四行缺了一字的音節，由原文較長的前後兩字補充了。不過，要探究希伯來詩的格律（metre）始終是棘手的難題：到底要計算每個字的全部音節（syllable），抑或只包括字的重音（stress），學者至今仍爭論不休。[24] 其次，平行句的空白地方其實帶有積極的意義，一方面不容讀者袖手旁觀，要求他們參與填充，另一方面也藉此騰出沉默的空間，營造意在言外的效果。例如詩篇一百一十五篇的首句：

節				行
1	不為我們	上主啊	不為我們	1
	是為你名	奉上	榮耀	2
	因你信實		因你可靠	3

作者寧可於第一行重複「不為我們」兩次，也不提「榮耀」這關鍵詞彙，這關鍵詞要留待第二行的結尾才出現，這便是借助故意的沉默來強調「榮耀全歸上主」的題旨。若把「榮耀」一詞放於句首，就會犧牲了平行體中刻意不完整的修辭技巧。詩篇二十篇有另一個類似的例子：

節				行
7	有些人	以戰車		1
	有些人	以馬匹		2
	但我們	以我們神上主之名	作為倚靠	3

這一節的平行句亦有三部分，其中「不完整」的作用也十分清晰：

a	b	
a	b’	
a’	b”	c

「倚靠」一詞留到第三句最末了的位置才出現，這既保持著懸疑的戲劇效果，又同時暗示戰車和馬匹其實都是無用的武器；前兩行略去動詞後遺下來的空白，恰好代表了敵人所倚靠的力量是何等虛無。[25]

再者，假若這句詩的第一、二行屬典型的同義平行，那麼到第三行便出現反義平行，因為「有些人」跟「我們」相反，「戰車」和「馬匹」也跟「上主之名」相反。同樣，在「拉麥之歌」裏，「因他傷我」和「因他損我」明顯是同義平行，但「壯年人」跟「少年人」究竟是同義抑或反義，卻可以有不同的理解。[26] 由此可見，平行體中的同義、反義和綜合三種詩句，也許不應被視作截然分割的類別。麥高納這第三點觀察，在拉麥之歌的高潮部分尤為重要：

七倍	遭報	該隱
拉麥		七十七倍

在這最後一對平行句中，除了動詞「遭報」在下半行藉「不完整」的空白而突出其強調的效果外，「七倍」與「七十七倍」或「該隱」與「拉麥」皆兼備同義和反義（對比）的作用。[27] 不過，麥高納進一步指出，這兩句平行句同時亦顯示出一種交叉（chiasm）結構：

a

b

c

c’

（b’）

a’

這種交叉結構固然仍保留著濃厚的平行味道，但更關鍵的是核心部分（「該隱」與「拉麥」）及其中首尾呼應（*inclusio*；「七倍」與「七十七倍」）的技巧。[28] 在這種結構中，下半句故意漏掉的「遭報」一詞，同時可被理解為最不顯眼的重複，而讀者的注意力也就集中於「拉麥」極度誇張的「七十七倍」報復之上了。

5.3 希伯來詩的結構

平行體並不是希伯來詩句的惟一特色，這事實可見於約拿在魚腹中的祈禱詩（拿二 2～9）的結構。[29] 約拿的祈禱詩合共有十五句，每句可分作上下兩行。在希伯來詩皆由平行句組成的觀念主導下，傳統的分節把每兩句視為一小段，只有第 8 節除外：

節		行
2	我呼喊　從我的困境	1a
	朝向上主　他便回答我	1b
	從陰間的深處我呼救	2a
	你聽見了我的聲音	2b
3	你把我扔下深淵　在洋海的中心	3a
	水流它包圍著我	3b
	所有你的波濤　並你的湧浪	4a
	它們漫過了我	4b
4	但我　我説　我被趕逐	5a
	從你的眼前	5b
	我必定要再次仰望	6a
	朝向你神聖的殿宇	6b
5	眾水淹沒我　直到咽喉	7a
	淵洋它包圍著我	7b
	海草纏住了我的頭	8a
6	直到山巒的根基[30]	8b
	我下到那地	9a
	它的門閂在我後面永無窮盡	9b
	但你從坑中救拔了我生命	10a
	上主我的神	10b
7	當我奄奄一息之際	11a
	上主仍是我所記念的	11b
	我的祈禱已上達於你	12a

　　朝向你神聖的殿宇　12b

8　那些效忠虛無偶像的人　13a
　　他們的忠誠他們將會放棄　13b
9　但我　以感謝的聲音　14a
　　我要獻祭給你　14b
　我要償還我所許的願　15a
　　拯救屬於上主　15b

第 8 節好像欠缺了平行的下半截，有學者認為應予刪去，但也有人參照詩篇三十一篇 6 節的經文，提議作出補遺：

那些效忠虛無偶像的人
　　他們的忠誠他們將會放棄
〔但我倚靠你
　　上主我的拯救者〕[31]

不過，第 8 節其實是影射第一章那羣水手：他們脫險後才對上主所表達出來的虔誠，始終不及約拿的至死忠貞（拿二 7）。禱文最後重提獻祭和許願（拿二 9，一 16），便是要凸顯先知與外邦人的相反對比。由此可見，第 8、9 兩節的三句，沒有必要增減或分割，應同屬全首詩的最後小段。假若根據三句一段的原則，全首詩便可重新分成五段：

2　我呼喊　從我的困境　1a
　　朝向上主　他便回答我　1b
　從陰間的深處我呼救　2a

　　你聽見了我的聲音 2b
3 你把我扔下深淵　在洋海的中心 3a
　　水流它包圍著我 3b

所有你的波濤　並你的湧浪 4a
　　它們漫過了我 4b
4 但我　我說　我被趕逐 5a
　　從你的眼前 5b
我必定要再次仰望 6a
　　朝向你神聖的殿宇 6b

5 眾水淹沒我　直到咽喉 7a
　　淵洋它包圍著我 7b
海草纏住了我的頭 8a
6 　　直到山巒的根基 8b
我下到那地 9a
　　它的門閂在我後面永無窮盡 9b

但你從坑中救拔了我生命 10a
　　上主我的神 10b
7 當我奄奄一息之際 11a
　　上主仍是我所記念的 11b
我的祈禱已上達於你 12a
　　朝向你神聖的殿宇 12b

8 那些效忠虛無偶像的人 13a
　　他們的忠誠他們將會放棄 13b

9	但我　以感謝的聲音	14a
	我要獻祭給你	14b
	我要償還我所許的願	15a
	拯救屬於上主	15b

新的五段結構不但令全首詩更見工整均衡，也呈現出明顯的倒影（palistrophe）[32] 效果。首段（二 2 ~ 3a）先從上主作為第三身的「他」開始，第二句立即轉為直接稱呼「你」；末段（二 8 ~ 9）卻相反，最後兩句由「獻祭給你」返回第三身的「上主」，形成首尾呼應。第二段（二 3b ~ 4）和第四段（二 6b ~ 7）同樣以「朝向你神聖的殿宇」作為結束，又是深一層的平行回響。中間一段（二 5 ~ 6a）描述約拿的心靈陷入最低沉的狀況，整段完全沒有提到上主，更徘徊在「地獄」的意象之間。故此，倒影的結構一方面將焦點集中於約拿的困境（第三段），同時又凸顯他對上主由始至終從未動搖過的信靠（第一、二、四、五段）。

以三句為一單元或小段的詩歌並不常見，最清晰的例子要算是耶利米哀歌中間的一首（哀三 1 ~ 66），全篇以字母詩（acrostic poem）格式寫成，二十二個希伯來字母依次序排列，每個字母分別出現於連續三行的字首，故合共六十六句。[33] 此外，在詩篇中也有詩篇九十六篇這一個例子：

節		行
1	要向上主歌唱　一首新歌	1a
	要向上主歌唱　所有的大地	1b
2	要向上主歌唱　要稱頌他的名	1c
	要天天傳揚他的拯救	2a

3 要在列邦中述說他的榮耀 2b
在那所有的子民中　他的奇蹟 2c

4 誠然上主偉大　並備受至高的讚美 3a
他備受敬畏　在所有的眾神之上 3b
5 誠然那子民所有的眾神都是偶像 3c
但上主　諸天他造成 4a
6 權能和威嚴在他面前 4b
力量和華美在他的聖所 4c

7 要向上主獻呈　眾子民的族裔 5a
要向上主獻呈　榮耀和力量 5b
8 要向上主獻呈　他名的榮耀 5c
要奉上祭祀　並要前來他的眾院宇 6a
9 要向上主俯伏　在神聖的顯現 6b
要顫抖在他面前　所有的大地 6c

10 要在列邦中說　上主作王 7a
對　世界堅定　它不動搖 7b
他以公正審判眾子民 7c
11 諸天快樂　大地也高興 8a
洋海響應　和充滿它的 8b
12 野地歡欣　和所有在其中的 8c

然後他們都歡呼 9a
所有林中的樹木　在上主面前 9b
13 誠然他前來 9c

	誠然他前來治理那大地	10a
	他以勝利治理世界	10b
	並眾子民　以他的安定	10c

從傳統章節的劃分看來，讀者很容易會受困於平行體的束縛，對第一段和第三段連續重複三次的呼籲，便視若無睹了。[34]

5.4 詩的結構與主題

要探討希伯來詩的內容，除了須細心留意其中的意象（imagery）和修辭（rhetoric）外，詩歌的結構也是不容忽略的重要線索。試以詩篇第二十三篇為例：

節		行
	大衛的詩	0
1	上主牧養我　我無缺乏	1
2	在青翠草原他讓我躺下	2a
	於靜水之旁他帶領我	2b
3	我的生命由他覓回	3a
	他引導我在正途上　皆為他的名	3b
4	縱然我走在陰森的谷中	4a
	我不懼凶險	4b
	因你陪伴我	5a
	你的杖與你的竿　是它們安慰我	5b

5	你在我面前大排筵席	6a
	對正我眾仇敵	6b
	你用膏油滋潤我的頭	7a
	我的杯滿溢	7b
6	原來是良善與信實緊追著我	8a
	在我有生之年	8b
	我也要回到上主的殿中	9a
	以度悠悠歲月	9b

從意象入手，大多數讀者都會立即被「牧人與小羊」的圖畫吸引，而另一幅「主人與賓客」的圖畫也接著在詩的下半部出現。[35] 然而，詩的上、下半部分其實可再細分為四個工整的小段，並因此令第一句顯得獨立起來；這樣的分段同時凸顯出有關「上主」代名詞的變化呼應，並幫助讀者進一步察覺到四小段分別描述了不同的際遇，從中闡釋了詩人所經歷「無缺乏」的生命。[36]

詩篇十九篇又是另一個好例子，可說明詩歌主題與結構之間唇齒相依的關係：

節		行
	領導的　大衛的詩	0
1	諸天不斷述說上帝的榮耀	1a
	他手的作為正顯明於穹蒼	1b
2	日復一日它湧溢言辭	2a

夜復一夜它宣示知識　2b
3　沒有言辭　也沒有説話　3a
不曾聽見它們的聲音　3b
4　在全地出現了它們的聲音　4a
在世界極處　它們的言語　4b

為太陽他設置了營帳在它們中間　5a
5　他又像新郎正從他的洞房出現　5b
他雀躍　像勇士要趕快上路　5c
6　從諸天的極處他出現　6a
他的循環也遍及它們的四極　6b
甚至沒有可隱藏　自他的熱力　6c

7　上主訓誨完全　7a
可將性命更新　7b
上主教導清晰　8a
化無知成智慧　8b

8　上主指示正直　9a
能使內心暢快　9b
上主誡命乾淨　10a
要令眼目澄明　10b

9　上主可畏純潔　11a
將會恆久堅定　11b
上主判斷準確　12a
乃是一貫公允　12b

10 都比黃金和許多精金更可羡 13a
比蜜糖和蜂房滴蜜更甘甜 13b
11 是的　你僕人在它們中間受光照 14a
遵守它們便有許多獎賞 14b

12 無心之失有誰會留意呢 15a
在隱藏的事上求你赦免我 15b
13 是的　在狂妄的事上求你阻止你僕人 16a
不讓它們支配著我 16b
這樣　我便完全 17a
並且我從許多悖逆得赦免 17b

14 願它們蒙悅納　我口中的言辭 18a
和我心中的意念　在你面前 18b
上主我的磐石　我的救贖者 18c

因著中間六行非常整齊的詩句（7～9節），這首詩可分成三部分也是顯而易見的：[37]

I	1～6節	1～6　行	（6行）
II	7～9節	7～12行	（6行）
III	10～14節	13～18行	（6行）

作者在工整均衡的格局裏，仍流露出活潑的變化；中間部分的詩句以兩行為一小段，但首尾兩部分卻呈現刻意不規則的倒影效果，並且在前後遙遙相對的詩句（A–A'、C–C'）之間，更有每行分成兩小句（a、b）或三小句（a、b、c）的參差：

I	A	1 節	1 行	每行 2 句（a、b）
	B	2 ～ 4a 節	3 行	每行 2 句（a、b）
	C	4b ～ 6 節	2 行	每行 3 句（a、b、c）
III	C'	10 ～ 11 節	2 行	每行 2 句（a、b）
	B'	12 ～ 13 節	3 行	每行 2 句（a、b）
	A'	14 節	1 行	每行 3 句（a、b、c）

這樣的結構與全首詩的主題有甚麼關係？

首先，這首詩的三個部分各有不同焦點；中間部分（7 ～ 9 節）透過整齊的詩句與小段，讓讀者可以親眼體會到「上主訓誨完全」。第一部分（1 ～ 6 節）的主角看來並非太陽，因為它只佔三分之一篇幅，而且只屬於例證，就像相對的小段（10 節）裏「精金」和「滴蜜」的作用一樣；事實上，若把 1 至 6 節內的代名詞全數翻譯出來，讀者立刻便會察覺到，貫串起全段的是「諸天」（「它們」）和「穹蒼」（「它」）。照樣，到了第三部分（11 ～ 14 節），在每一節出現的也不再是誡命律例，而是上主的「僕人」（「我」）了。[38]

其次，不論「諸天」、「訓誨」或「僕人」，都是上主在人間的代表，世人可透過這些不同的見證來認識祂。「見證」的主題在第一、二部分非常清晰（1、2 及 7、8 節），到了第三部分，除了「你僕人」（11、13 節）的名銜帶著明顯的代表意味之外，全段的旨趣已變為進一步探討這「見證」是否「完全」。人的虧欠無疑比較容易發現，但創造的限制也在「有言無聲」（2 ～ 4 節）的弔詭中表露無遺；[39] 首尾兩部分不規則的倒影結構，正好用來襯托出中間部分上主「訓誨」的完全。

由此看來，若循著以上的結構去理解這首詩的題旨，我們是否還必須接受西方學者所謂「由兩首原本獨立的詩章拼湊而成」之類的觀點呢？[40]

中文聖經的讀者有時不能看出結構，是因為譯者也許為了「雅」和「達」的緣故，偶然會把詩句的次序更易，又或將兩三句合併起來。若按原文重新直譯出來，詩的工整結構亦隨之呈現眼前。

以下的詩篇八篇經過重譯和分段，讀者可以試看看，是否更容易掌握作者的思路脈絡，因而亦更能明白為何「人算甚麼」不可能成為這首詩的主題：[41]

節		行
	領導的　按迦特的　大衛的詩	0
1	上主　我們的主	1a
	你的名多威嚴在全地	1b
	你的威榮備受頌揚於天際	2a
2	出自孩童和吃奶的口中	2b
	你建立力量防禦你的敵人	3a
	以消滅仇敵還擊	3b
3	當我觀看你的天際　你指頭的作為	4a
	月亮和星辰　就是你所命定的	4b
4	人算甚麼　你竟記念他	5a
	世人又算甚麼　你竟眷顧他	5b
5	你又使他僅次於神明	6a

卻以榮耀尊貴為他冠冕　6b
6　你派他治理你手的作為　7a
一切你都放在他腳下　7b

7　畜牧和牲口　牠們一切　8a
甚至野地的猛獸　8b
8　天際的鳥　並大海的魚　9a
凡游弋於海道深處的　9b

9　上主　我們的主　10a
你的名多威嚴在全地　10b

5.5 總結

古高瞻（James L. Kugel）認為希伯來詩的特色在於其不斷出現的所謂「平行句」；每句包括 A、B 兩行，而每行都是只有二至四個字長度的短句。[42] 這大概是幫助讀者辨別希伯來詩體裁的起步點。當我們將經文由原文重新翻譯過來，尤其需要一些最基本的指引；不僅在先知或智慧文學的經卷中，懂得把散文的段落跟詩句區分開來，就算在詩篇、哀歌或雅歌等詩歌書中，也曉得推敲出不同斷句的規範與選擇，從而發現詩歌的工整結構。在這篇短短的導引文章裏，[43] 我們只集中討論希伯來詩的主題與結構二者之間的緊密互動；盼望藉著文中所列舉的不同例證，鼓勵讀者在嘗試詮釋舊約的詩歌書時，找到值得努力的方向。

推薦書目

一、猶太學者

Alter, Robert. *The Art of Biblical Poetry*. New York: Basic Books, 1985. 此書是了解聖經詩歌文學最全面的入門，比其姊妹作 *The Art of Biblical Narrative* (1981) 還要精采。柯德博認為聖經故事的寫實手法，其實是對宿命典型迷信的批判；同樣，希伯來詩的語意平行體格式，也旨在突破歷史循環概念的桎梏。

Fisch, Harold. *Poetry with a Purpose: Biblical Poetics and Interpretation*. Bloomington and Indianapolis: Indiana University Press, 1988. 作者以「文學與反文學」的弔詭，闡釋聖經如何透過最上乘的文采，徹底顛覆了不同文學體裁背後的神學信念。討論範圍包括約伯記、雅歌、詩篇、何西阿書及傳道書等經卷，其中的真知灼見，令人回味不已。

Kugel, James L. *The Great Poems of the Bible*. New York: Free Press, 1999. 全書內容就是分析聖經詩歌的十八篇代表作品：七首取材於詩篇、七首選自前後先知書、三首智慧詩，加上一章有關格言式詩句的討論。身為哈佛教授，古高瞻融會貫通的詮釋沒有半點學究的艱澀，讀起來反似曲徑通幽的靈修小品。

Magonet, Jonathan. *A Rabbi Reads the Psalms*. London: SCM, 1994. 倫敦"Leo Baeck College"的院長獃在露天茶座，手持一頁聖經原文的影印本，加上香濃咖啡和朱古力餅，這就是今日「拉比讀詩篇」的場景？麥高納以精湛的拉比釋經造詣，配合談笑風生的幽默筆觸，把讀者引進猶太信仰生活的豐富體驗中。

Sarna, Nahum M. *On the Book of Psalms: Exploring the Prayers of Ancient Israel*. New York: Schocken Books, 1993. 作者結合了歷史與文本互參的研究，既重視詩篇與古代近東文化的緊密關係，同時亦刻意凸顯希伯來信仰獨特之處。他透過深入探索十首詩篇的不同信息，闡述古以色列源遠流長的道德宗教傳統，如何哺育了上主子民世世代代的羣體。

二、西方學者

Fokkelman, J. P. *Reading Biblical Poetry: An Introductory Guide*. Translated by Ineke Smit. Louisville: Westminster John Knox Press, 2001. 本書按部就班、深入淺出，與其姊妹作 *Reading Biblical Narrative* (1999) 均為難得的聖經文學導引。作者在書末附奉舊約詩歌書的分段結構，詩篇、哀歌、雅歌、約伯記、箴言一至九章及以賽亞書四十至五十五章都包括在內，值得參考。

Gillingham, S. E. *The Poems and Psalms of the Hebrew Bible*. Oxford: Oxford University Press, 1994. 本書是有關舊約聖經詩歌及詩篇研究最全面而細緻的導論。作者深受英國學風薰陶，評述各家之言溫婉從容、有條不紊。此系列雖標明為「雅俗共賞」之作，但其實更適合用作溫習的手冊。詳盡的分題書目，亦為讀者提供了進深閱讀的廣泛選擇。

Holladay, William L. *The Psalms Through Three Thousand Years: Prayerbook of a Cloud of Witnesses*. Minneapolis: Augsburg Fortress, 1996. 本書是目前惟一一部介紹詩篇如何在猶太教及基督宗教內流傳使用的專著。作者不單重組自大衞王朝至第二聖殿期間，詩篇結集的經過，也整理出從死海古卷到二十世紀詩篇的詮釋歷史，並且評論當代詩篇研讀的神學課題。本書可說是作者的畢生力作。

Keel, Othmar. *The Symbolism of the Biblical World: Ancient Near Eastern Iconography and the Book of Psalms*. Translated by Timothy J. Hallett. New York: Seabury, 1978. Reprint, Winona Lake: Eisenbrauns, 1997. 一本正確理解古希伯來詩歌意象的必備參考工具書。全書圖文並茂，有系統地比較舊約聖經與古代近東的圖像世界；引用的經文主要集中於詩篇，但亦旁及先知或智慧文學。

Seybold, Klaus. *Introducing the Psalms*. Translated by R. Graeme Dunphy. Edinburgh: T & T Clark, 1990. 此書猶如一本小型詩篇百科全書，代表了歐陸學者二十年前的主流共識（德文原著於一九八六年出版）。短短二百五十頁的篇幅包羅萬有，從古卷抄本到近代翻譯、歷史批判與神學釋義、詩篇的分類和用途、考古文獻比較及詮釋歷史等都有論及，是掌握詩篇學術研究的一站式可靠指引。

註釋

1. Hans-Joachim Kraus, *Psalms 1–59: A Commentary*, trans. Hilton C. Oswald (Minneapolis: Augsburg, 1988), 12.
2. “Codex”指「翻頁書」，流行於第二世紀以後的外邦教會，與猶太會堂沿用的「卷軸」（*biblion*）有別。參黃錫木：《新約經文鑑別學概論》（香港：基道出版社，1997），頁 19～20。
3. 唐佑之：《詩中之詩：詩篇總論》（香港：香港浸信會神學院，1999），頁 19。
4. *təhillîm* 屬陽性眾數名詞，只用作詩篇的卷名；*təhillā*^{h}（讚美）本來是陰性名詞，其眾數 *təhillôṯ* 見詩二十二 3。

5. *haləlû yāh* 與 *təhillîm* 的字根都是"*h-l-l*"，解作「讚美」。
6. Sigmund Mowinckel, *The Psalms in Israel's Worship*, trans. D. R. Ap-Thomas, 2 vols. (Nashville: Abingdon; Oxford: Blackwell, 1962; reprint, Sheffield: JSOT Press, 1992).
7. 「何竟」一字本來就出現於卷首，《呂振中譯本》譯作「怎麼啦」。此字又可譯作「哀哉」，參唐佑之：《耶利米哀歌》（香港：天道書樓，1995），頁 2。其他舊約書卷如五經在希伯來正典均以卷首一字命名，如「起初」（創）、「名字」（出）、「呼叫」（利）、「在曠野」（民）、「說話」（申）等；就像《論語》也有類似的習慣，如〈學而〉的篇名便是取自該章首句：「子曰：學而時習之，不亦悅乎？」
8. 見中國神學研究院：〈耶利米哀歌簡介〉，《聖經：串珠註釋本（舊約全書）》（香港：證主出版社，1986），頁 1545。
9. 耶利米作哀歌的傳統可引「耶利米為約西亞作哀歌」（代下三十五 25）為據。
10. Iain Provan, *Lamentations* (London: Marshall Pickering; Grand Rapids: Eerdmans, 1991), 3.
11. John Barton, *Oracles of God: Perceptions of Ancient Prophecy in Israel after the Exile* (London: Darton, Longman and Todd, 1986), 84.
12. 《巴比倫他勒目》〈論齋戒〉30b。另參 Irving Greenberg, *The Jewish Way: Living the Holiday* (New York: Summit Books, 1988), 293。
13. 所羅門作雅歌的傳統或源出王上四 32：「他作箴言三千句，詩歌一千零五首。」
14. 「所羅門的」（*lišlōmō*ʰ）一字，與詩篇標題中「大衛的」（*ləḏāwīḏ*）一詞類同，在文法上的確可有最少三種不同理解。希伯來抄本有七十三首「大衛的」詩（其中詩篇二十五至二十八篇，標題中「大衛的」更獨立出現，「詩」字為中文譯者另加，參《聖經新譯本》），《七十士譯本》卻有八十七首「大衛的」詩，亞蘭文《他爾根》（Targum）更乾脆把一百五十首詩篇全歸大衛名下；由此或可反映出猶太傳統處理經卷作者身分的彈性。
15. 《呂振中譯本》將之譯為「萬歌之歌」，大概是沿用「萬王之王、萬主之主」（啟十九 16）的格式。另參「諸王之王」（結二十六 7）及「至聖所」（原文直譯是"Holy of holies"，參出二十六 33）。
16. 見詩篇三十、四十八、六十五至六十八、七十五和七十六、八十三、八十七和八十八、九十二並一百零八篇等。

17.《思高聖經》譯作「登聖殿歌」,《呂振中譯本》譯為「上(殿)之歌」,《聖經新譯本》則作「朝聖之歌」。

18. 中文翻譯最接近原文的是《呂振中譯本》:「永恒主之殿的音樂〔!〕」(代上二十五 6)。

19. Jonathan Magonet, *A Rabbi Reads the Psalms* (London: SCM, 1994), 14 ～ 28. 麥高納更追隨猶太拉比的釋經傳統,戲稱創世記大概也是為了相同原因,把一首小詩置於書卷的開頭。

20.「平行體」理論始見於盧福樂主教(Bishop Robert Lowth)的分析,見氏著:*Lectures on the Sacred Poetry of the Hebrews* (London: Chadwick, 1847);原拉丁文講稿發表於一七五三年。

21. 古高瞻(James L. Kugel)認為"*parallelismus membrorum*"應理解為「子句的平行」(parallelism of the clauses);見氏著:*The Idea of Biblical Poetry: Parallelism and Its History* (New Haven and London: Yale University Press, 1981), 12。此書是增訂自古氏一九七七年的博士論文"Biblical Parallelism and Its Early Exegesis",初學者或可選擇古氏另一本較平易近人的近著 *The Great Poems of the Bible* (New York: Free Press, 1999) 作為入門讀物。柯德博(Robert Alter)則愛用「語意的平行」(semantic parallelism)來形容希伯來詩的基本規格;參氏著:*The Art of Biblical Poetry* (New York: Basic Books, 1985), ix。

22. 中文聖經的譯本全都補上「我把他害了」一句,卻多半未像《呂振中譯本》那樣加上旁點,以表明是譯者所增添。

23. Magonet, *A Rabbi Reads the Psalms*, 20.

24. 古高瞻主張希伯來詩「既無押韻,亦欠格律」(The poetry of the Bible ... has neither rhyme nor fixed meter),見 Kugel, *Great Poems of the Bible*, 19。他甚至認為教會歷史上對希伯來詩格律的執著,是反映了西方古典文學先入為主的假設(*Idea of Biblical Poetry*, 135 ～ 170)。麥高納對此課題不置可否,柯德博則輕描淡寫地提出另一猶太學者阮浩基(Benjamin Hrushovski)在一九七一年出版的 *Encyclopedia Judaica* 論及希伯來詩韻律(Hebrew prosody)的文章,以對比西方觀點之不足,見 Robert Alter, *The Art of Biblical Narrative* (New York: Basic Books, 1981), 14 ～ 15。無疑,西方論述必定包括「格律」一章,如 Luis Alonso Schökel, *A Manual of Hebrew Poetics*, trans. Adrian Graffy (Rome: Editrice Pontificio Istituto Biblico, 1988), 34 ～ 47;David L. Petersen

and K. H. Richards, *Interpreting Hebrew Poetry* (Minneapolis: Fortress, 1992), 37～47；S. E. Gillingham, *The Poems and Psalms of the Hebrew Bible* (Oxford: Oxford University Press , 1994), 44～68。尤為熱中此道的代表人物要算是屈少偉（Wilfred G. E. Watson），見氏著：*Classical Hebrew Poetry: A Guide to Its Techniques* (Sheffield: JSOT Press, 1984) 及其補充文集：*Traditional Techniques in Classical Hebrew Verse* (Sheffield: JSOT Press, 1994)，後者還收錄了一篇回應古高瞻的書評文章（頁 44～53）。至於同樣重視格律，但與屈少偉持相反論調的則有 Michael P. O'Connor, *Hebrew Verse Structure* (Winona Lake: Eisenbrauns, 1980)。

25. Magonet, *A Rabbi Reads the Psalms*, 20～21.
26. 猶太拉比正因為注意到「少年人」不可能等同「壯年人」，才引申出一段米大示式（midrashic）的釋經故事，敍述拉麥因瞎眼而於同日殺死他的先祖該隱和兒子土八該隱；見 Magonet, *A Rabbi Reads the Psalms*, 22～24。另參 James L. Kugel, "Why Was Lamech Blind?" in *In Potiphar's House: The Interpretive Life of Biblical Texts* (New York: HarperCollins, 1990), 159～172。
27. 新約馬太福音記載耶穌與彼得談論饒恕弟兄「不是到七次，乃是到七十個七（原文或作七十七）次」，數字背後的典故也許正是拉麥之歌。耶穌刻意把「斬草除根」的民間流行意識顛倒過來，改為應用於「愛人如己」的實踐上。
28. 麥高納又引用了摩五 4b～6a 作為另一個交叉平行的例子，參 Magonet, *A Rabbi Reads the Psalms*, 27～28：

    a　你們尋求我，就必存活！
    　b　但不要尋求伯特利，
    　　c　吉甲也不要到來，
    　　　d　別是巴亦不要過去；
    　　c'　因為吉甲必遭流放拘押，
    　b'　伯特利也要成為不吉利，
    a'　你們尋求上主，就必存活！

    把經文重譯，是嘗試表達出先知藉希伯來文字遊戲，對兩處古老聖所的挖苦和嘲諷；交叉平行的結構當然也可幫助讀者對經文作更準確的分段。
29. 有關本段經文較詳細的註釋，見丘恩處、李思敬、張景祥：《俄巴底亞書．

約拿書．彌迦書》(香港：基督教文藝出版社，2002)，頁 82 ～ 93。

30. 按古卷的斷句，參《呂振中譯本》:「海草纏著我的頭/在山根兒之處」。

31. Julius A. Bewer, *A Critical and Exegetical Commentary on Jonah* (Edinburgh: T & T Clark, 1912), 43 ～ 44.

32. 參 Gordon J. Wenham, "The Coherence of the Flood Narrative," *Vetus Testamentum* 28 (1978): 336 ～ 348。根據此文作者的解釋，倒影 (palistrophe) 為"... a structure that turns back on itself. In a palistrophe the first item matches the final item, the second item matches the penultimate item, and so on. The second half of the story is thus a mirror image of the first."(頁 337)「倒影」與「交叉」二者在結構上頗相似，學者也不一定作出嚴格劃分(見上註 28)；也許「交叉」較適用於平行句，而「倒影」則可描述段落之間的呼應。

33. 五篇哀歌基本上都是根據字母詩形式寫成的。最後一首(哀五 1 ～ 22)有二十二句，但沒有以字母順序開始，只能算是「仿字母詩」。頭兩首(哀一 1 ～ 22，二 1 ～ 22)大致都是每三句一小段，但間中也有例外(哀一 7 和二 19 各有四句)，而且每個字母只在第一句的句首出現。第四首(哀四 1 ～ 22)亦然，並只有兩句一小段，因此第三首的格式最為嚴謹。不過更嚴謹的還有詩一一九篇：二十二個字母順序出現於每八句的句首，故全篇合共是"22 × 8 = 176 節"。其他著名字母詩的例子有箴三十一 10 ～ 31；詩一一一及一一二篇等。還有詩九～十，二十五，三十四，三十七和一四五篇，都是不完全整齊的字母詩，當然也有故意到「一半」(第十一個字母)便中斷了的例子，如鴻一 2 ～ 8。至於「仿字母詩」，在箴言一書內甚多，計有箴二 1 ～ 22，十 1 ～ 22，十二 1 ～ 22，十二 23 ～十三 16，十三 17 ～十四 13，十四 14 ～ 35，十五 1 ～ 22，十五 23 ～十六 11，十六 12 ～ 33，十七 1 ～ 22，十九 11 ～二十 3，二十 4 ～ 25，二十一 16 ～二十二 6 等十三段經文；參李思敬：《每日讀經釋義：箴言一至三十一章》(香港：香港讀經會，1998)，頁 8 ～ 56。

34. 所有中文譯本都讀不出這兩處刻意的三次重複；只有《聖經：新國際版研讀本》在註釋中指出了「歌唱」與「歸給」的重複，但仍未能由此突破平行句的框框，將 10 至 13 節準確地分為兩小段。

35. 聖經學者也一致根據這兩個意象來詮釋詩篇二十三篇的題旨；如 Robert Davidson, *The Vitality of Worship: A Commentary on the Book of Psalms* (Grand Rapids: Eerdmans; Edinburgh: Handsel, 1998), 83；張國定：《詩篇(卷一)》(香港：天道書樓，1999)，頁 385。

36. 參 Magonet, *A Rabbi Reads the Psalms*, 52 ~ 68。

37. 學者一般按內容將這首詩分成不對稱的兩半（1 ~ 6 節、7 ~ 14 節），如 Peter C. Craigie, *Psalms 1–50* (Waco: Word, 1983), 179 ~ 180；周郁晞：《詩篇（上冊）》（香港：基督教文藝出版社，1996），頁 173 ~ 174 等。也有學者主張把全首詩分作三或四段，見 Arnold A. Anderson, *The Book of Psalms* (London: Oliphants, 1972), 2:17；張國定：《詩篇（卷一）》，頁 344 ~ 345；Konrad Schaefer, *Psalms* (Collegeville: Liturgical, 2001), 45 等，但他們都將第 10 節連於 7 至 9 節，對原文工整的結構似乎視而不見。

38. 第 10 節看似仍以「律法」為核心，但其實焦點已經轉移到「你僕人」（11 節）之上了——到底是誰覺得上主的律法「比精金更可羨、比滴蜜更甘甜」？

39. 在第一、三部分 B（2 ~ 4 節上）與 B'（12 ~ 13 節）呼應的兩小段，每段都是三行，每行也是兩句，其對稱的格式與中間至為工整的第二部分（7 ~ 9 節）幾乎一樣。然而，正是這兩小段的內容針對著「諸天」和「僕人」的不完全，也許這又是另一個刻意的弔詭。

40. 見 Kraus, *Psalms 1–59*, 268 ~ 269；唐佑之：《詩中之詩（第一集）：讚美詩》（香港：香港浸信會神學院，1999），頁 46 ~ 47 等。

41. 有關詩篇八篇的結構與主題的探討，參李思敬：〈「上帝形象」與「管治大地」〉，《中國神學研究院期刊》，第 26 期（1999 年 1 月）：33 ~ 35。

42. Kugel, *Great Poems of the Bible*, 19. 古高瞻其實並不喜歡沿襲「平行句」、甚至「希伯來詩」的概念。他的興趣其實在於進一步界定 A、B 兩行之間「既斷且續」（separated-yet-connected）的張力（頁 20 ~ 24）。

43. 侯懷德（David M. Howard）便指出，過去三十年來，聖經學者在詩篇結集、希伯來詩、詮釋理論、形式批判（form criticism；或譯「文體批判」）及近東文化等五大範疇內的研究都有豐富收穫。見氏著："Recent Trends in Psalms Study," in *The Face of Old Testament Studies: A Survey of Contemporary Approaches*, ed. David W. Baker and Bill T. Arnold (Grand Rapids: Baker; Leicester: Apollos, 1999), 329 ~ 368。作者亦有詳列其他介紹詩篇詮釋歷史的文章，見頁 330 ~ 332。

第6章 智慧書

楊錫鏘

智慧書

舊約的智慧書，一般指希伯來正典中的箴言、約伯記及傳道書；[1] 如按傳統將所羅門視為智慧人物的代表，則雅歌亦可包括在內。若我們進一步採用較廣的定義，即所謂以色列的智慧傳統的話，更可將涵蓋的範圍，伸展至其他舊約經文，如詩篇中的「智慧詩」（詩一，三十七，一一九篇等），以及有關約瑟、所羅門、但以理的記載等。

智慧書的範圍很難清楚界定，主要因為智慧本身也很難有精確的定義。舊約的智慧，可視為一種人生取向，或出自某個羣體的傳統，又或只是一些文學作品。聖經對智慧的定義亦相當廣泛，涉及不同範疇，包括智能、技巧、策略、態度、價值觀、人際關係、信仰反省等等。

下文將處理的舊約智慧文學作品，包括箴言、約伯記、傳道書和雅歌。本文將集中討論這些舊約智慧書的背景資料，藉此指出它們的特點，從而幫助讀者更容易明白經文的內容和信息。

6.1 歷史場景

學者在研究舊約智慧文學的背景時，遇到不少困難。一方面由於其牽涉的範圍甚廣，有關的文獻，包括舊約智慧書本身，並非屬於劃一的整體；它們各自的特點可以有很大差異，不能一概而論。另方面由於資料不足，在很大程度上，學者需靠猜測來作分析，以致各家説法不一，很難得出肯定的結論。其中一個富爭論性的課題是傳達智慧的歷史場景。智慧在古以色列社會是從哪裏來的？透過甚麼途徑傳遞？學者對此有不同看法，包括在宮廷中對國家領袖的訓練（如在埃及的宮廷中，君臣教導將會繼位的王儲）、由專業智者任教的正規學校，以至家族中父母給下一代的教養。[2] 但這方面的客觀資料其實十分有限。學者們找不到證據顯示在古以色列有宮廷或學校的正規訓練，也未能確定有專業智者的羣體存在；聖經亦沒有記載任何有關智慧在當時社會中正式傳遞的明顯例子。基於舉證困難，加上這方面的資料對明白經文內容的實際幫助不大，本文將不會詳細討論。

6.2 寫作日期

寫作日期更是一個爭論不休的課題。從所羅門時期到被擄後，直至希臘時代，不同寫作日期都有人倡議，原因是智慧文學的內容基本上與歷史、時代、民族或信仰背景均沒有直接關係。事實上，這些文獻也絕少提及與實際背景相關的資料，學者們只能按不同的理論和間接的資料作出推測。例如他們對傳道書寫作日期的意見，便有很大分歧。現簡略介紹如下：

一、按照希伯來文的演變歷史，堅持書中所用的文字和風格屬於公元前三世紀的希伯來文，因此傳道書不可能是所羅門時代的作品。[3]

二、對上述看法有保留的觀點是：希伯來文的演變歷史錯綜複雜，有關的理論未成定案，不能斷言傳道書是某個時期的作品；況且我們對文獻的抄寫和流傳歷史的認識十分有限，後期的文字風格可能出自抄寫文士的手筆，並不一定能反映原著日期。[4]

三、有學者認為，我們應根據作者在人生哲學、取向、思想模式上所受的外界影響，來決定成書日期。但這樣的分析方法，主觀成分更高，因為這存在很多不同的可能性，要證明書中內容是受某時代的思潮影響，實在非常困難。尤其是智慧文學所處理的課題涉及廣泛而普遍的人生觀點，不同時代的文化都可以有類似的元素，因此，以外界的影響來決定寫作日期，不僅欠缺説服力，而且容易生出一個弊端，就是以寫作日期來推斷其所受的影響，例如先假設傳道書是被擄後的作品，便容易認為經文帶有希臘思想的痕迹。我們在這方面要特別小心，因為很多時候這些論據都是基於對經文的誤解而作出的。有人斷定傳道書的寫作日期是在被擄之後，其主要論據在於認為傳道書質疑以色列的傳統智慧，而被擄的經歷，正好對以色列的傳統智慧帶來最大的衝擊，作者很可能亦因而感到一切都是虛空的。[5] 但其實傳道書不需視為是與傳統智慧對立的，書中有關虛空的觀念乃針對物質生活的本質，與被擄或任何處境無關，反而處處假設了可以追求成就和享樂的機會。如果要按作者的人生觀來決定寫作日期，則傳道書是在太平盛世的所羅門時代寫成，遠比在被擄之後合理。

總括而言，智慧文學的寫作日期往往視乎學者如何理解書中的內容而定，這不能真正幫助我們進一步掌握或肯定經文的意思。有些假設甚至會誤導我們，以為傳道書的人生觀極為負面。基於學者紛紜的論據並未能達致一致可靠的結論，對明白經文的信息貢獻亦不大，因此本文也不會對此加以詳細分析。

6.3 文化根源

筆者認為更值得我們留意的，是舊約智慧文學的文化根源。筆者同意一些學者的看法，認為這些舊約智慧書卷，不管在哪個時代寫成，當中受了甚麼文化思想薰陶，基本上仍是猶太人的作品，並且建基於上古近東的深厚文化之上。我們發現不少上古近東的文獻，尤其是古埃及和米所波大米的智慧文學，無論在格式或內容方面，都與聖經的智慧文學相似。回顧以色列的歷史，從亞伯拉罕仍居於故鄉開始，到以色列人在埃及的四百多年，及至被擄時期，以色列人與上古近東的文化都有過不少接觸。在以色列智慧文學開始成形的時候，[6] 所羅門王與這些東方智者來往密切（參王上四 29 ~ 34，十 1 ~ 10）。我們有理由相信，以色列人不但對這些文獻不會陌生，而且他們的智慧文學在多方面都反映出上古近東文化。即使在宗教上以色列的神學觀念與這些異教截然不同，因而令舊約與這些文獻有極大差別，但我們仍然可以透過這些差別，更深了解舊約經文所要針對的問題。因此，認識上古近東的文化根源，對我們了解舊約的智慧文學十分重要。

6.4 雷同表示抄襲？

上古近東的智慧文學與舊約的智慧書究竟接近到甚麼程度？最佳例子莫過於古埃及文獻《阿曼尼摩比王訓誨》（*Instruction of Amenemope*）[7] 與舊約箴言二十二章 17 節至二十四章 22 節的比較。右表將部分相似的地方並排列出，供讀者參考。

從右表的例子可以清楚看到，《阿曼尼摩比王訓誨》與箴言

《阿曼尼摩比王訓誨》	箴言
《阿曼尼摩比王訓誨》3.9～11 你要側耳聽所說的話， 留心去明白它們， 把它們放在心中便為有益。	箴二十二17～18 你須側耳聽受智慧人的言語， 留心領會我的知識。 你若心中存記……這便為美。
《阿曼尼摩比王訓誨》27.7～8 你要留意這三十章， 它們是美好的，它們可提供知識。	箴二十二20 謀略和知識的美事(「美事」或譯「三十條」)，[8] 我豈沒有寫給你嗎？
《阿曼尼摩比王訓誨》1.5～6 使他知道如何回覆(對他)說話的人， 使他知道如何向那打發他來的人回報。	箴二十二21 要使你知道真言的實理， 你好將真言回覆那打發你來的人。
《阿曼尼摩比王訓誨》4.4～5 你要謹守自己不可搶奪貧窮人， 不可欺壓困苦(受傷軟弱的)人。	箴二十二22 貧窮人，你不可因他貧窮就搶奪他的物， 也不可在城門口欺壓困苦人；
《阿曼尼摩比王訓誨》11.13～14 暴怒(酷熱)的人，不可與他結交， 也不可探望他，與他交談。	箴二十二24 好生氣的人，不可與他結交； 暴怒(酷熱)的人，不可與他來往；
《阿曼尼摩比王訓誨》23.13～14 不要在官長面前進食， 不可在他面前(或「未食之先」)(把食物)塞進口裏。	箴二十三1～2 你若與官長坐席，要留意在你面前的是誰。 你若是貪食的，就當拿刀放在喉嚨上。
《阿曼尼摩比王訓誨》9.14～15 不要勞碌追求過多(富裕)， 當你所擁有的得到保障。	箴二十三4 不要勞碌求富， 休仗自己的聰明。
《阿曼尼摩比王訓誨》22.11～12 不要把你的內心(隨便)傾出給人， 免得你失去給自己的尊重。	箴二十三9 你不要說話給愚昧人聽， 因他必藐視你智慧的言語。
《阿曼尼摩比王訓誨》7.12, 15 不可挪移劃分田地界線的石碑； 也不可侵犯寡婦的地界。	箴二十三10 不可挪移古時的地界， 也不可侵入孤兒的田地；

在內容、格式，甚至字眼和隱喻上，都有很多雷同的地方。學者特別注意到《阿曼尼摩比王訓誨》27.7提及的「三十章」，代表這文獻包括三十個不同的主題單元。箴言相應的這段經文，大概也是處理三十個課題，而箴言二十二章20節的「美事」，原文更可譯為「三十(條)」[9](參英文《新國際譯本》〔NIV〕的

譯法)。過往不少學者都認為箴言的這些經文是從《阿曼尼摩比王訓誨》抄襲過來的，或至少是出自同一來源。但我們若仔細分析，會看到兩者並不如想像中那麼相似。在格式上，箴言主要以四至六行的詩句為一個段落，《阿曼尼摩比王訓誨》則以章分段，整段本身可以是一首詩。兩者相對的部分，在本身的文獻中並非以相同的次序排列(其實相差甚遠)；當中出現不少嚴重缺口，往往遺漏了對方的一些明確內容。如箴言這段經文最重要的部分，在首尾強調要倚靠和敬畏耶和華(箴二十二19，二十四21)，在《阿曼尼摩比王訓誨》卻找不到類似的句子。至於箴言二十二章20節的「美事」，若根據原文書寫(而不是讀音)的字母譯作「先前」，不僅較為適當(參《聖經新譯本》的譯法)，且與前面19節的「今日」對稱。現今很多學者都認為上述的雷同不足以證實抄襲的存在，亦沒有實質的證據顯示兩者出自同一來源。[10]

舊約與上古近東的智慧文學，彼此間的確有很多相似之處，但筆者認為這事實帶給我們的最重要啟示，並非有關文獻的來源問題，而是兩者基本上是從同一或非常接近的文化背景所孕育出來。這點值得我們作進一步的整理和反思。

6.5 文體格式

最明顯的共通之處是文學的表達方式，尤其是文體的格式。舊約智慧文學所採用的各種不同格式，都可以在上古近東的文獻裏找到。古埃及的王室訓誨像舊約的箴言一樣，喜歡用簡短的諺語，又常把兩句的詩句平行排列，以豐富所要表達的意思。兩句之間的關係，通常是同義，但亦可以是對立(古埃及文獻較少對立平行)或互相比較，如下列例子先後分別表現出同義、對立、比較的關係：

《阿曼尼摩比王訓誨》14.5～6 不要貪貧窮人的財物， 也不要渴求他的食物。	箴二十三6 不要吃惡眼人的飯， 也不要貪他的美味；
《阿曼尼摩比王訓誨》19.16～17 人所說的話是一回事， 神所作的又是另一回事。	箴十九21 人心多有計謀； 惟有耶和華的籌算才能立定。
《對梅里卡里王的訓誨》[11] 129行 心裏正直的人的品格， 強如作惡的人的公牛。	箴十五17 吃素菜，彼此相愛， 強如吃肥牛，彼此相恨。

另外，古埃及的王室訓誨中，亦有像舊約傳道書那樣，內容以篇幅較長的訓言為主的；《亞曼念哈王的訓誨》（*Instruction of Amenemhet*）[12] 便是其中一個例子。訓誨亦可以敍述故事來表達，像約伯記那樣；《善辯農夫的抗議》（*Protests of the Eloquent Peasant*）[13] 首尾都用散文形式來帶出主角的遭遇，而中間主要的部分則為演詞。另一種體裁是對話，就像約伯記裏面約伯與友人之間的對話，包括爭辯、指責和勸喻。例如《厭棄生命之人與他靈魂的爭論》（*Dispute of a Man Tired of Life with His Soul*），[14] 記載一個義人與自己智慧的靈進行辯論；又如《巴比倫神義論》（*Babylonian Theodicy*）[15] 以工整的離合詩體（acrostic），列出受苦者與友人的對話。此外還有採用情歌體裁的文獻，像舊約雅歌那樣，以美麗的詩句帶出對愛侶的傾慕，例子有《園中的花卉》（*Flowers in the Garden*）[16] 及《田園的少女》（*Maiden in the Meadow*）。[17] 由此可見，這些舊約智慧書的文體，我們看來頗陌生的，對當時的讀者來說，卻是相當熟悉和常見的。

6.6 訴諸權威

除了格式以外，更值得我們注意的是，一些文學技巧和做法背後，往往隱藏著更深層的意義，我們可從中更明白作者（或編者）要表達的信息。不少智慧文學作品都會訴諸智慧權威。這可以是放在文獻開首的一段前言，以交代智者的身分和寫作目的，例如：

《阿曼尼摩比王訓誨》1.1～2.12 這是教導生命的開頭……指導人走向生命的路，使人在世上興旺……使人能避開邪惡……（這是）出自地土的監督、埃及文士的兒子……迦拿克特的兒子阿曼尼摩比……	箴一1～6 以色列王大衛兒子所羅門的箴言：要使人曉得智慧和訓誨……使人處事領受智慧……使愚人靈明……使聰明人得著智謀……

也可以是放在文獻末尾的一段後記，以肯定作者或作品的好處和可信性，如：

《對梅里卡里王的訓誨》143～150行 看哪，我已經從心底（肚腹）裏告訴你這些對你有益的事。願你照著擺在你面前的（話）去做。這（作品）已經完成了，是照著所找到的寫作，就是文士哈恩華塞的寫作……他是一個真正沉默（地寫作）的人……對妥特的作品（或「作為」）很熟悉……	傳十二9～14 再者，傳道者因有智慧，仍將知識教訓眾人；又默想，又考查，又陳說許多箴言。傳道者專心尋求可喜悅的言語，是憑正直寫的誠實話。智慧人的言語……都是一個牧者所賜的……這些事都已聽見了。總意就是：敬畏神，謹守他的誡命，這是人所當盡的（本分）……

不少學者認為傳道書的後記出自另一人的手筆，企圖提出較正統的看法，以抗衡或糾正該書前文較偏激的言論。但後記與前文的內容是否真的彼此對立，是很值得商榷的；以上的例子亦傾向支持後記與前文兩者之間的連繫，進一步肯定全書的統一性。

另一個訴諸智慧權威的做法，可參考刻在古埃及王室墓穴牆壁上的訓誨。《亞曼念哈王的訓誨》是典型的例子，內容包括寫給繼位王子的一些勸勉和提醒（參箴言三十一章1至9節利慕伊勒王的母親給他的訓誨），以及君王的自傳，像傳道書頭兩章一樣。自傳列舉了自己的功績和建設，並揚言沒有人比自己享有更高的聲譽，就如下面的例子：

《亞曼念哈王的訓誨》3.2 我為自己建造房屋，以金作裝飾，天花板是青金石造的……	傳二4～8 我為自己動大工程，建造房屋，栽種葡萄園……我又為自己積蓄金銀……
《亞曼念哈王的訓誨》2.6 從來沒有人有我這樣的聲譽，作過這麼偉大英勇的事迹。	傳二9 這樣，我就日見昌盛，勝過以前在耶路撒冷的眾人……

最有趣的是，作者在《亞曼念哈王的訓誨》的自傳中，竟然詳細描述了自己被人暗殺的過程，藉以提醒兒子要提高警覺。這顯示文獻（最少有部分）是借已故君王的名義來寫的。事實上，亞曼念哈王是古埃及第十二王朝的首位法老，死於公元前一九六〇年，但《亞曼念哈王的訓誨》的最早抄本來自第十八王朝（約公元前一五〇〇年），相隔四個世紀。很多學者相信傳道書的情況也類似：作者並非所羅門王本人（所以作者從沒有以所羅門自稱），而是後人假借他的名義（包括他的智慧和功績）來寫的，藉以肯定這書在智慧傳統中的地位。如果這個訴諸已故名人權威的手法只是智慧文學的一種技巧，為當時眾所周知及被普遍接納的話，便不構成虛假或欺騙了。不少篤信聖經的學者也可以接受傳道書不是所羅門寫的；但正如上文所說，確定傳道書的寫作日期既然對明白書卷的內容幫助不大，作者的正確身分就更不重要了。

還有一個「借用角色」的技巧，值得一提。在約伯記中，以利戶（伯三十二～三十七章）所扮演的角色一直備受爭議。他的言論與約伯、約伯的三位朋友，以至神所說的話其實相差不遠。神後來指出，約伯的話比他三位朋友的話正確（伯四十二7），但神對以利戶的話卻沒作任何評價。究竟以利戶這個角色屬於正方還是反方？作者引入他的言論又有何目的？[18]我們或可從古巴比倫的寓言式辯論文學（contest literature）[19]找到一點線索。這類文學作品的特色是在兩方辯論完之後，會借用另一角色的發言對雙方的論點作出評價；約伯記的作者極可能採用了同一手法，在約伯與友人辯論後，引入以利戶和神這兩位評判，分別從人和神的角度作出評論。這種對以利戶的身分定位，最能解釋神為何沒有批判他的言論，因為兩者都在扮演評判的角色。以利戶的言論可視為人類最高智慧的觀點之代表。他的看法比約伯三位朋友較為中肯和全面，且為下文神所發的挑戰鋪路，但與神親自向約伯提出的質問相比，仍顯得極為有限。

6.7 象徵語言

上古的近東文化喜歡用具體的事物來表達抽象的觀念，尤其愛借用大自然、動植物、人體、日常生活的現象等等，帶出人生的哲理。舊約的智慧文學也不例外。箴言與傳道書都不乏象徵和比喻。「箴言」這字的原文便是「比較」[20]的意思，即與其他類似的事物相比，以凸顯其本質，叫人更容易領悟。在約伯記神對約伯的回答中（三十八～四十一章），只提到大自然和野獸。雅歌與古埃及的情歌一樣，以田園的景物代表愛情。右表是一些明顯的例子。

以常見和具體的實例來象徵人生哲理，避免抽象和直接的討論，是智慧文學的特點之一。作者寫作的原意從不停留在表

面的描寫，而總是與人生拉上緊密的關係。問題是這些象徵應如何解釋？可以應用到人生哪方面才是適當？答案往往不容易

《阿曼尼摩比王訓誨》10.4～5 它們（錢財）像鵝長出翅膀， 向天飛去。	箴二十三 5b 因它（錢財）必長翅膀， 如鷹向天飛去。
《亞希夸的語錄》[21] 第 7 欄 君王的舌頭是柔和的， 但它能折斷龍的肋骨。	箴二十七 15b 柔和的舌頭， 能折斷骨頭。
《亞希夸的語錄》第 12 欄（188 行） 飢餓使苦味變為甘甜……	箴二十五 7b 人飢餓了，一切苦物都覺甘甜。
《田園的少女》 （我聽見）燕子的聲音，說： 大地已光亮了，你的路在哪裏？（＝你出來吧！）	歌二 12～13 地上百花開放，（百鳥）鳴叫的時候已經來到；班鳩的聲音在我們境內也聽見了……我的佳偶，我的美人，起來，與我同去！
《田園的少女》 雀鳥啊，不要驚動我！ （我找到）我的哥哥在牀上。	歌二 7 我指著羚羊或田野的母鹿囑咐你們： 不要驚動、不要叫醒我所親愛的……
《園中的花卉》 我是你最好的妹子。在你看來我像是花園。我在園內種了花卉和各式各樣散發香氣的草木。在北風吹起清涼的時候，你手所掘的水道真是佳美。	歌四 12～16 我妹子，我新婦，乃是關鎖的園……你園內所種的結了石榴，有佳美的果子，並鳳仙花與哪噠樹……並各樣乳香木、沒藥、沉香，與一切上等的果品。你是園中的泉……從利巴嫩流下來的溪水。北風阿，興起！南風阿，吹來！吹在我的園內，使其中的香氣發出來。願我的良人進入自己園裏，吃他佳美的果子。

肯定。即使箴言中較為直接的教訓，也可以有更深層的意義。例如箴言六章 30 至 31 節提到偷竊的後果，其目的並非真正針對偷竊的罪行，而是與上下文所提到的姦淫作一對比，藉以勸喻讀者不要姦淫，因姦淫的後果更為嚴重（會被藐視和無法補償）。不但如此，連上文有關作保（六 1～5）和怠惰（六 6～11）的教訓，也應放在五至七章針對姦淫的大前提下去闡釋。表面上似是一些瑣碎的忠告，但其實是藉著作保和怠惰的嚴重後

果，強調遠離姦淫的迫切性。[22]

如何應用雅歌的經文更具爭論性。根據上述與古埃及情歌的比較，書中有關田園的描寫，明顯是象徵男女間的愛情。但我們可否進一步延伸至更「屬靈」的層面，如傳統的解釋那樣，把這象徵應用到神與人的關係上？針對這問題，有兩點值得我們留意：一、智慧文學所關注的範疇只涉及「日光之下」的事物（下文會討論這點）。如果雅歌是屬於所羅門的智慧傳統，便不應隨便引申到神與人的屬靈關係。二、即使我們把男女愛情應用到神人關係上，也要小心處理。聖經有其他經文明確地用男女的婚姻關係來象徵神對人的救贖和無條件的愛（參何一～三；賽五十四 5～8；弗五 22～32），但雅歌的內容卻完全沒有這方面的情節，其所涉及的男女關係，主要是女方（或以色列）渴慕男方（或神）的愛和肯定。[23] 我們不能硬將救贖的觀念套入雅歌的經文裏，否則便像一些傳統的做法，變成純粹寓意解經，毫無根據地自由發揮。

從以上的討論可見，象徵的語言雖然令作者所要表達的內容更具體和生動，但實際上亦同時增加了內容本身的含糊性。不過，刻意含糊的表達正是智慧文學的特點，例如謎語是當時傳達智慧的認可方法；示巴女王用來考問所羅門的，亦是「難解的話」（王上十 1）。舊約智慧書也不例外，用近乎寓言的文體來描繪年老的衰弱（傳十二 2～7）和婚姻的專一（箴五 15～23）。約伯記的作者亦以一連串的戲劇場景和對話，掩飾了隱晦的信息。這種刻意的做法背後其實有重要的原因，就是促進真正的學習。智者不喜歡提供清晰、現成的答案，反而鼓勵甚至迫使讀者自己去思考。一個常見的做法是列出一連串的問題或事物，引導讀者去揣摩真正的答案，所謂「數字箴言」即屬此類。右表是一些例子。

《亞希夸的語錄》第 7 欄 為何木要與火對抗， 肉要與刀對抗， 人要與君王對抗？	傳一 8 人不能說盡。 眼看，看不飽； 耳聽，聽不足。
《亞希夸的語錄》第 6 欄 合宜的事有兩樣， （連）太陽神所喜悅的（有）三樣： 就是飲酒又給（別人）飲（?）、 謹守著智慧、 聽了（別人的）話不傳出去。	箴六 16～19 耶和華所恨惡的有六樣， 連他心所憎惡的共有七樣： 就是高傲的眼，撒謊的舌， 流無辜人血的手，圖謀惡計的心， 飛跑行惡的腳，吐謊言的假見證， 並弟兄中布散紛爭的人。
《亞希夸的語錄》第 7 欄 我連苦澀的歐楂也嘗過， 也（吃過）菊萵苣， 但（世上）沒有一樣比貧窮更苦。	箴三十 15～16 有三樣不知足的， 連不說「夠的」共有四樣： 就是陰間和石胎，浸水不足的地，並火。

研讀智慧文學不但需要思考，還要有耐性和想像力，才能充分欣賞其中的豐富和深度。

6.8 主題內容

從上文比較舊約與上古近東的智慧文學的例子中，我們不難發現，兩者所關注和處理的課題，幾乎完全一樣。尤其箴言與《阿曼尼摩比王訓誨》的比較，兩者的訓誨都同樣關注個人的言語、財富、抉擇、人際關係、工作態度、對窮人的關懷等問題。另一個較突出的主題是婚姻關係，尤其針對女色和姦淫。箴言五至七章和三十一章與《蒲他和特的訓誨》（*Instruction of Ptah-hotep*）[24] 都用了不少篇幅處理這問題。愛情方面，上文提及的古埃及情歌，[25] 內容和情節都與舊約的雅歌相近，包括相思成病、情人在門外等候、呼喚對方一起外出、互相擁抱、對女子身體的讚賞等細節。

傳道書和約伯記所關注的課題是人生的禍福。古埃及人常在筵席上彈琴作樂以招待賓客，其中一首《琴師之歌》（*A Song

of the Harper），[26] 內容與傳道書很接近，強調死人一去不返，一切歸於無有，所以勸喻人趁仍在生時要盡情享樂，如以下的例子：

《琴師之歌》 人(死後)沒有權力把自己所擁有的帶走。	傳五 15 下 他所勞碌得來的，手中分毫不能帶去。
《琴師之歌》 把沒藥抹在你的頭上，穿著細麻布的衣服，塗上香膏，(帶著)屬於神的各種珍貴美物……要快活度日，不要覺得困倦。	傳九 7～9 你只管去歡歡喜喜吃你的飯，心中快樂喝你的酒……你的衣服當時常潔白，你頭上也不要缺少膏油……當同你所愛的妻，快活度日……
《琴師之歌》 讓你的意願興旺……在你一生的年日，隨從你的意願……不要讓你的心衰退，跟隨你的意願和你(認為是)好的事去行。按著你心的指令，在世上滿足自己的需要。	傳十一 9～10 少年人哪，你在幼年時當快樂。在幼年的日子，使你的心歡暢，行你心所願行的，看你眼所愛看的……所以你當從心中除掉愁煩，從肉體克去邪惡……

至於約伯記，最接近書中情節的文獻是古巴比倫的《我要稱讚智慧的主》(*Ludlul Bel Nemeqi*；或稱為《巴比倫的約伯》)。[27] 兩者都記載為人正直的主角面對不應受的苦難，感覺被神和友人遺棄；他向神申訴，後來重獲神的眷顧和福氣。另一文獻《巴比倫神義論》像約伯記那樣，透過主角的埋怨和友人的駁斥，處理公義和報應的問題；而《厭棄生命之人與他靈魂的爭論》亦提到主角在極度痛苦中尋死時所發的怨言，但對話的雙方是主角與自己的靈魂，而不是主角與神或友人。

從以上的比較可見，不論舊約或上古近東的智慧文學，內容涉及的範疇是人世間的生活，即傳道書所謂「日光之下」的事物；所關注的是人在今生如何做人，包括人與世間事物及人與人之間的關係。作為智慧文學，舊約智慧書並沒有處理人與神的直接關係或者有關赦罪、救贖等課題。即使討論的是善惡報應和上帝公義的問題，重點仍是放在今生的遭遇，而不在解決罪惡的方法。這並非表示智慧書的教訓與神毫無關係，相反，智慧文學正要表明一個非常重要的真理：我們既然相信舊約智慧書是神的啟示，我們就得承認，它所關注的人生也是神所關注的，並且是服在神的主權之下的。「日光之下」的事物不應有「屬靈」或「屬世」之分，而全部都屬於這位創造人生的主宰。我們如何度過今生，其實反映了我們對神的敬畏之心如何，這是我們與神的關係中不可或缺的一部分。

智慧文學這個「日光之下」的定位，對理解作者的觀點非常重要，亦有助澄清一些對經文常有的誤解。例如，很多人以為舊約智慧文學沒有「來生」的觀念，尤其是傳道書，因為作者強調人死後就如獸一樣（傳三 19～21），一切歸於無有（傳九 5～6、10），所以只能抱著悲觀無奈的心態。其實傳道書並沒有真的否定來生的存在（參傳十二 7），作者只是將視野局限於「日光之下」所觀察到的事物，強調人死後不再有神賜給各人的「分」，就是在「日光之下」的「分」（傳九 6），因此對看不見的來生完全不作交代。另一個例子是傳道書中「虛空」的定義。虛空既然定位在「日光之下」，顯然不是指因為人犯罪、與神隔絕所帶來心靈上的虛空，而是指物質世界不能真正滿足人心的這個限制。這虛空其實是造物主的設計（傳三 10～11），叫人曉得珍惜、敬畏和感恩，這樣人才能真正享受祂所賜的人生。根據這個「日光之下」的定位，傳道書帶出的「虛空」的信息，絕對不是消極的。

6.9 意識形態

對了解舊約智慧文學有重大影響的上古近東的文化根源，還有另一方面，就是較深層的意識形態。舊約以上古近東為背景，當時的人對事物的基本看法和觀念，與現代人是很不同的。我們要小心避免將自己習以為常的觀念，強加於舊約的經文上。以下討論其中兩個觀點。

6.9.1. 創造觀

上文提到智慧文學的內容環繞著大自然、人生和「日光之下」的事物。舊約智慧書的神學思想自然也是以創造為中心，而不是像其他大部分經文那樣以救贖為主。但舊約和上古近東的創造觀，與我們一般的看法有很大分別——創造的過程不是宇宙間自然力量的相互作用，而是某股超然或稱霸一切的勢力所命定的計劃；創造的產品，不是宇宙的物質世界，而是人生；創造這行動的本質，也不是從無變為有，而是「區分」——在時空中劃出界限，使時空變成有秩序的設計。[28] 結果，創造的焦點並非遠古的歷史根源，而是今生所定下的秩序。創造所關注的，不是宇宙如何形成（how），而是誰掌握主權（who）；所表達的，不單是過程的描繪，還有價值的判斷。[29]

智慧文學便是要帶出這個創造的秩序，教人曉得如何才能活出最優美的人生。古埃及人追求的瑪愛特（*Ma'at*）——就是真理、公義、社會倫理和宇宙的秩序——亦是智慧人生的理想目標。舊約所提及的創造秩序，可從創世記的創造記載推論出來；那主要分為三方面，都是舊約智慧文學所處理的課題：一、物質秩序——根據創世記的記載，頭三日的創造，分別把光暗、空氣上下的水、海和陸地分開。這區分代表人生資源、禍福的分配。[30] 二、功能秩序——創造的記載接著提到神按著不同的特點和功能，造出「各從其類」的生物。這區分代表神賦予各人不同的角色、功能和使命。三、道德秩序——創世記二章 9 節提到「分別善惡的樹」。這是第三個區分：立定道德、倫理的標準。舊約智慧書的內容，就是環繞這三個秩序而寫。智慧的開端是「敬畏耶和華」，即尊重創造我們的主，以及尊重祂為人生定下的創造秩序。

6.9.2 對矛盾的處理

另一個值得留意的觀念是對現實矛盾的看法。學者們多採用西方的思想模式，善於分析、歸類，並將事物加以系統化或一致化，務求界線分明，論點清晰明確。但現實的人生卻是錯綜複雜的，上述的處理手法往往令人覺得人生充滿矛盾。舊約與上古近東的智慧文學卻屬於東方的思想模式，善於容納差異，不怕衝突，喜歡停留在矛盾中揣摩。智者充分體會到問題的複雜性和弔詭性，所以不會提供過分簡單的答案。他一方面要處理人生的種種矛盾，另方面又要專心和明確地帶出某些要點；為求表達有力，叫人耳目一新，便不惜把片面的真理絕對化，即使引致不平衡的現象出現，也不作交代。他不怕表面的矛盾，反而藉此引導讀者明白：面對人生，就是要應付不同的張力。箴言二十六章 4 至 5 節是這方面的典型例子：「不要照愚昧人的愚妄話回答他，恐怕你與他一樣。要照愚昧人的愚妄話回答他，免得他自以為有智慧。」智者透過兩句表面相反的諺語，帶出面對愚昧人的兩個不同原則。人生就是這樣，不同的處境會有不同的做法。兩者須同時兼顧，才是真正的智慧。其他智慧文學作品也有類似的例子：

《亞希奪的語錄》第 10 欄 你不要（太）甜， 免得他們把你吞掉。 你不要（太）苦， 免得他們把你吐出來。	傳七 16～17 不要行義過分，也不要過於自逞智慧， 何必自取敗亡呢？ 不要行惡過分，也不要為人愚昧， 何必不到期而死呢？

在這方面，傳道書恐怕是最常被人指責和誤解的一卷書。表面上，書中充滿著矛盾，例如智慧的利（七 11 ～ 12）與弊（一 18，二 15），死亡比生命更好（四 2 ～ 3）與更不好（九 4），錢財能夠（十 19）與不能夠（五 10）滿足人心，以及人生是絕對虛空（二 17）還是要盡情享受（九 7 ～ 9）等等。假如我們了解經文所針對的不同處境和智者的處理手法，便不致簡單地把這些矛盾歸咎於不同的「聲音」或出處，又或誤以為作者自己也困在迷惑中，沒有定論或出路。

舊約智慧書還有一個更深層的矛盾：不少學者認為，傳道書和約伯記的論點，在質疑箴言所代表的以色列傳統智慧，特別對後者的善惡報應的觀念，提出嚴厲的抗議和挑戰。其實它們之間的衝突，只是反映出人生的複雜性。上文提到神的創造帶來三個不同層次的秩序，即物質、功能和道德秩序，它們無論在性質或重點上都各有不同。傳道書和約伯記是從物質秩序的角度，分別看人生的意義和神的主權，這與著重道德和功能秩序的箴言，取向自然很不同。事實上，傳道書的經文也分別處理了物質與道德秩序（七 15 ～八 15）及物質與功能秩序（九 11 ～十一 6）之間的張力，作者指出每個秩序都有其作用和貢獻。在約伯記中，約伯與友人亦分別代表了對物質和道德秩序的不同看法。對智者來說，這些差異並非真正的矛盾，而是現實人生中無可避免的張力，同屬神所創造之秩序的一環。接納這些表面矛盾的存在，並且看透不同秩序之間的關係，才是真正的智慧。

6.10 總結：道成「肉身」

從上文可見，舊約智慧文學借用了當時人們熟悉的表達方式，有效地帶出神的道。上古近東的智慧文學成了「道成肉身」的媒介。這做法招來了不少誤會，令人以為舊約的智慧書與上古近東的智慧文學同出一轍，不外是古人的智慧，因此認為其權威較其他書卷遜色。但我們必須明白，道成了肉身，並不影響道的本質，也不會削弱道的可信性。反之，這個表達方式對我們了解舊約智慧文學的特點有以下的重要啟迪。

舊約智慧書的信息，像其他智慧文學一樣，來自智者對人生的觀察、體驗和反省，經過長年累月的思考、尋覓和整理而寫成。其中雖然不像摩西五經或先知書那樣，有神直接的啟示，但在人的智慧中，仍然可以有神的默示。神樂意利用現成的資源和人的經驗來成就祂的計劃，正如昔日聖殿的建成，也是借助腓利基人的技能和利巴嫩的木材（參代下二 13 ～ 16）。再者，正因為智慧來自對今生事物的觀察，它的信息基本上是普世性的，適用於任何種族、時代或信仰背景的人。這足以說明為何不同文化背景的諺語，可以有十分類似的內容。

另一方面，神的道透過人生現實的處境表明出來，有著重大意義。智慧文學的作者並非不吃人間煙火的世外高人，而是充分體會到人生痛苦和掙扎的智者。他們的經驗之談，不會淪為不切實際的高談闊論，反而易於引起讀者的共鳴，向人發出有力的挑戰。

更重要的是，神的道放在上古近東的異教處境中，益發顯出它的獨特性。表面上，舊約與上古近東的智慧文學十分接近，但實際上兩者的差別比相似的地方更為突出。最基本的差異是神人定位的問題。在上古近東的創造神話中，神祇雖然帶來了宇宙的創造，但自己本身也是被造的。作為受造之物，這些神祇不能超越自身的限制，也不能絕對掌權，反而要倚賴人供奉祭物，甚至為此要與人交易，令雙方的關係淪為互相利用的關係。相反，舊約所描繪的神是聖潔、獨一無二、創造天地萬物的主宰。舊約智慧書的論點，便是針對這些異教文化的錯謬而發出的。傳道書強調，人一切的享受和好處全賴造物主的賜予（傳五 18～19）。約伯記透過神與撒但的對話，指出人對神真正的敬畏必須是「無故」的（伯一 9），否則便會落入以義行換取神賜福的危機。造物主必須是既可以賜福，又可以賜禍（這是物質秩序所強調的），而不單單只會賞善罰惡（道德秩序），才是真正的主宰。在約伯記末段神與約伯的對話中，神強調造物主與受造物之間的界線，是絕對清楚劃分的。由此可見，舊約智慧文學因有明確的創造神學觀念，其信息和主旨，與其他智慧文學截然不同。神的道雖然孕育自上古近東的文化根源，借用了其合用的部分，但絕不會盲從或受其支配。舊約智慧文學的實際作用，是要把我們對人生的智慧和體會，提升到一個屬於神的更高境界，甚至超越人類智慧的極限。

推薦書目

一、智慧文學之文化背景

Walton, John H. *Ancient Israelite Literature in Its Cultural Context*. Grand Rapids: Zondervan, 1989. 本書搜集了各類與舊約聖經經文相似的上古近東文獻，並按不同的文體類型逐一介紹其背景、出處、內容，以及文獻與相關經文的可能關係。作者指出，舊約經文雖然與這些文獻有著相同的文化根源，但在基本的層面上，舊約有其獨特之處。本書討論學者們對此課題的不同意見，並提供進深研究的書目。

二、上古近東文獻選集（英譯作品）

Beyerlin, Walter, ed. *Near Eastern Religious Texts Relating to the Old Testament*. Translated by J. Bowden. Philadelphia: Westminster, 1978. 本書與下面提到的 *Ancient Near Eastern Texts* 一書不同之處，除了本書提供較後期發現的文獻和

新的英文翻譯外，還在於選用的文獻，大都是與聖經和宗教有密切關係的。文獻是先按地域、民族，後按文體類型而排列的。編者著重文獻與聖經經文相近的地方，除了即時列舉經文的出處外，還在書後附有詳盡的經文索引。

Erman, Adolf. *The Ancient Egyptians*. New York: Harper & Row, 1966 (1927). 本書是較早期出版的選集，內容只限於古埃及的文獻，按歷史年代排列。作者對文獻的背景亦提供了簡略的資料。

Hallo, William W., and K. L. Younger, Jr., eds. *The Context of Scripture*. Vol. 1, *Canonical Compositions from the Biblical World*. Leiden: E. J. Brill, 1997. 本書的特點是：處理聖經與其他文獻之間的關係時，本書嘗試採取處境比較而不是文學比較的進路。文獻是先按主要地域、民族，後按不同重點(宗教禮儀、王室、個人)而排列的。編者亦強調文獻之間相互影響的關係，以旁註或註腳的方式，將與文獻內容有關的聖經經文，以及其他上古近東的文獻，給讀者參考。本書為了讓讀者看到更廣闊的文化背景，連一些與舊約聖經沒有多大關係的上古近東文獻也納入書內，這是在其他選集絕少見到的。

Lambert, W. G. *Babylonian Wisdom Literature*. Oxford: Clarendon, 1960. 本書集中處理古巴比倫的智慧文獻，按文體和內容的類別刊出。除有文獻的英譯外，還列出文獻的原文(亞甲文)及音譯。本書對各文獻的背景、內容等資料有頗詳盡的介紹和討論，本書亦提供相關的學術文章予讀者參考。

Pritchard, James B., ed. *Ancient Near Eastern Texts*. 3rd ed. Princeton: Princeton University Press, 1969. 這是最常被人引用的上古近東文獻選集，初版早於一九五〇年面世。文獻先按文體類型，然後再按地區排列。本書除提供文獻的英譯外，還簡單介紹文獻的背景及其重要性。

三、舊約智慧文學(導論類)

Berry, Donald K. *An Introduction to Wisdom and Poetry of the Old Testament*. Nashville: Broadman & Holman, 1995. 本書對舊約智慧有全面而清晰的介紹，是這方面的入門好書。本書的特點是詳細介紹歷代研究舊約智慧文學的各種主要進路，幫助讀者建立起詮釋這些書卷的架構。除此之外，每章末都附有討論問題。作者又在附錄中提供有關課題的字彙表，方便初學者查考。

Crenshaw, James L. *Old Testament Wisdom: An Introduction*. Rev. ed. Louisville: Westminster John Knox Press, 1998. 本書和以下的《生命之樹》(*The Tree of Life*)一書都屬大師級作品。作者克蘭紹是舊約智慧文學的權威。本書兼備

闊度和深度，並以清晰的表達，介紹學術界豐富的討論，不愧為當今舊約智慧學術研究的完備指南。

Murphy, Roland E. *The Tree of Life: An Exploration of Biblical Wisdom Literature*. 3rd ed. Grand Rapids: Eerdmans, 2002. 這是一本舊約智慧文學研究的標準導論。作者追溯以色列尋覓及發展智慧的歷史，帶給讀者這方面的不少洞見和資源。本書的第二和第三版都把新增的部分放在書尾，內容包括最新的學術研究、出版，以及作者簡潔的評論，讀者一眼便可以看到學術界在相關課題上的最新探索趨向。

卜洛克〔C. H. Bullock〕。《舊約詩歌智慧書導論》〔*An Introduction to the Old Testament Poetic Books: The Wisdom and Songs of Israel*〕。賴建國、陳興蘭合譯。台北：中華福音神學院，1986。有中文譯本的詩歌智慧書導論並不多，這是一本對舊約智慧書和詩篇較概括性的導論。內容包括每卷書的背景、結構、目的、釋經考慮等資料，並對書卷經文的主要段落作簡單的闡釋和分析。此外，作者亦介紹了舊約的智慧和詩歌體裁，以經文實例幫助讀者了解這類文學的解釋原則。

註釋

1. 屬於舊約《七十士譯本》的次經中，還有《傳道經》(*Ecclesiasticus*；或譯《便西拉智訓》)和《所羅門智訓》兩部智慧文學作品。它們分別受摩西五經及希臘文化的影響較深，本文的討論並不包括它們。
2. 參 James D. Martin, *Proverbs* (Sheffield: Sheffield Academic Press, 1995), 18 ～ 31。有學者認為在以色列智慧的演變過程中，最早出現的是在家族中萌起的傳統智慧，接著是在宮廷中發展出來，較精密優雅的訓誨。見 Ronald E. Clements, *Wisdom in Theology* (Grand Rapids: Eerdmans, 1992), 23。
3. R. Norman Whybray, *Ecclesiastes* (Sheffield: JSOT Press, 1989), 17.
4. Tremper Longman III, *The Book of Ecclesiastes* (Grand Rapids: Eerdmans, 1998), 10.
5. Martin, *Proverbs*, 14 ～ 15.
6. 一般相信以色列的智慧文學是在王國時期開始成形。當時的情況可能像埃及一樣，智慧文學在宮廷的影響下蓬勃起來。大概也是在這個時期，以色列智慧對上古近東文化的開放程度是最大的。見 Clements, *Wisdom in Theology*,

23 ～ 24。

7. James B. Pritchard, ed., *Ancient Near Eastern Texts*, 3rd ed. (Princeton: Princeton University Press, 1969), 421 ～ 425.

8. 參《聖經新譯本》的翻譯：「我不是曾經給你們寫下（或譯作『我不是給你們寫了三十條』）有關謀略和知識的事嗎？」

9. 此字按照原文的書寫 *šilᵓšôm* 解作「先前」，但文士提議應根據讀音的寫法讀作另一字 *šālîšîm*，解作「官長」或「優秀的」（即《和合本》的「美事」）。此希伯來字如改動母音變成 *šᵊlōšîm*，可解作「三十」。

10. 詳細討論見 J. Ruffle, "The Teaching of Amenemope and Its Connection with the Book of Proverbs," *Tyndale Bulletin* 28 (1977): 28 ～ 68；John H. Walton, *Ancient Israelite Literature in Its Cultural Context* (Grand Rapids: Zondervan, 1989), 192 ～ 197。

11. 《對梅里卡里王的訓誨》（*The Instruction for King Merikere*），見 Pritchard, *Ancient Near Eastern Texts*, 414 ～ 418；Adolf Erman, *The Ancient Egyptians* (New York: Harper & Row, 1966 [1927]), 75 ～ 84。

12. Pritchard, *Ancient Near Eastern Texts*, 418 ～ 419；Erman, *Ancient Egyptians*, 72 ～ 74.

13. Pritchard, *Ancient Near Eastern Texts*, 407 ～ 410；Erman, *Ancient Egyptians*, 116 ～ 131.

14. Pritchard, *Ancient Near Eastern Texts*, 405 ～ 407；Erman, *Ancient Egyptians*, 86 ～ 92.

15. Pritchard, *Ancient Near Eastern Texts*, 601 ～ 604.

16. Erman, *Ancient Egyptians*, 248 ～ 249.

17. Erman, *Ancient Egyptians*, 246 ～ 248.

18. 不少學者基本上認為以利戶的言論是後人加插的片段，見 J. H. Eaton, *Job* (Sheffield: JSOT Press, 1985), 34 ～ 36。

19. 最好的例子是《尼沙巴與麥子》（*Nisaba and Wheat*），見 W. G. Lambert, *Babylonian Wisdom Literature* (Oxford: Clarendon, 1960), 168 ～ 175。

20. 原文為 *māšāl*，這個字的名詞在《和合本》曾譯作「比喻」（結十七 2），動詞曾譯作「比較」（賽四十六 5）和「像」（伯三十 19）。

21. 《亞希夸的語錄》（*The Words of Ahiqar*），見 Pritchard, *Ancient Near Eastern Texts*, 427 ～ 430。

22. 參李思敬：〈智慧人的謎語：箴言第一至九章結構試析〉，收《生命的學問》，余達心編（香港：中國神學研究院，2001），頁 171 ~ 175。
23. 把雅歌的男女愛情應用到神人關係上的近代學者有費開朗（Harold Fisch）。他曾撰文指出，雅歌所描繪的夫婦關係，充分帶出兩者之間的交往和平等，這種真正的相互關係是表達神人關係的奧祕和微妙的最佳圖像。值得注意的是，這裏所提到的關係，仍然是從女方（人）而不是從男方（神）的角度出發。如果將雅歌應用到神人關係上，就只是強調了人對神的主動回應，而不是神所付出的愛。見氏著："Song of Solomon: The Allegorical Imperative," in *Poetry with a Purpose* (Indianapolis: Indiana University Press, 1988), 80 ~ 103。
24. Pritchard, *Ancient Near Eastern Texts*, 412 ~ 414.
25. 除了上文所提及的《田園的少女》和《園中的花卉》之外，還有其他無名的歌集，見 Harold Fisch, "Song of Solomon," 467 ~ 469 及 Erman, *Ancient Egyptians*, 242 ~ 251。
26. Pritchard, *Ancient Near Eastern Texts*, 467.
27. Pritchard, *Ancient Near Eastern Texts*, 596 ~ 600.
28. 在一些上古近東的創造神話中，大自然和人的創造都曾與「區分」拉上關係，包括穹蒼與大地、旱地與水的分開，以及人體從母體分離出來。見 Ronald A. Simkins, *Creator and Creation* (Peabody: Hendrickson, 1994), 75 ~ 78。
29. 參 R. Clifford, "The Hebrew Scriptures and the Theology of Creation," *Theological Studies* 46 (1985): 509 ~ 511。
30. 參賽四十五 7：「我造光，又造暗；我施平安，又降災禍」；傳道書亦多次把人生的際遇形容為神給各人的「分」（傳二 10，三 22，五 18，九 9）。

第7章 符類福音

張修齊

7.1 馬太福音

- 7.1.1 組織與結構
- 7.1.2 猶太色彩
- 7.1.3 耶穌的肖像

7.2 馬可福音

- 7.2.1 組織
- 7.2.2 針對外邦人
- 7.2.3 作門徒
- 7.2.4 神的兒子基督

7.3 路加福音

- 7.3.1 結構
- 7.3.2 歷史中的救主
- 7.3.3 注重人、被輕看的人
- 7.3.4 禱告與聖靈

7.4 導論問題

- 7.4.1 導論的研究
- 7.4.2 資料有限

7.4.3　建基假設

7.4.4　對導論問題的定位

7.5　符類福音問題

符類福音，或稱對觀福音（Synoptic Gospels），就是馬太、馬可、路加三本福音書。相對於約翰福音，它們的相同之處很多。本文先逐卷介紹三卷符類福音，然後略述「導論問題」，以及三卷福音書相互的關係。

7.1 馬太福音

7.1.1 組織與結構

馬太福音是初期教會最受歡迎的福音書，尤其於第二、三世紀最經常被引用。馬太喜歡把材料組織起來，將它們按三、五或七的數目，劃分為不同組別或段落。例如第一章的家譜分成三組，各有十四代（一 2～17）；第六章上半部論及猶太人的三大敬虔項目：行善、禱告、禁食（六 1～18）；登山寶訓以三個對比：兩條路、兩種樹、兩等根基結束（七 13～27）；第十三章有七個天國的比喻；第二十三章有針對偽善的經學家與法利賽人的七禍等等。

觀乎馬太全書的組織，相當明顯包含了五大講章，各有相同的結束句（參下表），可惜傳統聖經的章節劃分，未能反映這清楚的結構。

講章	章數	內容	結束句
一	五～七	登山寶訓	七 28：「耶穌講完了這些話，眾人都希奇他的教訓；」
二	十	差遣十二使徒	十一 1：「耶穌吩咐完了十二個門徒，就離開那裏，往各城去傳道、教訓人。」
三	十三	天國比喻	十三 53：「耶穌說完了這些比喻，就離開那裏，」
四	十八	教會生活	十九 1：「耶穌說完了這些話，就離開加利利，來到猶太的境界約旦河外。」
五	二十三～二十五	審判信息	二十六 1：「耶穌說完了這一切的話，就對門徒說：」

另外，馬太用了重複的短語「從那時候」(四 17)和「從此」(十六 21)，兩處的希臘原文均為"*apo tote*"。這短語標誌著耶穌工作的轉捩點：

- 介紹耶穌(一 1～四 16)
- 耶穌的傳道與被拒絕(四 17～十六 20)
- 耶穌上耶路撒冷受審、受死與復活(十六 21～二十八 20)

相間的敍述與講章其實是有關係的。馬太描述耶穌出來教導、宣講與治病(四 23，九 35)，其中有關門徒生活的一些教訓，路加將之分散記載於各處，馬太卻以一連三章登山寶訓的經文，將之集中在一起，跟著又在其後兩章記述了三組神蹟，主要是治病。第十章講述耶穌揀選了十二使徒，給予差遣訓言，預告他們會面對逼迫。第十一、十二章便開始記載耶穌與門徒遭遇到敵意。比喻章(十三章)則清楚顯示出兩類人，一類是接受耶穌的，一類是視而不見、聽而不聞的人；兩者都領受同樣的事物，反應卻截然不同。由這兒開始，耶穌的事工亦起了變化。祂既為猶太人所拒，便逐漸轉移到外邦人的地區工作，工作的重心轉為集中訓練門徒（十三 11、36），教導的內容亦開始超越猶太的傳統教導。十六章 21 節至十七章 27 節，不少地方都是澄清做門徒的意義的，而十八章則特別教導門徒彼此相處之道。十九至二十二章繼續討論做門徒的真諦，以及耶穌和宗教領袖的交鋒。二十三至二十五章是審判與末世的信息，最後三章描述耶穌的受苦、受死與復活。

7.1.2 猶太色彩

馬太福音排在新約的開頭，是新舊約的橋樑。它的用字與內容有濃厚的猶太風味，譬如禁食的敬虔行動（六 16），祈求逃跑時不遇上安息日（二十四 20），在祭壇上獻禮物（五 23），律法的重擔（十一 29），殿稅（十七 24），經學家與法利賽人愛受人尊崇、有引人入猶太教的熱誠（二十三 2、5）等等。馬太沒有將亞蘭語「拉加」、「魔利」（五 22）或殿庫（*korbanan*，二十七 6；《和合本》沒有如前兩者保留亞蘭語音譯）的意思翻譯出來，也沒有像馬可福音那樣解釋洗手的風習（十五 2 // 可七 4）。馬太獨特地採用「天國」這詞三十三次，用「神國」則僅有四、五次，原因可能是出於猶太人的避諱，不敢直呼神名字的習慣。另外馬太有六次頗為獨特地運用「義」字（三 15，五 6、10、20，六 33，二十一 32），用以指合乎神心意的行為。

馬太引用舊約經文六十餘次之多，其中二十次涉及經文的應驗，從而強調了新舊約的連貫性。這連貫性其實在第一章已經可以見到：「這一切的事成就是要應驗主藉先知所說的話」。第二章更有四處之多（二 6、15、18、23）。這些應驗經文有一半是馬太特有的，翻看原來的出處，有時會叫人摸不著頭腦，不知道如何談得上是應驗。原來馬太並不是強解經文，而是出於深一層的信念，藉獨到的神學眼光，指出神如今在耶穌身上所顯明的、最完備的啟示，其實在舊約早已留有伏筆。

馬太特別提到耶穌單向以色列的迷羊宣講天國信息（十 5～6，十五 24）。但馬太並非只鍾愛或偏袒猶太人，他猛烈抨擊猶太的宗教領袖（二十三章），指出以色列即使有選民的身分，仍然可以被神撇棄：「……從東從西，將有許多人來，在天國裏與亞伯拉罕、以撒、雅各一同坐席；惟有本國的子民竟被趕到外邊黑暗裏去……」（八 11～12）又對祭司長和民間長老說：「……神的國必從你們奪去，賜給那能結果子的百姓。」（二十一 43）

在馬太筆下，福音的普世性不是到最後一章的大使命才出現。在第一章的家譜，馬太已不尋常地提及四位外邦女子；第二章有東方的博學之士來朝拜嬰孩耶穌；第四章，耶穌出來傳道，馬太引用了以賽亞書所提到的外邦人的加利利（四 15）；第八章提到就算在以色列當中，也找不到像羅馬百夫長這麼大信心的人……

所以，馬太福音中的猶太色彩並沒妨礙福音的普世性。耶穌所建立的羣體包括萬民，他們都是以色列餘民的延續，而耶穌是真正的以色列。

7.1.3 耶穌的肖像

一如其他福音書，耶穌是馬太福音的中心人物，但每卷福音書對耶穌的介紹都有不同的著重點。馬太一開始就介紹耶穌是亞伯拉罕的後裔。亞伯拉罕是以色列人的祖先，神應許他萬國必因他得福（創十二 2～3）。一代復一代，神的計劃好像進展得很曲折緩慢，甚至中斷，但，不！應許終於在耶穌身上實現了。

接著馬太指出耶穌是王者大衛的後裔，要來做猶太人的王（二 2）；祂的降生就是宣告神國的來臨，而門徒一直等候著祂得國的那一天來到（二十 21），祂具有天上地下一切的權柄（二十八 18）。但很弔詭的是，耶穌被定罪的原因，便是由於祂是猶太人的王（二十七 11、29、37、42）——當然這位王與彼拉多、羅馬士兵及猶太領袖心目中的王，在含義上截然不同。耶穌是王，祂是那位特別關心痛苦求助者的王（九 27，十二 23，十五 22，二十 30～31，二十一 15）。

希臘文名字「耶穌」，就是希伯來文名字「約書亞」——耶和華是拯救。耶穌要將百姓從罪惡中拯救出來（一 20～21）。「那坐在黑暗裏的百姓看見了大光；坐在死蔭之地的人有光發現照著他們。」（四 16）耶穌的來臨，就是要攻破惡者的勢力，醫病、趕鬼，使人得自由、得安息，罪得赦免。

耶穌的出生非同尋常，是聖靈感孕的（一 20）。祂是神的愛子（三 17，十七 5）；聖殿的幔子在祂死的那一刻，由上到下裂為兩半，以致羅馬的百夫長也害怕地說：「這真是神的兒子了！」（二十七 39～54）

馬太對耶穌還有好些描繪，包括耶和華的僕人、人子、殉道的撒迦利亞、被棄之後卻成為房角石、絆腳石、聖殿等。

7.2 馬可福音

7.2.1 組織

馬可福音大致可分為下列九大段：

- 引言（一 1～13）
- 開始加利利的工作（一 14～三 6）

- 繼續加利利的工作（三 7 ～六 13）
- 離開加利利（六 14 ～八 26）
- 上耶路撒冷（八 27 ～十 52）
- 在耶路撒冷（十一 1 ～十三 37）
- 受苦受害（十四 1 ～十五 47）
- 復活（十六 1 ～ 8）
- 十六 9 ～ 20〔最古版本無此段〕

這粗略的大綱顯示出全書的一些重大段落。不過，不同的解經家對此或會有不同的意見。譬如一章 14 至 15 節。三章 7 至 12 節、六章 7 至 13 節這些承上啟下的轉接經文，不易斷言是屬於上文還是下文。

馬可有個常用的組織方法：夾心法（或作「首尾呼應」）。如三章 20 至 35 節的首尾均講到耶穌的親屬，五章 21 至 43 節的首尾記載關於睚魯女兒的醫治，六章 7 至 30 節的前後講到門徒出去傳道，此外十一章 12 至 25 節與十四章 1 至 11 節也有類似的現象。

7.2.2 針對外邦人

馬可的寫作地點，最熱門的說法是羅馬。就內文看，我們可以觀察到書中確有一些特別傾向外邦人的寫法。

與馬太比較，馬可略去了一些與猶太人相關的項目。譬如他沒有提及律法永存（參太五 18），沒有提及耶穌禁止門徒到撒馬利亞與外邦傳福音。在十三章 18 節，馬可記載耶穌有關大災難的提示：「你們應當祈求，叫這些事不在冬天臨到」，卻沒有將「不在安息日臨到」也包括在內（參太二十四 20）。在七章 24 至 30 節耶穌對敍利腓利基婦人的講話中，也沒有提到以色列的迷羊（參太十五 24）。

對一些猶太風俗習慣，馬可會加以解釋。例如，先洗手才吃飯（七 3～4），兩個小錢相當一個大錢（十二 42），除酵節的頭一日是宰殺逾越節羔羊的日子（十四 12），院子就是總督府（十五 16，《現代中文譯本》），預備日就是逾越節前一日（十五 42）等等。

馬可也將一些亞蘭文的意思翻譯出來：「半尼其」就是雷子（三 17），「大利大古米」就是「閨女，我吩咐你起來」（五 41），「各耳板」是供獻的意思（七 11），「以法大」是「開了罷」（七 34），「巴底買」是「底買的兒子」（十 46），「各各他」是髑髏地（十五 22），「以羅伊！以羅伊！拉馬撒巴各大尼？」就是「我的神！我的神！為甚麼離棄我？」（十五 34）

時間方面，馬可不像猶太人分三更，而是照羅馬的方法分四更（六 48），也就是十三章 35 節的晚上、半夜、雞叫、早晨。

馬可的記述或許是特別針對面臨逼迫的羅馬信徒而寫的。

7.2.3 作門徒

一如其他福音書，門徒在馬可的筆下頻頻出現，他們是耶穌呼召作得人漁夫的一羣，時常伴在耶穌身旁。與其他福音書相比，解經家很早就留意到，馬可特別刻劃門徒的不足及彼得的多次出醜。

門徒會懼怕。有耶穌在船上與他們同在，仍慌張得很，惟恐喪命（四 35～41）。耶穌再次明言上耶路撒冷是「死路一條」，卻仍毅然向耶路撒冷前進，門徒一邊跟隨一邊害怕（十 32）。最古的抄本在十六章 8 節便結束，那兒記載到耶穌復活的消息反令門徒害怕就完結了。

門徒有神而人的耶穌作師傅，但學習進度並不理想。有活生生的五餅二魚事迹展示在眼前，卻不能透察這事的意義（六52），因為他們心硬，思想頑梗，不易開導改造。即使再來一次，經歷四千人得餵飽的神蹟，仍是進步無幾（八14～21）。耶穌要提點他們禱告（九28～29，十一20～26），糾正他們的小圈子意識（九38～41）和對孩童的輕視（十13～16），教導他們捨己（十26～31），責備他們的求榮心理（十35～45）。耶穌一邊耐心教導，一邊又不等他們成熟後才使用他們，而是很早就差他們出去趕鬼、宣講和醫治（六7～13）。

在馬可福音，彼得的名字出現約二十次，好些都與他昔日不成熟的表現有關：如勸耶穌逃避十架，好歹要活下去（八32）；見到耶穌登山變像時，想在山上搭三座棚留下來（九5）；在耶穌心靈經歷巨大掙扎的時刻，敵不過濃濃的睡意（十四37）；作為一個大男人，在小女子面前不認自己的師傅（十四66～71）。

按早期教父帕皮亞（Papias）的記載，約翰的馬可是從使徒彼得那兒得到資料，寫成馬可福音的。馬可與彼得都是曾經失敗的人。巴拿巴與保羅在第一次的宣教旅程中帶了馬可同行，但這年青人經不起旅途的艱辛，中途折回。彼得在最後晚餐中逞強，斷言自己絕不會跌倒，言猶在耳，轉眼便在大祭司的院子裏三次不認耶穌。

彼得與馬可，一個是耶穌的大弟子，一個出身自初期教會的首批基督教家庭。他們同有失敗的經驗，而合作寫了第一本福音書。耶穌的福音是好消息，是大好的喜訊，不能自救的人有出路了，因軟弱而一再跌倒的門徒也有盼望。

7.2.4 神的兒子基督

馬可可能是福音體裁的創始者，為的是介紹耶穌的生平與教訓。有人稱馬可福音為行動的福音，因它的節奏明快，緊湊地記載耶穌的事迹，包括了十八個神蹟。馬可又多次提到耶穌教訓人（二 13，四 1～2，六 2、6、34，十 1，十二 35）。第一章的第 1 節就說：「神的兒子，耶穌基督福音的起頭。」耶穌是神的兒子，當祂受約翰的洗，從水裏上來時，天上有聲音對祂說：「你是我的愛子，我喜悅你。」（一 11）耶穌出來教導人，滿有權柄，醫病趕鬼，叫人驚訝（一 22、27，二 12 等），但最初只有鬼認出祂非同等閒，是神的兒子（三 11，五 7）。耶穌在山上變像後，有聲音從雲彩發出說：「這是我的愛子，你們要聽他。」（九 7）在兇惡的園戶這比喻中，耶穌對祭司長、經學家和長老以園主的愛子自比。祂在公會受審時，一直緘默不語，直到大祭司質問祂是否那當稱頌者的兒子時，祂才肯定回答。耶穌在十字架上斷氣後，聖殿的幔子分裂為二，在一旁站著的百夫長也不得不承認：「這人真是神的兒子！」（十五 39）

耶穌是神的兒子，是基督，這在馬可的引言中，已清楚介紹給讀者知道，但當時的人卻有眼不識泰山，連門徒也是很遲才曉得。「基督」這詞在一章 1 節出現過之後，一直到八章 29 節，彼得在凱撒利亞腓立比的認信中才再次出現。耶穌從沒以基督自稱，卻多稱自己為人子，大概是要避開時人對彌賽亞的錯誤期盼。對門徒來說，他們做夢也想不到彌賽亞要受苦。耶穌再三預言自己會受苦、受死，然後在第三天復活，門徒卻聽不明白。同樣地，為了避免產生誤解，耶穌囑咐門徒不要張揚這預言（八 30，九 9）。

耶穌是神的兒子，同時也是個有血有肉的人，這是馬可福音表達得最如實與坦率的信息。一章 41 節的底本可能是「發怒」（*orgistheis*），後來文士改為較不會尷尬的「動了慈心」（*splagchnistheis*）；三章 5 節描寫耶穌怒目環視周圍那些心硬的人；十章14節，耶穌惱怒門徒捉錯用神，禁止人帶小孩子來見祂；八章12節描寫耶穌基督心裏深深歎息。這些描述都顯示出耶穌真實的人性。另外有兩處經文講到耶穌的限制。六章1至6節，耶穌在自己的家鄉被人輕視；因著他們的不信，祂不能行甚麼神蹟。這件事路加沒有提及（路四16～30），馬太就説耶穌因人們不信，便不多行異能（太十三58）。講到再來，耶穌很意外地告知門徒：「但那日子，那時辰，沒有人知道，連天上的使者也不知道，子也不知道，惟有父知道。」（十三32）這節經文一方面指出身為人子的耶穌的限制，另一方面也重申祂與神獨特的關係——祂是神的兒子。

因此，馬可同時帶出耶穌的神性與人性。

7.3 路加福音

7.3.1 結構

分析路加福音的大綱，我借用布博基（Craig L. Blomberg）[1]的建議，圖示如下：

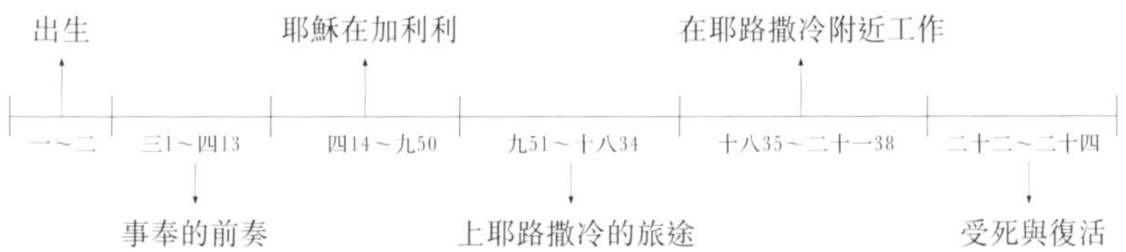

圖 7.1　路加福音大綱分析

此外，路加的段落與使徒行傳的段落對照起來，恰好構成一個倒影，如右頁圖7.2所示。

布博基指出，路加福音三章1節至九章50節，並不像馬

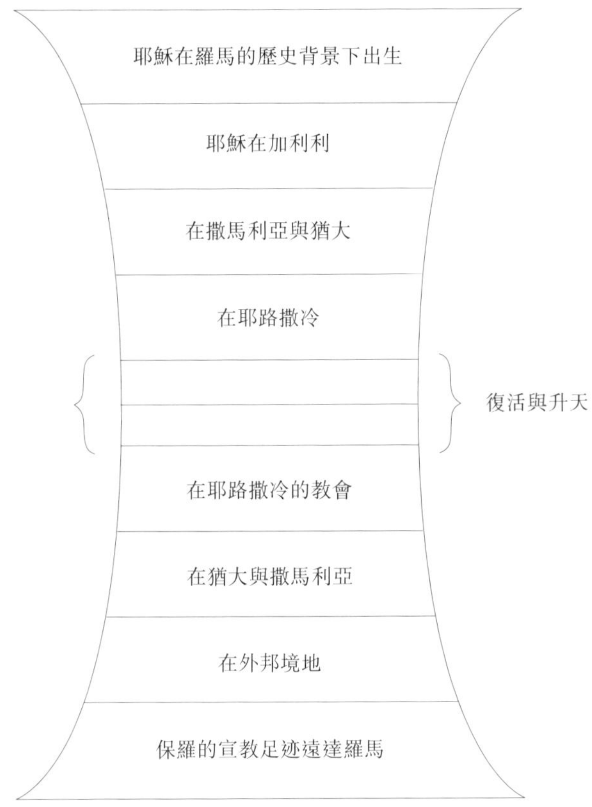

圖 7.2　路加福音與使徒行傳的段落倒影

可福音六章 45 節至八章 26 節那樣，記載耶穌離開加利利境工作的內容；而九章 51 節至十八章 34 節這段中，僅有的兩處提及地名的經文，都有提到撒馬利亞（九 52，十七 11）。

7.3.2 歷史中的救主

路加是新約作者中的史家，路加福音是記載耶穌生平教訓的上集，使徒行傳是下集，記載耶穌的工作如何藉著聖靈，透過門徒延續下去。

路加福音有一段像古代史家那樣的序言(一 1～4)。四卷福音書中,惟有路加將耶穌的生平放在當時的政治舞台(二 1～2,三 1～2)。他也特別提到耶穌的年紀:十二歲(二 42)和約三十歲(三 23)。

路加記載了神的作為、神的拯救,也就是按著神的應許所必須發生的事。「拯救」或「救主」(*sōtēria*, *sōtērion*, *sōtēr*)這些字在路加福音與使徒行傳分別出現八與九次,在其他符類福音中則沒出現,例如,馬利亞歌頌神是救主(一 47);天使報告「因今天在大衛的城裏,為你們生了救主,就是主基督」(二 11);耶穌對稅吏長撒該說:「今天救恩到了這家……」(十九 9)這救恩是神的計劃,是神的應許(一 55、68～70);這應許如今成就了——書中多次提到「今天」(二 11,四 21,五 26,十九 5),而這些是按神旨意所必須發生的(十七 25,二十二 37,二十四 7、26、46)。

路加描繪了耶穌的誕生、傳道、醫病、受害、受死,講述救恩是如何透過耶穌的來臨而成就。

7.3.3 注重人、被輕看的人

路加福音重視人物,對許多人物都有不少生動的刻劃。例如,序言之後,路加介紹了施洗約翰的父親——年紀老邁的祭司撒迦利亞。在路加筆下,我們看到撒迦利亞在神面前是個義人,遵行主的一切誡命禮儀,無可指摘,可惜沒有兒子。撒迦利亞按班次在神面前事奉,並抽中籤進入聖所燒香,見到天使顯現,因不信而突然啞了,直到他為施洗約翰改名的日子才能再次開口說話。跟著路加記述施洗約翰的母親伊利莎白與親戚馬利亞如何先後懷孕、相聚與回應神的工作(一 5～66)。又有馬大和馬利亞兩姊妹,一靜一動(十 38～42)。再下來是那個爬到桑樹上看耶穌，然後歡然接待祂到家中，並以行動表達真心悔改的矮子稅吏長撒該（十九 1 ～ 10）。在最後一章，路加描寫以馬忤斯路上的革流巴與同伴因耶穌的死而愁容滿面，彼此議論，耶穌卻在二人毫不覺察時向他們顯現，與他們同行共吃，開導他們，又忽然消失（二十四 13 ～ 35）。

路加又特別記載耶穌如何接納社會上不為人所接納的人。例如從事不榮譽行業，從羅馬人投得收取間接稅款的特權，並從中搾取同胞利益的稅吏利未（五 27）；那個作妓女，不道德、不潔淨，被鄙視，來到西門家用香膏抹耶穌腳的女人（七 37），以及那個與耶穌同釘十字架，作奸犯科，被判死刑的暴徒（二十三 39）。

在巴勒斯坦的猶太父系社會中，婦女的地位遠低於男性，她們主要的活動範圍是在家裏，宗教活動也大受限制，譬如上聖殿時只能進到女院，所有記錄均沒有記載女性在會堂誦經。在法律上，婦女的見證是否有效是個爭論點；在婚姻上，也只有男性可以單方面休妻。路加福音卻頗重視女性，有四十二段經文都與女性有關，其中十三段更是路加特有的。如施洗約翰的母親（一 24 ～ 25、39 ～ 45、57 ～ 60）、女先知亞拿（二 36）、跟隨耶穌周遊傳道並供應祂日常所需的婦女（八 1 ～ 3）、拿因城喪獨子的寡婦（七 11 ～ 17）、病了十八年的駝背女人（十三 10 ～ 17）、比喻中失錢的婦人（十五 8 ～ 10）、向不義的官求情的寡婦（十八 1 ～ 8）等。

耶穌對待婦女的態度，與當時的風俗習慣亦大相逕庭。祂容許婦女像門徒那樣，坐在祂的腳前聽道（十 39；參徒二十二 3），跟隨祂遊行佈道（八 1 ～ 3）；又以一寡婦為獻捐的模範，對照出經學家的虛偽，責備他們假意作冗長的禱告，卻侵吞掉寡婦的家產（二十 45 ～二十一 4）。在最後一週，耶穌受審、受死、復活，婦女們忠心耿耿，男性門徒卻相對失色得多。

還有一個現象，就是路加數次將提及男性和女性的經文，一先一後地並排列出。如天使帶給撒迦利亞生子的信息後不久，同樣帶給馬利亞生子的信息（一5～25、26～38）；西面說完預言，跟著女先知亞拿亦說預言（二25～35、36～38）；男的在戶外種芥菜，女的在家中藏麵酵（十三18～19、20～21）；男的失羊，女的失錢（十五3～7、8～10）。路加這樣安排很可能不是出於偶然。

7.3.4 禱告與聖靈

路加特別注重禱告與聖靈。有些事迹，馬太、馬可也有記載，惟獨路加特別強調禱告，其中四次是在耶穌生命中的重要時刻發生：耶穌受洗，正禱告的時候，天就開了（三21）；揀選十二使徒之前，耶穌上山徹夜禱告（六2）；考問門徒「你們說我是誰」之前，耶穌在禱告（九18）；登山後，耶穌正禱告的時候，面貌改變了，衣服潔白放光（九29）。

路加還有幾個特別關於禱告的比喻。半夜求餅的朋友，教導我們要懇切禱告（十一5～8）；不義的官也為苦苦哀求的寡婦伸冤，何況是神（十八1～8）？兩個上聖殿禱告的人，一個是自義的法利賽人，一個是謙卑的稅吏，我們要學效稅吏（十八10～14）。

使徒行傳有聖靈行傳之稱，路加福音也特別注重有關聖靈的記載：開路先鋒約翰在母腹中已被聖靈充滿（一15）；馬利亞受聖靈感孕，將會誕下耶穌（一35）；伊利莎白、撒迦利亞和西面都被聖靈充滿或感動，歡迎耶穌的來臨（一41～42、67，二25～27）；耶穌受洗時，聖靈降臨在祂身上，之後祂被聖靈引到曠野受試探，然後帶著能力回到加利利，在各會堂教訓人（三

21～22，四 1～2、14、18）；耶穌升天前，應許門徒將會領受聖靈（二十四 49）。

7.4 導論問題

7.4.1 導論的研究

一本福音書的簡單介紹，通常都會包括它的作者、寫作日期、寫作地點等。

六十年代末，我在美國三一神學院修讀新約的基礎科目，教科書是古特立（Donald Guthrie）寫的《新約導論》，[2] 那時我才知道這些作者、寫作日期、寫作地點等問題屬於導論的範疇，而這些課題相當複雜，存在許多討論的空間與不肯定的因素。譬如馬太福音到底是不是由稅吏變為使徒的馬太寫的呢？傳統的看法有甚麼根據？外證夠強嗎？可信嗎？內證又如何？馬太福音的寫作原因是甚麼？答案有不同的可能性，不同的學者有不同的意見，又提出不同的理據。一頁頁書頁就是在討論這些問題。

大概是受了如此訓練的緣故罷，我最初教授新約，便採用了以這種路線撰寫的教科書，如古妙（W. G. Kümmel）的《新約導論》（*Introduction to the New Testament*），叫學生把精力都耗費在這些不容易有答案的導論問題上。事隔三十年，對這些導論問題的討論，仍然是沒完沒了。[3]

7.4.2 資料有限

法蘭士（R. T. France）在其著述《馬太：福音使者與教師》（*Matthew: Evangelist and Teacher*）一書中，有一章論及作者的問題，臨近這章結尾時，他說，關於使徒馬太的資料，真是非常少，能夠搾得出的資料大概都被我們搾盡了。[4] 這相信就是不少導論研究的情況。為甚麼可以討論來討論去仍沒休止，這是因為實質的資料不多。我們要問的這些問題，並不是聖經的重點，也不是聖經可以直接給予答案的問題。然而我們還是要千方百計地去「迫供」，去找尋蛛絲馬迹，不放過任何線索，費力去推敲、去臆測。

7.4.3 建基假設

有些時候，導論問題的討論是建立在未經證實的假設上的，但久而久之，講得多，用得多，原本只是假設的理論，不知不覺便成為眾所接納的事實，後來者又在其上進一步作出不少推論。譬如包衡（Richard Bauckham）便指出，學者討論福音書時的一個公認前設，即每卷福音書都是寫給某個特定羣體的，這一點原來從未經過認真討論與證實，但不少結論卻是建立在這前設所促成的推論上！[5]

如果包衡講得對，我們常聽到的馬太羣體、馬可羣體這些字眼便應銷聲匿迹，好些文章論著也頓時成為沙土上的屋子，會經不起風吹雨打而倒塌。

7.4.4 對導論問題的定位

法蘭士在他討論馬太作者問題的最後一段，以兩個問題作為標題：作者問題能有水落石出的一日嗎？作者是誰，到底有甚麼關係？[6] 這兩個好問題，可以同樣用來問其他導論問題。身為教授新約的老師，我還要問：導論問題在課程中應佔甚麼地位？佔何比重？如處理不當，我想這些問題可以變成像保羅在提摩太前書所指責的無窮的家譜，只生辯論，不能幫助人了解上帝的計劃（提前一4）。

我很高興讀到布朗（R. E. Brown）所寫的《新約導論》（*An Introduction to the New Testament*）的前言：為了鼓勵讀者研讀新約聖經，他會把重點放在聖經本身而非背景資料或初期基督教的情況，並注重文本而非書卷未成書之前的歷史。這與我的想法相當接近。

格連（J. B. Green）討論到作者的問題時，他認為作者是誰對我們解釋路加福音並不重要。[7] 我想，近來由文學角度讀經的風氣興起，也許有助減少在歷史問題上糾纏不休的傾向。

這篇討論符類福音的文章，我選擇了不花太多篇幅去討論這些導論問題，但我無意全盤否定導論問題的地位，事實上，有興趣的朋友也不難找到這方面的討論資料。

7.5 符類福音問題

馬太、馬可、路加福音的異同，由第一世紀開始，已引來不同的反應與處理的方法。[8] 這裏只作非常簡單的介紹。[9]

三卷福音書的相同之處有以下幾方面：

1. 用字：例如，太十九 13 ～ 15 // 可十 13 ～ 16 // 路十八 15 ～ 17；太二十二 23 ～ 33 // 可十二 18 ～ 27 // 路二十 27 ～ 40；
2. 不同記載的次序：例如，太十六 13 ～二十 34 // 可八 27 ～十 52 // 路九 18 ～ 51，十八 15 ～ 43；
3. 編者的按語：例如，太二十四 15 ～ 18 // 可十三 14 ～ 16 // 路二十一 20 ～ 22；
4. 引用的舊約經文：福音書彼此相同，卻與現存的《馬所拉版本》（或作《馬所拉正典》）與《七十士譯本》不同，如太三 3 // 可一 2 // 路三 4。

這樣的現象應如何解釋？有沒有直接的文字借用？有的話又是怎樣借用的？

好些假設，都是建基於一個觀點，就是福音書之間，在文字上，有直接的互相借用或有彼此相連的關係；但對這個關鍵問題，仍有人提出強烈的質疑。[10]

下列的一些理論，便是建基於直接文字借用這假設之上：

一、有原始的福音書存在，而這部原始的福音書本來是用亞蘭文寫成的，後來翻譯成希臘文，並經歷了幾次修訂。三卷符類福音在內容上互有差異，就是因為參考了不同的修訂本所致。

二、馬太最早成書，馬可是根據馬太而寫，路加又是根據馬可而寫。這是奧古斯丁（Augustine）的看法。

三、馬太最早成書，路加借用馬太，馬可借用馬太與路加。這個由紀斯伯（J. J. Griesbach）首先提出的假設，自十八世紀末面世後，有一段時間沉寂下來，直至經過范慕爾（W. R. Farmer）於一九六四年大力倡議，才又再次受到注意。一如其他理論，這假設能解釋三卷福音書之間的不少異同，但這理論本身亦不乏弱點。

四、馬可最早成書，而馬太、路加除借用馬可的內容外，還參考了另一份共同的資料"Q"。這個稱為「二源說」（two-source hypothesis）的理論，或加上馬太所獨有的資料"M"，路加獨有的資料"L"，合起來稱為「四源說」（four-source hypothesis）的理論，是目前最流行的看法。它們兩個最重要的基礎論據是：

1. 馬可最早成書。倡議者對這點提出了多個理由，如馬可的篇幅最短，馬可的希臘文較粗陋，文筆較累贅，較多難解的經文，馬可的神學比較原始等。還有一點是：那些同時出現在馬太、路加和馬可的記載，在文字用語或次序編排上，甚少有經文是馬太和路加相同，卻與馬可相異的。

2. 有一份馬太、路加所共用的文字資料"Q"。"Q"雖從未被發現，卻可用來解釋好些現象。

總言之，這個二源或四源說是目前絕大部分形式批判（form criticism）的前設，不少三卷福音書之間的比較所引申出來的推論，都是建基於這假設，但這假設是未經證實的。

我想引用法蘭士的看法作為本章的結論。[11] 他認為福音書很可能並不是在數天或數星期內編輯而成的。耶穌的生平教訓，無論是藉著口傳還是文字的形式傳遞的，相信是一面被宣講，一面被不同的教會收集起來；而編輯的工作，是在不同的教會中，經過一段漫長的時間，同時進行的；在這段時期中，透過基督徒的旅行交往，有不少往返交流，所以，馬太和馬可的這些關係與影響，不應視為單向，而是相互的。如果這看法是正確的話，那麼就算部分符類福音的資料有直接的文字關係，也未必是甲抄襲乙，而有可能是作者非正式、不自覺，或下意識地參照某一完整書卷的部分內容而產生的。鑒於這種錯綜複雜、變化多端的情況，我們不可能找到一個工整的符類福音成書的答案。幸好，我們最終要面對的是最後成書的福音書，而非它們成書之前不同階段的面貌。我們大可讓某些學者繼續傾力去研究符類福音背後的種種問題，[12] 而我們可選擇研讀聖經，留意符類福音個別的風格、特色，而無須非知道成書的過程不可！

推薦書目

Barton, Stephen C. *The Spirituality of the Gospels.* London: SPCK, 1992. 本書分為四章，介紹馬太福音、馬可福音、路加福音、使徒行傳與約翰福音各書卷的信息，從中幫助讀者領會神透過耶穌向人的啟示，明白人可認識神，並在祂面前活著。聖經歷世以來對教會的功用，就是幫助人認識神，並把人帶到神面前過信心的生活。

Bauckham, Richard, ed. *The Gospels for All Christians: Rethinking the Gospel Audiences.* Grand Rapids / Cambridge: Eerdmans, 1998. 這本文集挑戰福音書研究的一個普遍假設，就是福音書都是寫給某個特定羣體的，而由福音書的內容，可推斷出該羣體的信念和處境。取代這假設的另一個觀點，則認為福音書是在早期教會中廣泛流傳的著作，對象是一般信徒。

Blomberg, Craig L. *Jesus and the Gospels: An Introduction and Survey.* Nashville: Broadman & Holman; Leicester: InterVarsity Press, 1997. 本書有五部分，分別介紹福音書的歷史背景、不同的批判方法、各卷福音書的簡介、耶穌生平的介紹，以及歷史神學的整合。

Brown, Raymond E. *An Introduction to the New Testament.* New York: Doubleday, 1997. 這本導論的一個重要目的是幫助讀者研讀新約，所以書中除了包含每卷書的袖珍註釋外，還討論了一些導論問題以及宗教、屬靈和教會方面的問題。

Carson, D. A., Douglas J. Moo, and Leon Morris. *An Introduction to the New Testament.* Grand Rapids: Zondervan, 1992. 這本由三位福音信仰的新約學者合著的新約導論，逐一討論各書卷的作者、寫作日期、資料來源和寫作目的等問題。此外還有每卷書的內容摘要、近期的研究方向與各書卷的神學貢獻。

France, R. T. *Matthew: Evangelist and Teacher.* Exeter: Paternoster, 1989. 本書處理一些研究馬太福音的重要課題，包括：馬太在教會中的地位、作者其人、寫作的時地與處境、文學的特點和結構、作者介紹耶穌的教訓時所採用的手法、舊約的應驗、馬太與以色列、馬太與教會、馬太的耶穌肖像等。

Green, Joel B., and Scott McKnight, eds. *Dictionary of Jesus and the Gospels.* Downers Grove / Leicester: InterVarsity Press, 1992. 這本由九十位北美，英國，澳洲、歐洲聖經學者合撰的字典，載有差不多二百篇關於耶穌與福音書各方面的問題的文章，如主題、解釋方法、事件、背景、爭論點等等，資料十分豐富。

Guthrie, Donald. *New Testament Introduction.* London: Tyndale, 1970. 這本篇幅超過一千頁的新約導論，是於一九六一、一九六二與一九六五年陸續出版的三冊導論的修正合訂本。內容是介紹新約各書卷的特色、結構，討論各書卷的作者、日期、來源、真偽、一致性等導論問題。

Linnemann, Eta. *Is There a Synoptic Problem? Rethinking the Literary Dependence of the First Three Gospels.* Grand Rapids: Baker, 1992. 本書作者逆新約研究的定見，指出符類福音的問題一直沒得到公允探討，所謂文字上的關係與借用，其實並沒有以嚴謹的數據研究作為根據。她在書中用了不少統計和圖表來支持自己的看法。本書的原著是德文。

Stein, Robert H. *The Synoptic Problem: An Introduction.* Leicester: InterVarsity Press, 1988. 本書分為三部分。第一部分討論符類福音書文字上的關係，第二部分討論成文前的福音傳統，就是口傳與形式批判，第三部分討論福音書的成書與編纂批判（redaction criticism；或譯「編修批判」）。

黃錫木等。《福音書總論與馬可福音導論》。香港：基道出版社，2000。幾位作者分別簡介西方近二百年來對福音書的研究，並討論馬可福音的導論問題。本書可算是近年來華人聖經研究課本的一顆初熟果子。

註釋

1. Craig L. Blomberg, *Jesus and the Gospels: An Introduction and Survey* (Nashville: Broadman & Holman; Leicester: InterVarsity Press, 1997), 140 ~ 144.
2. Donald Guthrie,. *New Testament Introduction* (London: Tyndale, 1970).
3. 新一代的學者仍然在編寫類似書籍，如 D. A. Carson, Douglas J. Moo, and Leon Morris, *An Introduction to the New Testament* (Grand Rapids: Zondervan, 1992)。
4. R. T. France, *Matthew: Evangelist and Teacher* (Exeter: Paternoster, 1989), 74.
5. Richard Bauckham, "For Whom Were the Gospels Written?" in *The Gospels for All Christians: Rethinking the Gospel Audiences*, ed. Richard Bauckham (Grand Rapids / Cambridge: Eerdmans, 1998), 9 ~ 48.
6. France, *Matthew*, 77.
7. J. B. Green, *The Gospel of Luke* (Grand Rapids / Cambridge: Eerdmans, 1997), 20.

8. 有興趣的朋友可參考非常詳盡的專書如：David Laird Dungan, *A History of the Synoptic Problem: The Canon, the Text, the Composition, and the Interpretation of the Gospels* (New York: Doubleday, 1999)。
9. 簡潔的論述可參：Robert H. Stein, "Synoptic Problem," in *Dictionary of Jesus and the Gospels* (Downers Grove / Leicester: InterVarsity Press, 1992), 784 ～ 792。較詳細的討論，可參閱同一作者的專著：*The Synoptic Problem: An Introduction* (Leicester: InterVarsity Press, 1998)。
10. 詳細論點可參看 Eta Linnemann, *Is There a Synoptic Problem? Rethinking the Literary Dependence of the First Three Gospels* (Grand Rapids: Baker, 1992)。
11. R. T. France, "Reading the Gospels," in *New Bible Commentary: 21st Century Edition*, ed. D. A. Carson et al. (Downers Grove / Leicester: InterVarsity Press, 1994), 900.
12. 其中兩個例子就是以下鉅著：James M. Robinson, Paul Hoffmann, and John S. Kloppenborg, *The Critical Edition of Q* (Minneapolis: Fortress; Leuven: Peeters, 2000)；Paul Hoffmann, Thomas Hieke, and Ulrich Bauer, *Synoptic Concordance: A Greek Concordance to the First Three Gospels in Synoptic Arrangement, Statistically Evaluated, Including Occurences in Acts* (Berlin / New York: Walter de Gruyter, 1999 ～ 2000)。

第8章 約翰著作

吳慧儀

在新約聖經中，稱為「約翰著作」的書卷共有五卷，就是約翰福音、約翰一書、約翰二書、約翰三書和啟示錄。這五卷之所以成為一個組別（corpus），是基於兩方面的原因：其一，按教會傳統的理解，這些書都是使徒約翰所寫的；其二，書中的寫作風格和內涵都呈現出不少相同之處，跟組別以外的書卷有所區別。再說下去，這兩個原因背後蘊含了兩種向度的聖經研究：一、歷史的研究，即追溯書卷的來源和相互的關係；二、文學特徵和神學信息的探討。由於這幾卷書的文學體裁、結構，以至神學主題都各有不同，這裏的篇幅實不容許我們逐一交代，因此本文只集中於現時學界所熱中的歷史研究，替讀者作一簡單概覽。本文將探討約翰著作的作者問題和成書的背景及處境，筆者相信這些課題最能幫助我們追溯這幾卷書之間的關係，指引我們初步了解學界的關注和學者的心得，從而增加或深化我們對這些書卷的認識。[1]

8.1 約翰著作的作者問題

8.1.1 早期教會提供的外證

如果沒有早期教會傳下來的資料，我們就不能一下子看出這五卷書都是同一位作者所寫，遑論知道撰寫人就是使徒約翰，因為這組書的作者並不像保羅那樣，習慣一開始便說明自己的身分和名字。約翰福音的作者被稱為「耶穌所愛的那門徒」(約二十一20、24)，但書中卻見不到他的名字；約翰二書、約翰三書的作者自稱「長老」，亦沒有說出自己的名字，而約翰一書的作者更連身分和名字都沒有透露；啟示錄的作者自稱為神的「僕人」，名為「約翰」(啟一1)，卻又無從肯定他是否就是耶穌十二個門徒之中的那個約翰。寫法既有出入，要判斷這組書的作者是否真的是使徒約翰，便須靠賴所謂的外證之助，即是早期教會的資料所提供的線索。[2] 這些外證包括帕皮亞(Papias)、坡旅甲(Polycarp)、游斯丁(Justin Martyr)等教父的遺言或著作。學者發覺當中提及約翰其人，又或引用了這五卷書的某些內容，這足以顯示早期教會對這五卷書是熟悉的，並且普遍認為那是使徒約翰所寫的。而外證之中，最重要的可算是二世紀教父愛任紐(Irenaeus)的言論，是他首先清楚指出約翰福音的作者就是「主的門徒約翰，曾挨近耶穌的懷裏那位」(約十三23)，又說約翰是在亞細亞的以弗所撰寫這卷福音書的。[3] 愛任紐還指出，約翰一書、約翰二書和啟示錄的作者也是「主的門徒約翰」。[4] 及後，五卷書被納入新約正典，反映教會傳統認為它們都是使徒約翰的著作。

正典和教會傳統這樣去理解，是否無誤呢？對這問題，近代學界興起了不同的看法，因為做研究的人往往較注重理性，不一定相信古人一面之詞，會重新衡量約翰著作的外證。立場接近傳統的，例如福音派的學者，比較接受傳統的外證，但質疑傳統立場的學者，則認為傳統的外證有可能是虛構的，他們比較著重早期教會的反對意見。[5] 啟示錄的外證很強，並不下於約翰福音，但在早期也受過質疑。最強的反對來自亞歷山太的丟尼修（Dionysius of Alexandria），他認為兩書的語言、風格和思想各有不同，因此啟示錄的作者不會是寫福音書的使徒約翰。丟尼修的見解到今天仍不斷有人討論，引發許多內證方面的研究。[6] 約翰書信的外證不是很多，主要與約翰一書的見證有關。按希臘史家優西比烏（Eusebius of Caesarea）的記載，約翰二書和約翰三書的地位在正典被確立之前是受到非議的。[7] 現代學者對於三卷書信是否同一人所寫，又或是否約翰福音的作者所寫，一直議論不休。[8] 至於約翰福音，反對的意見本來很少，但主要的見證人愛任紐宣稱帕皮亞認識作者使徒約翰，這說法遭到優西比烏挑戰。優西比烏認為帕皮亞只認識長老約翰，而使徒約翰另有其人。[9] 如此一來，愛任紐的可信性和約翰是否只有一人，都無從肯定了。誰是作者便成為學界的一件懸案。

8.1.2. 經文本身提供的內證

外證是一種歷史的研究，歷史不能重演，只能重繪，學者意見難免分歧。內證涉及的則是文學的分析，就是從書卷之間的異同去探討作者的問題。這本來也是見仁見智，難有定論的，但它畢竟有助剖析經文的特徵。這方面的討論，主要從文字和思想兩方面入手。[10]

文字方面，五卷著作的風格都顯然有共通之處。最明顯的一點是稱基督為「道」（*logos*），這是約翰著作的特點之一（約一 1；約壹一 1；啟十九 13）。[11] 此外，這組書經常出現下列字眼：「光」（*phōs*）、「真」（*alēthinos*）、「活」（*zaō*）、「生命」（*zōē*）、「得勝」(*nikaō*)、「見證」(*martyria, martyreō*)等。[12] 福音書和書信之間，更有不少共通的片語或句子，如「真理的靈」、「我們應當彼此相愛」、「住在愛裏面」、「聖靈作見證」等，過去已有不少學者悉心研究這一連串字句。[13] 至於句型和風格，幾卷書的句子都傾向於簡單和規律化，其希臘文帶有閃族語言的味道，[14] 所用的字彙亦比其他書卷少。這些文字和風格上的共通點，令學者相信這幾卷書在成書過程中有密切的關係。

另一方面，幾卷約翰著作在風格上亦存在著一些差別。歧異的地方，主要是約翰書信的用字比其他約翰著作更少，介詞(preposition)、質詞(particles)、複合動詞(compound verbs)等更絕無僅有，閃族語言的風格亦不多見；不過，由於約翰書信的篇幅頗為短小，有這個現象實在不足為奇。[15] 至於啟示錄相對於其他約翰著作的歧異，是早期教父丟尼修致力發掘出來的，包括希臘文文法不合規則、句型異乎尋常、有濃厚的亞蘭文色彩、某些字的寫法更與約翰福音有別等等。[16] 很多現代學者都採納丟尼修的論點，指啟示錄作者另有其人。[17] 然而，內證的衡量和外證一樣，是可以有不同的觀點角度的。維持傳統看法的學者，會考慮到這個組別的三種文學體裁——福音、書信和啟示文學，寫法各有不同，其中又以啟示文學的寫法最獨特，最易受希伯來風格影響；加上作者寫這幾卷書時的處境可能前後有異，就算是同一作者所寫，句法也可以有很大差別。[18]

論到約翰著作的思想和神學，當中一致與分歧之處，更是眾說紛紜。先看書卷之間的一致性。除了約翰三書因為處境不同而無從比較之外，其他幾卷都運用「二元」結構去帶出一些重要主題，亦不約而同地著重基督的身分，並且強調辨別信仰立場的重要性。較長的兩卷——約翰福音和啟示錄，更多處引用舊約的喻象，顯出基督是救恩的應驗，觀點十分一致。[19]

至於書卷之間的差別，約翰福音宣告神的愛，啟示錄宣告神的審判；約翰福音介紹創造和啟示的基督，啟示錄描述爭戰和得勝的基督；前者注重今世的救恩，後者注重末世的拯救。[20] 凡此種種，如果相信作者腦海中有一套整全的神學思想，是兼備兩方面信息的話，那麼便會認為兩書有可能是同一人所寫，否則便會認為它們是出自不同作者的手筆。約翰書信和約翰福音之間的對比亦一樣。曾有學者詳列兩書在教義上的不同之處，論證它們不是由一人所寫，例如，約翰福音強調信徒是屬基督的（約十 9，十五 5），約翰一書強調信徒是屬神的（約壹二 5，三 21，四 4）；前者的信心對象是基督本身，後者的關注卻是有關基督的正確信仰；前者不多提及主的再臨，後者卻十分強調主的再臨和審判的日子。[21] 這些論證雖然影響了學界的看法，也引起很大的回響，但未曾達致共識，因為它們看起來雖然有理，卻欠缺十足的説服力。[22] 再者，書信和福音書的處境前後各有不同，要解釋兩者之間的差別，不能只考慮作者的問題。

8.2 約翰著作背景的探索

8.2.1 啟示錄成書的時代和教會處境

啟示錄的處境似乎比其他約翰書卷較易理解。作者約翰在卷首即開宗明義説出讀者的情況：「……和你們在耶穌的患難、國度、忍耐裏一同有分……」（一 9）接著有七封信（二～三章）指出教會當時面對的問題，包括教會本身的軟弱及羅馬君王的逼迫。接下來的第四章，一直到書末，大部分都是以啟示文學的形式寫成，反映一種悲觀的處境，涉及的主題離不開逼迫、災難和爭戰，用意是鼓勵、安慰、警告那些讀這「預言」的人（二十二 6 ～ 7）。啟示錄有很多循環式的結構和含義豐富的喻象，惟因篇幅所限，在這裏不能詳細地從文學角度去分析，或探究其神學意義，只會集中討論歷史背景方面的課題，包括啟示錄於何地成書、何時成書、教會面對甚麼困擾和誰的逼迫等等。這樣的討論，主要是與整個約翰著作的組別有關：如果啟示錄確實是約翰的著作之一，它的背景和處境便可能與其他幾卷著作互有關連。

何地成書是最簡單的課題。按啟示錄一章 9 節，約翰是在拔摩島上看見異象的。拔摩是愛琴海一個九點七公里闊、十六點一公里長的小島，位於以弗所的西南約四十八點三公里，這與愛任紐說的成書地點——以弗所吻合。只是這個傳統觀點在近代學界已被視為傳說，因為作者是誰固然未有定論，約翰在晚年是否真的住在以弗所也是疑問。[23] 那又為甚麼說這是個簡單的課題？因為學界對此已不再多談；惟一有共識的是，收信的人是以弗所一帶、小亞細亞的教會。[24] 有關約翰著作整個組別的成書背景，有許多近代學者採納了「約翰社羣」（Johannine community）的理論，認為這五卷書雖然不一定是一個作者所寫，卻至少出於同一個羣體。[25] 問題是約翰社羣的所在地在哪裏；如果啟示錄是約翰著作之一，那麼最有可能的地方顯然是以弗所。[26]

至於處境的問題，我們可以從經文找到一些線索：獸像的敬拜（十三 11 ～ 17，十四 9 ～ 11 等）背後是羅馬君王的敬拜；「為耶穌作見證之人的血」（六 9，十七 6 等；又參二 13）代表基督徒在受逼迫；聖城的踐踏（十一 1 ～ 10）可能顯示聖殿尚未被摧毀；士每拿教會的成熟（二 8 ～ 11）和老底嘉教會的富有（三 17），似乎不是公元一世紀六十年代可以見到的現象。最耐人尋味的是那些影射羅馬君王的喻象：似乎受了死傷卻醫好了（十三 3）和六六六（十三 18），指的是尼祿嗎？那七頭十角上的王是歷史上的哪幾位王呢？這些喻象指的是甚麼，在當代可能不言而喻，眾人心知肚明；但時代一過，就變成謎語般，令人看不清是哪個年代的君王在迫害教會。一般而言，從早期教父到現代學者，大都認為這是指一世紀末的豆米仙（Domitian，公元八十一～九十六年），但亦有人認為是一世紀中葉的尼祿（Nero，公元五十四～六十八年）。誠然兩人都是暴君：豆米仙以「主、神」自居，曾在以弗所建廟接受膜拜，但歷史並沒記載他因而迫害基督徒；尼祿曾肆意迫害基督徒，但歷史也沒記載他強行下令國民敬拜君王。我們未能從歷史考證，確定啟示錄是早期還是晚期成書，是反映尼祿的迫害還是豆米仙的壓力。[27] 近代學者考慮成書的時間，已不再單從政治層面的歷史去考證，而是把啟示錄放在宗教思想發展的過程中來加以衡量，並且相信啟示錄在成書之前，已有傳統資料的存在。故此，背景的問題涉及另外兩種歷史研究向度：基督教思想發展的歷史、資料傳統的歷史。[28] 從事這些研究的學者一般都認為，啟示文學代表的那種末世觀，屬於基督教早期的思想，然而啟示錄卻很可能是在較晚時期，於豆米仙的年代完成的一本成熟的作品。[29] 如是者，傳統是早期的，成書卻是晚期的，也就是說，書卷的處境縱使是豆米仙時期的逼迫，經文卻是從早期傳下來的資料。

如果研究約翰著作的共同特徵，我們還要進一步看啟示錄七個教會所面對的地方性處境，包括內部出現危害信徒的教訓（二 2、6、14 ～ 15、20 ～ 21、24），以及外面遇到來自猶太人的壓力（二 9，三 9）。危害信徒的教訓，是亞細亞教會在希利尼文化宗教的衝擊下遇到的威脅，這些教訓逐漸發展為信仰上的異端。在啟示錄七封信看到的危害，可分教義和道德兩方面：前者有以弗所教會的「假使徒」，他們擾亂使徒的信仰（二2）；後者有別迦摩的「尼哥拉一黨」和假教師「巴蘭」，以及推雅推喇「耶洗別」一派，他們受異教風俗影響，認為信徒可以放心吃祭偶像之物和行淫（二14、20）。啟示錄針對這些危害，引用舊約一些人物的名字作為代號，以表明他們的問題就像舊約以色列人被異教引誘，犯罪觸怒神一樣嚴重。[30] 上述兩種由歪曲的教訓所引起的危害，也同樣出現在約翰書信的教會處境中。我們可在約翰一書看到，教義和道德這兩個元素構成了教會鑑別異端的主要準則。[31] 筆者不打算在此詳究這些異端是否同一性質，彼此又是否相關——那些認為啟示錄跟約翰書信有密切關係的學者，已為我們指出了當中的關連。[32]

至於猶太人對教會羣體所施加的壓力，除了啟示錄有提及外，根據學者的說法，約翰福音也有暗示，這或許亦是兩卷書相似的地方。所謂「自稱是猶太人，其實不是猶太人」（啟二9，三9），是指教會和猶太羣體之中存著某些敵視基督徒的猶太人，他們本身是猶太人，又或已歸化為猶太籍，卻不相信那位從猶大而出的彌賽亞，反倒毀謗那些相信彌賽亞的基督徒。[33] 按歷史的考證，這種情況不單見於士每拿和非拉鐵非，更是初期教會普遍經歷過的（參使徒行傳），是伴隨著教會與猶太會堂分離的過程而發生的現象。若分析寫給士每拿教會的信（啟二8～11），可看到緊隨著猶太人的毀謗（9節）而來的，是監牢的試煉和患難（10節）；我們有理由相信，猶太人的毀謗可能是導致教會受君王逼迫的前因。[34] 有學者甚至認為啟示錄所反映的逼迫，主要是猶太人透過地方官府作出攻擊，基督徒因而須面對監牢的試煉；至於由羅馬君王而來的大規模迫害，要等到豆米仙執政的後期才真正臨到。[35] 若是如此，猶太人的攻擊便確實是啟示錄寫作處境中的一件極關鍵事情。相關的問題是：約翰福音背後的教會羣體會不會與啟示錄的教會相似，兩者都經歷過或經歷著同樣的事情呢？

8.2.2 約翰福音的思想背景和教會處境

若不刻意研究，我們不會一下子看出約翰福音背後的教會處境，因為約翰福音記載的，不是教會的事情，而是耶穌基督，目的是「叫你們信耶穌是基督，是神的兒子……」（約二十31）然而約翰的記載卻十分獨特：每當提到敵擋耶穌的人，往往用上「猶太人」一詞，以致這名稱雖在其他福音書只出現了幾次，在約翰福音卻出現了六十多次。一個簡單的解釋是：約翰的讀者是外邦人，所以用上外邦人容易理解的詞彙，統稱耶穌的敵對者為猶太人。[36] 不過這個解釋在學界不能成立，因為：第一，從文學的角度理解，約翰福音的用詞並不籠統，「法利賽人」一名也出現二十次之多，並不下於對觀福音；我們相信「猶太人」縱使是統稱，也是別具含義的用詞。第二，若從歷史角度考慮，也不見得這卷書的對象只包括外邦人，至少外邦人不可能領會書中豐富的猶太思想。

至於約翰福音的歷史背景，包括成書日期及歷史可信性等問題，學者意見素來紛紜，累積的論著如汗牛充棟；但最奇怪的是，他們的主流見解在上兩個世紀曾出現峯迴路轉的變化。[37] 十九至二十世紀間，有許多學者認為約翰福音的思想背景屬希利尼文化，並且在書中找到與希利尼相仿的寫作風格，如光暗、生死等二元概念，從而力證這書是向外邦人傳福音的著作。[38] 然而，自死海古卷出土後，學者發現這些風格早就在猶太文獻中流傳，因此再也沒有人敢斷言約翰福音是以希利尼文化為寫作背景的。及至六十年代，一種「新看法」興起，將約翰福音判別為徹頭徹尾的猶太背景作品。[39] 現今的學者大都力持平衡，但猶太背景為主的看法，始終被認為較其他觀點合理。[40] 誠然，按傳統所說，約翰福音的成書地點是以弗所，但我們不能以此鑑定作者本身的思想背景，或甚至當地教會的思想背景，因為亞細亞的教會起初也是依附在散居各地的猶太羣體之中的（參徒十八 19，十九 8），直到聖殿被毀後（公元七十年），才逐漸脱離出來。我們從啟示錄看到，在這過程中，猶太人曾對教會諸多攻擊；不難想像，假如約翰福音是在相若的環境中寫成，便很有可能在字裏行間反映出對猶太人的敵意了。[41]

從文學角度分析，「猶太人」一詞的用法，除了代表敵擋耶穌的人，是否也影射成書處境中那些攻擊教會的猶太人？這個詮釋是否可信，視乎我們對「形式批判」的信心如何。[42] 熱中這門研究的學者認為，約翰福音提供的資料包括三個層面：一、有關耶穌的歷史；二、流傳下來的資料片段，即所謂的「形式」；三、促使資料匯集成書的教會處境。三者之中，教會處境是最主要的元素；至於歷史上的耶穌，可發掘的資料反而十分有限。[43] 在這個理念的帶動下，學者集中探討第二和第三個層面，即追溯約翰福音的資料來源及重構教會的處境。早期的形式批判大師布特曼（Rudolf Bultmann）便致力於前者的研究，重構資料的原有面目，且將經文分拆和重排。[44] 但近代學者的興趣已轉移到成書時的教會處境；上文提過的約翰社羣理論便是處境探討的成果。

重構約翰福音的教會處境，基本的方法是從約翰福音看出語帶雙關的內容。除了「猶太人」可能有弦外之音，另一值得注意的字眼是「趕出會堂」，出現於九章 22 節、十二章 42 節及十六章 2 節，顯示耶穌當時的門徒正面對被逐出會堂的壓力。

但有學者指出，因信耶穌而被趕出會堂應屬後期的事，是教會在公元七十年以後，受猶太人排擠，才開始有的經歷。這用語除見於約翰福音外，便沒有在其他文獻出現，相信是教會被逐出會堂後，才用於耶穌的記述中。[45] 自從有學者提出這樣的詮釋，學界開始相信，這書的背景，存在著猶太人和基督徒之間的爭議，以及前者對後者的敵對行動。然而，循這思路而刻意建構出來的整個處境，當中包括一些歷史細則，如公元八十五年後由猶太議會（Jamnia）發出的頒令及會堂中針對異端的信仰審問等等，始終屬於推論，學者並未取得共識。[46] 這裏説的歷史重構，除了講求技術性的批判分析，還得加上聯想式的文學推理。再舉例説明。書中記載了一些激烈的爭辯，一幕接一幕，以二人對話的方式編排在耶穌的神蹟之後（如約五、九章），只要用形式批判的方法加以分析，便會覺得這些對白的主角不只是耶穌和猶太人，更有成書時期的教會人物和猶太會堂的權威人士，一段接一段的對白，反映出他們之間的對峙與張力。[47] 我們覺得，這樣把用字和情節解釋為有弦外之意，可以是很主觀的判斷：作者既沒言明，一切便只能意會。因此，「雙關」的詮釋既似非而是，亦似是而非，很難為具體的重構提供充分的論證。[48]

進一步看，學者不單重構歷史的處境，更嘗試從經文的特徵，洞窺箇中的教會發展——這正是社羣理論背後的原理。[49] 這個理論結合了兩個層面的探討：教會處境的重繪和資料傳統的溯源（即前述的第三和第二個層面）。學者對此產生興趣，是因為在約翰福音中出現了不少「寫作接縫」，即是段落不銜接之處。此外，敍述性的段落有時又插入長篇的講話，造成各段風格不一，不像是出於一個人的手筆，倒像是集體創作的成果。[50] 很明顯，編寫的人手上有前人傳下來的文字資料。上文説過，布特曼致力重構原件，並嘗試把約翰福音的次序還原，但這路線已經沒落，近代的學者普遍肯定約翰福音的一致性。[51] 有人認為書中的資料是經長時間在同一羣體中流傳，然後再被重新編修的，因而形成了寫作的接縫，於是學者嘗試重構這個羣體的歷史，亦藉此追溯書中資料的傳統來源。據此重構出來的圖畫，這個羣體的發展可能分幾個階段：首先，有一羣猶太背景的信徒，他們從較為傳統的途徑認識基督的身分；然後，有一些信了基督的撒馬利亞人和外邦人加入這個羣體，他們注重基督的神性多於傳統的儀節（我們可以從約翰福音一至四章，以及書中為外邦讀者而寫的插句，看到他們的出現）。接下來，羣體的信仰遭到猶太人排斥，他們要離開會堂，約翰福音的初稿就在這個時候面世，成為羣體的神學典籍。到了第三個階段，羣體內部出現了思想上的分歧，產生異端，約翰書信因此寫成，約翰福音亦在此時有所修訂，留下編修的痕迹。最後，羣體終於分裂為二，形成二世紀的正統教會和諾斯底異端。這就是約翰社羣理論的概略。近幾十年來，這理論主導了學界的觀點。[52]

學者們都知道這個理論有很大部分是出於推測，但仍然贊同，理由何在？[53] 其一，約翰福音的經文的不銜接及一致性，以至約翰著作之間的異同，似乎都可以從一個社羣的發展找到解釋，這種解釋較布特曼的分拆和重排更有彈性，不致局限於文本的鑽研。[54] 至於將發展過程分為數個階段，雖然可靠性不高，卻很能滿足近代學者的興趣；我們可以再一次看到（特別是從上文提及的、這理論的最後一個階段），學者所揣摩的，已不是一般所理解的歷史，也不只是資料傳統的歷史，更同時是宗教思想的發展史：初期教會的神學是怎樣演進的？如何過渡到大公教會的正統信仰？這是學界一直以來關注的課題，甚至成為許多學者釋經時所採納的前提和脈絡。然而值得我們提高警惕的是：憑創意重構歷史，再用重構得來的推論去釋經，釋經結果與經文的原意可能謬之千里。[55]

8.2.3 約翰書信的教會處境和思想發展背景

社羣理論一旦變成了前提，近代出版的約翰書信註釋，便大多根據這個理論建構出書信成書時的教會處境。[56] 然而，按這個理論，約翰書信是寫於約翰福音之後的，但單是這一點便已是不能肯定的了。

我們最能夠肯定的是，約翰書信的經文有非常鮮明的「爭論」(polemic)主題(約翰三書除外，惟因篇幅所限，不能在此詳述)，這說明當時教會中已經出現了教義的分歧——同樣的處境，不那麼肯定可以在約翰福音重構。書信的內容顯示，當時有堪稱為「敵基督」的勢力在迷惑人(約壹二 18；約貳 7)，還有「假先知」引導人相信「謬妄的靈」(約壹四 1、6)。書中充滿爭辯性的句子，句型有以下幾種：

- 條件句(conditional)：「若……」(如約壹一 6、7、8)，出現約二十次，多是用來辨別真謬的；
- 指證句(identification)：「人若……」(如約壹二 4、6；約貳 11 節)，又或「凡……」(如約壹二 23、29；約貳 9 節)，出現約二十次，其作用是從人的行為或信仰去指出其真偽；
- 反襯句(antithetical)：至少出現十多次，將正反的教義或行為並排起來，以映襯出對錯(如約壹一 8、9，二 9、10；約貳 9 節)；
- 強調句(emphatical)：以動詞「曉得」或「知道」引入主句(如約壹三 14、15、16)，出現了好幾次，強化辨別真偽的句子的語氣。[57]

種種爭辯性的句子和內容遍佈全書，說明了書信的首要作用是辨別和爭論，其次才是牧養和勸告。[58] 我們相信書中許多道德性的、與愛心有關的內容，其作用都是為了辨別真偽，最終是要叫信徒不致被迷惑，確知自己「有永生」(約壹五 13)。

說到「爭論」背後的歷史和處境，學者的探討可以歸納為以下三個進路。第一個進路針對較為直接的歷史問題，那就是書中提及的錯謬是否已形成一個與教會路線不同的異端？若已成為異端，是否相當於二世紀的諾斯底主義，或一世紀末的克林妥(Cerinthus)教義？學者對上述問題大致上已取得共識：這些錯謬的教義在當時已凝聚成一股叛離的勢力，要從教會分別出來(約壹二 19)，這就是書中所指的末世性的假先知現象(約壹二 18，四 1)，相當於今天的所謂異端。至於能否確認這些異端是克林妥教義還是諾斯底主義？學者的共識則是否定的。按經文提供的資料，如否認耶穌是基督(約壹二 22)、否認耶穌基督是成了肉身來的(約壹四 2)等等，我們只能看到一個近似幻影說(Docetism)的雛形，卻很難進一步確定這是歷史中的哪一個異端。[59] 上述這些探討所涉及的，是經文本身的詮釋及經外歷史的參照，可算是比較傳統的歷史研究，但其達致的結論又比較中肯、可信，方法也較易掌握，是福音派學者普遍採用的進路。我們可在不少導論書籍中看到他們的見解。[60]

第二個進路，是以初期教會的宗教思想發展作為脈絡，嘗試鑑定約翰書信在神學演進過程中所站的位置。當學者們探討思想背景，想知道書信和福音書之間的成書先後，他們往往從神學形態去分析，看看兩卷書之中，哪一卷的神學思想比較成熟，哪一卷比較接近雛形。例如，約翰一書對「主的顯現」(*parousia*)存著殷切的期望(三 2)，且一再提及「敵基督」的出現(一 18、22，四 1～3)，故此它的末世觀是迫在眉睫的

（imminent），屬於宗教發展過程中的早期思想（primitive），相對於約翰福音「末世已臨」（present eschatology）的觀念，約翰一書可能是較早的寫作。再者，兩書的序言（約壹一 1～4；約一 1～14）都有「道」（*logos*）的教義，但約翰一書似乎不如約翰福音那麼詳盡、成熟，這又顯示出約翰一書可能比約翰福音更早成書。再舉另一例子。約翰一書的基督論看來不像約翰福音發展得那麼成熟——談到「在他裏面」或「在他面前坦然無懼」，「他」是指神而不是基督（約壹二 5，三 21，四 4，五 14；參約十四 6，十五 5）；談到基督的救贖，約翰一書採用的是類似保羅「挽回祭」（propitiation，參約壹二 2）的概念，屬早期的寫作方式，與晚期的約翰福音不同。凡此種種，都可以見到約翰一書的基督論較為質樸。如果嘗試從基督教思想發展的可能次序去推斷，書信的成書背景明顯比福音書為早。不過，這樣的推斷永遠只是一個可能性，因為論證都是可以反駁的，學者之間也未能取得共識。[61] 此外，我們也可以從不同的觀點去推算這個發展進程，例如，布特曼學派嘗試從正統神學的發展史去推斷，就認為書信所顯示的爭論方式，反映出一種晚期的、更接近大公教會的思想（ecclesiastical theology），而約翰福音則只在最後編修時加入第十五至十七章的資料，因而才出現類似的大公教會觀念。[62] 由此可見，用推論出來的宗教思想發展作為脈絡，評估兩書的先後，是難以達致肯定的結論的。

第三個進路是沿用社羣理論，以約翰社羣的發展歷史作為脈絡，由此進路理解書信的處境。其實，一直以來，認為約翰福音成書比書信為早的思想，在學界可謂根深柢固；因此，當宗教思想發展的理論興起，書信被認為是更「古樸」的，有學者解釋，這是因為兩書的作者不同所致，但卻未能解釋為何較晚成書的作品，竟比較早成書的更加古樸。[63] 學者惟有進一步從「資料傳統的歷史」去尋求答案。按社羣理論的解釋，約翰福音的爭論是針對羣體以外的對象（猶太人）而起的，這反映了教會較早時離開會堂的處境（第二階段），但約翰書信的爭論卻是針對羣體內部的光景（教義的分歧）而作出的，反映教會從會堂分離出來之後的紛爭（第三階段），所以書信完成的時間較晚；及後，書信在二世紀被大公教會接納為正統，其所排斥的則成為異端（第四階段）。至於為何後期成書的書信，比早期成書的福音書更為古樸，就不再是作者的問題，而是關乎資料傳統的運用與再用。按這理論所重構，約翰一書針對的錯誤教導，源於約翰福音的資料被人濫用，例如假教師濫用約翰福音，一面倒地強調「末世已臨」，於是變得放縱，正如約翰一書所指控的一樣。[64] 故此，書信用以駁斥的方法，就是訴諸約翰福音原來的教導，這便解釋了為何約翰一書有許多與約翰福音相似的地方，而且讀起來好像需要先讀過約翰福音才能明白——原因就在於約翰福音作為資料傳統的再用。此外，約翰一書又運用了一些更舊的材料，就是在社羣所累積的傳統資料中，採用一些較為早期的（an earlier stratum of Johannine thought），例如一些包括啟示文學語言（如「敵基督」）的末世觀，藉此向異見還擊。這種資料傳統的運用，恰好可以解釋為何書信的神學竟然那麼古樸，甚至比約翰福音尤甚。[65] 從上述的解釋可見，資料傳統的理論有時好比一服靈丹，能夠為推論出來的教會處境及神學思想史，補上一些非常完滿的答案。

要從約翰著作重構出一個社羣的歷史，實在需要很大的想像力，其猜測成分之高，是眾所周知的，但這理論在學界卻廣受接納，除了因為它能夠處理好書卷之間的關係，更因為背後的理念——思想發展史及資料傳統的歷史——已成為主流的研究方法。抱持這些理念的學者，已不再從經外的歷史（如諾斯底主義）去考證異端的性質，改而從約翰福音本身去作出推論或重構。

8.3 結語

現代聖經研究以理性為經，以歷史向度為緯，本已成為相當極端的一種傾向，但近年興起文學進路釋經，似乎要抗衡以往的傾向。[66] 近年由華人學者撰寫的約翰福音釋經作品，多數採用文學的進路。[67] 就是在西方學界，經過世紀以來的鑽研，就約翰福音背後的歷史而發表的理論，多得似乎令學者也感到吃不消，筆者相信以後的研究方向會稍見平衡。[68] 新約研究的巨擘之一——布朗（R. E. Brown），已將他的約翰福音導論重新修訂；我們在修訂本中可見到他簡化了以往的約翰社羣理論，並且鼓勵探究者尊重現存的文本。[69]

誠然，理性和歷史的研究往往令人感到枯燥，看不出其中的價值，遑論造就靈性，有助事奉。不過，如果渴望認識約翰著作的內容，上述的討論是不容迴避的挑戰。我們可以借助學者的論著，檢視自己對這些書卷的熟悉程度，繼而深化我們的理解，務求對經文掌握得更為透徹。我們不一定要同意學者的見解，但無論是反駁還是欣賞，總得經過自己的反思。聖經研究是靈性修養的一部分；我們的聖經知識若是紮實到可以判別、回應不同的觀點，對事奉必收事半功倍之效。

推薦書目

Bauckham, Richard. *The Theology of the Book of Revelation*. Cambridge: Cambridge University Press, 1993.（中譯：包衡。《啟示錄神學》。鄧紹光譯。香港：基

道出版社，2000。）這本小書看來平易近人，卻蘊藏著不少現代聖經研究的知識和觀點，足以顯示作者功力不凡。

Beale, G. K. "Introduction." In *The Book of Revelation*. Grand Rapids: Eerdmans, 1999. 此文附設於解經書內，是詳細的啟示錄導論。

Blomberg, Craig L. *The Historical Reliability of John's Gospel*. Leicester: InterVarsity Press, 2001. 此書為約翰福音的歷史可信性寫下註釋，是難得一見的護教式研究。

Brown, Raymond E. *An Introduction to the Gospel of John*. Edited, updated, introduced, and concluded by Francis J. Moloney. New York: Doubleday, 2003. 全面的、學術性的約翰福音導論。

Burge, Gary M. *The Anointed Community: The Holy Spirit in the Johannine Tradition*. Grand Rapids: Eerdmans, 1987. 作者逐一研究約翰著作中提及聖靈的經文，是一本有分量的著作。

Culpepper, R. Alan. *Anatomy of the Fourth Gospel: A Study in Literary Design*. Philadelphia: Fortress, 1983. 本書用文學進路的釋經法來分析「匠心獨運」的約翰福音，很富啟發性。

Dodd, C. H. *The Interpretation of the Fourth Gospel*. Cambridge: Cambridge University Press, 1953. 此書是二十世紀中葉的經典著作，為約翰福音的詮釋提出了突破性的見解。

Kysar, Robert. *John, the Maverick Gospel*. Rev. ed. Louisville: Westminster John Knox Press, 1993. 作者討論了幾個主要的約翰福音神學主題，見解獨到之餘，亦盡顯其學術素養。

Lindars, Barnabas, R. B. Edwards, and John M. Court. *The Johannine Literature*. Sheffield: Sheffield Academic Press, 2000. 本書由三位英國學者執筆，是簡潔可讀的約翰著作導論。

Marshall, I. Howard. "Introduction." In *The Epistles of John*, 9～49. Grand Rapids: Eerdmans, 1978. 本文報導約翰書信的現代研究概況，尤以約翰一書結構方面的研究，交代得最為清楚。

吳慧儀。〈末世論與約翰壹書背景的爭議〉，《中國神學研究院期刊》，第7期（1989年7月）：29～49。作者透過末世論的主線，洞窺錯綜複雜的約翰書信歷史探討。

註釋

1. 篇幅所限，約翰二書和約翰三書只能在文中簡略涉及。
2. 約翰福音和約翰書信的標題雖有「約翰」兩字，卻是後人加上的。這亦可算是外證之一。
3. Irenaeus, *Adversus Haereses* 3.1.1; 3.3.4. 詳情可參 Gary M. Burge, *Interpreting the Gospel of John* (Grand Rapids: Baker, 1992), 37 ~ 53。（中譯：伯奇：《詮釋約翰福音》，石彩燕、麥啟新譯〔香港：天道書樓，2001〕，頁 47 ~ 58。）
4. Irenaeus, *Adversus Haereses* 3.11.1; 3.16.3, 5. 詳情可參 Donald Guthrie, *New Testament Introduction* (Downers Grove, InterVarsity Press, 1900), 858 ~ 859, 880 ~ 882, 891 ~ 892, 932 ~ 935。
5. 前者可看上述伯奇（G. M. Burge）及古特立（Donald Guthrie）的意見，以及參 D. A. Carson, Douglas J. Moo, and Leon Morris, *An Introduction to the New Testament* (Grand Rapids: Zondervan, 1992)；後者可參 W. G. Kümmel, *Introduction to the New Testament* (Nashville: Abingdon, 1973)；R. Alan Culpepper, *The Gospel and Letters of John* (Nashville: Abingdon, 1998), 35 ~ 36；R. Alan Culpepper, "An Introduction to the Johannine Writings," in *The Johannine Literature*, ed. R. Alan Culpepper (Sheffield: Sheffield Academic Press, 2000), 14 ~ 16。
6. 如 Robert L. Thomas, *Revelation 1–7: An Exegetical Commentary* (Chicago: Moody, 1992), 2 ~ 11。
7. Eusebius, *Historia Ecclesiastica* 3.25.3.
8. I. Howard Marshall, *The Epistles of John* (Grand Rapids: Eerdmans, 1978), 31 ~ 32.
9. 帕皮亞提及「主的門徒」時，將約翰的名字列寫兩次（Eusebius, *Historia Ecclesiastica* 3.39.4.）。詳情可參 Marshall, *Epistles of John*, 42 ~ 43，或 Burge, *Interpreting the Gospel of John*, 45 ~ 52。（中譯：伯奇：《詮釋約翰福音》，頁 47 ~ 58）。
10. 這個區分首見於 C. H. Dodd, "The First Epistle of John and the Fourth Gospel," *Bulletin of the John Rylands University Library of Manchester* 21 (1937): 129 ~ 156。
11. 若沒有約翰福音的序言說明，讀約壹一 1 的人不一定知道這個字是指基督。然而，約壹一 1 的主題與約一 1 ~ 14 十分接近，若它們真的出自同一人的手筆，則兩處的「道」都是指基督。這是許多學者的見解。

12. 可參 Thomas, *Revelation 1–7*, 11 ～ 13；Guthrie, *New Testament Introduction*, 937。
13. 最初發起研究的是 A. E. Brooke, *A Critical and Exegetical Commentary on the Johannine Epistles* (Edinburgh: T & T Clark, 1912), i ～xix, 229 ～ 242；詳情可參 Marshall, *The Epistles of John*, 32 ～ 34；或 Raymond E. Brown, *The Epistles of John: A New Translation with Introduction and Commentary* (Garden City: Doubleday, 1982), 20 ～ 21, 759。
14. 即亞蘭文或希伯來文。有人猜測啟示錄起初是用亞蘭文或希伯來文寫成的，後來才翻譯為希臘文，但這說法在學界並未得到廣泛接納。
15. 參 Brown, *The Epistles of John*, 22 ～ 25；Marshall, *The Epistles of John*, 32 ～ 34；Culpepper, "An Introduction to the Johannine Writings," 18。持相反意見的有 Dodd, "The First Epistle of John and the Fourth Gospel," 130 ～ 141。
16. 如「耶路撒冷」，約翰福音用 *hierosolyma*，啟示錄則用 *hierousalēm*。
17. 參 Kümmel, *Introduction to the New Testament*, 470 ～ 472；Culpepper, "An Introduction to the Johannine Writings," 18 ～ 19；Marshall, *The Epistles of John*, 41 ～ 42, 44。
18. 參 Thomas, *Revelation 1–7*, 3 ～ 8；Carson et al., *An Introduction to the New Testament*, 470 ～ 472。
19. 詳情可參 Culpepper, "An Introduction to the Johannine Writing," 19 ～ 27；Guthrie, *INew Testament Introduction*, 938。
20. Carson et al., *An Introduction to the New Testament*, 470.
21. Dodd , "The First Epistle of John and the Fourth Gospel," 142 ～ 144. 筆者曾撰文指出杜特（C. H. Dodd；又譯「陶德」）對英語學界的影響，參吳慧儀：〈末世論與約翰壹書背景的爭議〉，《中國神學研究院期刊》，第 7 期（1989 年 7 月）：29 ～ 49。
22. 詳情可參 Marshall, *The Epistles of John*, 34 ～ 35。有關作者問題的其他討論，可參考同書頁 32 ～ 42 有關狄奔流（M. Dibelius）和龔色曼（H. Conzelmann）的見解。
23. 參 Guthrie, *New Testament Introduction*, 174 ～ 175。
24. 有關七個教會的史地，可參二十世紀初的學者藍偉廉（William M. Ramsay）的著作：*The Letter to the Seven Churches of Asia* (London: Hodder & Stoughton, 1904)；近代論著可參 Colin J. Hemer, *The Letters to the Seven Churches of Asia in Their Local Setting* (Sheffield: JSOT Press, 1986)。

25. 有關「社羣」(community)的理解，可參 Raymond E. Brown, *The Community of the Beloved Disciple: The Life, Loves, and Hates of an Individual Church in New Testament Times* (New York: Paulist, 1979)；至於「門派」(school)，可參 R. Alan Culpepper, *The Johannine School* (Missoula: Scholars, 1975)；有關「圈子」(circle)的理解，參 Oscar Cullmann, *The Johannine Circle* (Philadelphia: Westminster, 1976)。
26. 參 Brown, *The Community of the Beloved Disciple*, 66 ~ 67；此書作者並沒有把啟示錄界定為約翰的著作。他的社羣理論，主要是根據約翰福音和約翰書信來重構。
27. 詳情可參 Guthrie, *New Testament Introduction*, 948 ~ 962；Carson et al., *An Introduction to the New Testament*, 473 ~ 476；Ruth B. Edwards, "Revelation," in *The Johannine Literature* (Sheffield: Sheffield Academic Press, 2000), 284 ~ 291。其中以卡森(D. A. Carson)的剖析最為精簡。
28. 前者即"history of (Christian) religion"，後者即"tradition history"，探討經文資料的流傳，與來源批判(source criticism；或譯「溯源批判」)和編修批判(redaction criticism)關係密切。
29. 參 Edwards, "Revelation," 290；Brown, *The Community of the Beloved Disciple* 138, n. 264。
30. 個別異端的考究，可參 Thomas, *Revelation 1–7*, 147 ~ 150, 188 ~ 194, 213 ~ 218；G. K. Beale, *The Book of Revelation* (Grand Rapids: Eerdmans, 1999), 148 ~ 150。
31. 約翰福音的處境也有同樣的問題嗎？贊同社羣理論的學者認為福音書和書信是先後在同一個羣體中寫成的，這在福音書已可看到端倪。參 Brown, *The Community of the Beloved Disciple*, 109 ~ 144。
32. 例如，啟示錄把耶洗別的黨羽稱為「兒女」(《和合本》譯作「黨類」，見啟二23)，跟約翰二書把教會稱為「蒙揀選的太太的兒女」，原理是一樣的，是舊約把以色列比喻為女子的用法，參 Beale, *The Book of Revelation*, 260 ~ 261。兩書的風格至少在這個用法上相同。
33. 有人將猶太人解釋為基督徒，將那些「自稱是猶太人」又「其實……不是」的(啟二 9)理解為虛假的基督徒，但這個解釋難以成立。參 Thomas, *The Book of Revelation 1–7*, 165。
34. 基督教本被視為猶太宗教，與其他猶太人一樣可獲豁免，不必敬拜君王，但猶太人的毀謗導致教會失去這豁免權，因而招來牢獄之苦。參 Beale, *The Book of Revelation*, 240。

35. 贊成「未來派」釋經的學者，更認為啟示錄四章以後的嚴厲逼迫純屬預言。參 George E. Ladd, *A Commentary on the Revelation of John* (Grand Rapids: Eerdmans, 1972), 9；Glen W. Barker, W. L. Lane, and J. R. Michaels, *The New Testament Speaks* (New York: Harper & Row, 1969), 368～369。另參 Michael Wilcock, *The Message of Revelation* (Downers Grove: InterVarsity Press, 1975), 22。
36. 有人因而認為約翰福音存著所謂「反猶太主義」的觀念，但這個看法顯然流於偏激及有偏差，相關的討論可參 D. Rensberger, "Anti-Judaism and the Gospel of John," in *Anti-Judaism and the Gospels*, ed. W. R. Farmer (Harrisburg: Trinity Press International., 1999), 120～157。
37. 簡介可見於 M. Silva, "The Present State of Johannine Studies," in *The Gospels Today: A Guide to Some Recent Developments,* ed. J. H. Skilton (Philadelphia: Skilton House, 1990), 114 ～ 122；Burge, *Interpreting the Gospel of John*, 15～35。（中譯：伯奇：《詮釋約翰福音》，頁 11～36。）
38. C. H. Dodd, *The Interpretation of the Fourth Gospel* (Cambridge: Cambridge University Press, 1953).
39. 強調其希利尼影響而又承認猶太背景的有 C. K. Barrett, *The Gospel According to St. John: An Introduction with Commentary and Notes on the Greek Text*, 2nd ed. (Philadelphia: Westminster, 1978)。新看法（The New Look）則見於 John A. T. Robinson, *Twelve New Testament Studies* (Naperville: A. R. Allenson, 1962)。
40. 對學界影響最大的是 Raymond E. Brown, *The Gospel According to John I–XII: A New Translation with Introduction and Commentary* (Garden City: Doubleday, 1966)；另參 John Ashton, *Understanding the Fourth Gospel* (Oxford: Clarendon, 1993), 101～111。
41. 有關約翰福音的目的地和對象，參 R. E. Brown, "The Destination and Purpose of the Fourth Gospel," in *The Gospel According to John I–XII*, lxii ～ lxix。
42. 參 D. A. Carson, *The Gospel According to John* (Grand Rapids: Eerdmans, 1991), 41～45。
43. Brown, *The Community of the Beloved Disciple*, 17～18.
44. Rudolf K. Bultmann, *The Gospel of John: A Commentary*, trans. G. R. Beasley-

Murray (Philadelphia: Westminster, 1971), vii ～ xii, 10 ～ 11. 布特曼的分析可見於 D. Moody Smith, *The Composition and Order of the Fourth Gospel: Bultmann's Literary Theory* (New Haven: Yale University Press, 1965)。另一位追溯原始資料的學者是霍能博（Robert T. Fortna），見氏著：*The Gospel of Signs* (Cambridge: Cambridge University Press, 1970)。

45. 這是馬天樂（J. Louis Martyn）所做的研究，見氏著：*History and Theology in the Fourth Gospel* (New York: Harper & Row, 1968; rev. ed., Nashville: Abingdon, 1979)；此書被譽為「自布特曼的註釋以來最重要的著作」，參 Ashton, *Understanding the Fourth Gospel*, 107 ～ 109。

46. Martyn, *History and Theology in the Fourth Gospel*, 42 ～ 62. 另參Guthrie, *New Testament Introduction*, 345 ～ 346；Carson, *The Gospel According to John*, 83 ～ 84, 367 ～ 372。

47. Martyn, *History and Theology in the Fourth Gospel*, 18 ～ 36, 69 ～ 73.

48. 按馬天樂的詮釋，約翰福音的作者以自己當代的神學為重，所寫的耶穌歷史不一定有真確性；這是許多學者，特別是福音派學者所不同意的。參 Barrett, *The Gospel According to St. John*, 139；Carson, *The Gospel According to John*, 371；Guthrie, *New Testament Introduction*, 345。

49. 論者除了古爾曼（O. Cullmann）和寇畢柏（R. Alan Culpepper，見本章註 25），還有影響至巨的布朗（R. E. Brown），其論述見於 *The Gospel According to John I–XII* 和 *The Community of the Beloved Disciple* 二書。其他論者的名單可見於 R. Alan Culpepper, "The Quest for the Johannine School," in *John, the Son of Zebedee: The Life of a Legend* (Edinburgh: T & T Clark, 2000), 307 ～ 313；比較 Stephen S. Smalley, *John: Evangelist and Interpreter* (Exeter: Paternoster, 1978), 145 ～ 148。

50. 例如第五章和第六章好像倒轉了：第四章結束時耶穌在加利利，與第六章銜接；第五章卻提到耶穌在耶路撒冷遇到對抗，與第七章銜接。詳情可參 Burge, *Interpreting the Gospel of John*, 63 ～ 66, 69 ～ 72。（中譯：伯奇：《詮釋約翰福音》，頁 70 ～ 74，78 ～ 82。）

51. 參艾書敦（John Ashton）對布特曼的正面評價（*Understanding the Fourth Gospel*, 44 ～ 66）——現在的學者既做不到、亦不會再去做布特曼所做的研究。

52. 這是從布朗的論著撮要而成的，詳見 Burge, *Interpreting the Gospel of John*,

72 ～ 74。(中譯：伯奇：《詮釋約翰福音》，頁 82 ～ 84。)

53. 參本書註 49。按布朗本人估計，他的理論所包括的推測，頂多只有六成可以得到學界的認同，見 Brown, *The Community of the Beloved Disciple*, 7。

54. 艾書敦認為布特曼的分析做得已夠透徹 (Ashton, *Understanding the Fourth Gospel*, 45)，但筆者認為這同時是他的局限。

55. Brevard S. Childs, *The New Testament as Canon: An Introduction* (Philadelphia: Fortress, 1984), 482 ～ 485, cited in Carson et al., *An Introduction to the New Testament*, 457.

56. 如 Brown, *The Epistles of John*；Stephen S. Smalley, *1, 2, 3 John* (Waco: Word, 1984)；Culpepper, *The Gospel and Letters of John*。

57. 在約翰一書中可見到各類句型此起彼落，間接令經文看來好像有不同的段落。參 P. R. Jones, "A Structural Analysis of 1 John," *Review and Expositor* 67 (1970): 433 ～ 444。

58. 有學者則相信主要的作用是勸告而不是爭論，但此說論證甚弱，參 Carson et al., *An Introduction to the New Testament*, 452。亦有人認為錯謬的教義源於屬靈的恩賜在教會中被誤用，此說則有待重構，參 Gary M. Burge, *The Anointed Community: The Holy Spirit in the Johannine Tradition* (Grand Rapids: Eerdmans, 1987), 41 ～ 45。

59. 有關學者為辨認這異端所作的建議，可參 Marshall, *The Epistles of John*, 14 ～ 22。

60. Marshall, *Epistles of John*。另參 Kümmel, *Introduction to the New Testament*, 440 ～ 442；Carson et al., *An Introduction to the New Testament*, 452 ～ 455；Guthrie, *New Testament Introduction*, 864 ～ 868。

61. 持相反意見的學者很多，主要理據是約翰一書的內容似乎假設已有約翰福音的存在。參 Brooke, *A Critical and Exegetical Commentary on the Johannine Epistles*, xix ～ xxvii；Kümmel, *Introduction to the New Testament*, 444。雙方的論證亦見於 Guthrie, *New Testament Introduction*, 877 ～ 879；Brown, *The Epistles of John*, 32 ～ 35。

62. 參 J. Becker, "Die Abschiedsreden Jesu im Johannesevangelium," *Zeitschrift für die neutestamentliche Wissenschaft* 61 (1970): 215 ～ 246, cited in Marshall, *The Epistles of John*, 39。

63. C. H. Dodd, *The Johannine Epistles* (London: Hodder & Stoughton, 1946), lv；

Dodd, " The First Epistle of John and the Fourth Gospel, " 155, 引自吳慧儀：〈末世論與約翰壹書背景的爭議〉，頁 34。

64. Brown, *The Community of the Beloved Disciple*, 109 ~ 144. 有關末世觀的討論，參頁 135 ~ 138。

65. Brown, *The Epistles of John*, 92 ~ 100. 他在前一本書（*The Community of the Beloved Disciple*）只提到書信的處境中有錯誤的末世觀要糾正，在後來的著作中（*The Epistles of John*）則加插資料傳統的解釋，參該書頁 99 ~ 100。

66. 有關約翰福音的文學釋經方法，可參 R. Alan Culpepper, *Anatomy of the Fourth Gospel: A Study in Literary Design* (Philadelphia: Fortress, 1983)。

67. 中文著作可參孫寶玲：《約翰福音文學註釋》（香港：天道書樓，2001）；曾思瀚：《歷久常新的生命故事：約翰福音人物研究》（香港：基道出版社，2006）。

68. 昔日一些採用這些主流方法的學者，如凱沙（R. Kysar）等，已開始對以往的理論表示較多的保留，對新近興起的文學釋經則透露更大的興趣；見 John Ashton, *Understanding the Fourth Gospel*, 2nd ed. (Oxford: Oxford University Press, 2007), 22, quoting R. Kysar, " The Whence and the Whither of the Johannine Community, " in J. R. Donahue, ed., *Life in Abundance: Studies of John's Gospel in Tribute to Raymond E. Brown, S. S.* (Collegeville: Liturgical, 2005), 76。

69. R. E. Brown. *An Introduction to the Gospel of John*, ed. F. J. Moloney (New York: Doubleday, 2003), 4 ~ 6.

第9章 保羅書信

黃浩儀

9.1 作者問題

9.2 成書次序

9.2.1 帖撒羅尼迦前書

9.2.2 哥林多前書

9.2.3 哥林多後書

9.2.4 羅馬書

9.2.5 帖撒羅尼迦後書

9.2.6 加拉太書

9.2.7 監獄書信

9.2.7.1 腓立比書

9.2.7.2 歌羅西書、腓利門書

9.2.7.3 以弗所書

9.2.8 提摩太前書、提摩太後書、提多書

9.2.8.1 提摩太前書

9.2.8.2 提摩太後書

9.2.8.3 提多書

9.2.9 小結

9.3 寫作目的和中心思想

9.3.1 帖撒羅尼迦前書、帖撒羅尼迦後書

9.3.2 加拉太書

9.3.3 哥林多前書

9.3.4 哥林多後書

9.3.5 羅馬書

9.3.6 腓立比書

9.3.7 歌羅西書

9.3.8 腓利門書

9.3.9 以弗所書

9.3.10 教牧書信

9.3.10.1 提摩太前書、提多書

9.3.10.2 提摩太後書

9.4 總結

9.1 作者問題

按照教會傳統，新約聖經從羅馬書到腓利門書共十三封書信，都是由保羅分別寫給各地教會，幫助信徒面對來自各方面的、對信仰和生活的挑戰。

自十八世紀以來，學者一直研究保羅是否這十三封信的真正作者。經歷了超過一個世紀的討論，今天的學者一致確認羅馬書、哥林多前書、哥林多後書、加拉太書、腓立比書、帖撒羅尼迦前書和腓利門書等七封書信是出自保羅的手筆。但學者對以弗所書、提摩太前書、提摩太後書和提多書卻有完全不同的看法，只有少數學者相信保羅是這四封書信的作者。至於歌羅西書和帖撒羅尼迦後書，雖然有較多學者相信它們是出自保羅的手筆，但在比例上始終只佔少數。以歌羅西書為例，接受和反對保羅是該書作者的學者，簡單來說，可看作四和六之比，因此，接受保羅寫歌羅西書的學者仍不過半數。

值得我們留意的是，個別學者對「出自保羅手筆」有不同的理解：既可以狹義地指整卷書由保羅親手寫成，亦可以廣義地指書信的主要內容來自保羅，書信本身，卻是保羅的門徒在他死後按照他的思想模式和手法編輯而成的。因此，論到保羅書信的作者是否保羅的問題時，我們不能單看學者的表面立場，也要同時掌握其對「出自保羅手筆」一語的定義。

我們並不反對較廣義地去界定「出自保羅手筆」的意思，但在本文中，我們寧願採納較狹窄的定義，避免產生不必要的混亂。至於這十三封書信是否出自保羅之手，其實是十分複雜的問題，不可能在這篇文章中處理清楚。特別是以弗所書和俗稱「教牧書信」的提摩太前書、提摩太後書及提多書，信中帶著保羅的信息，是無可置疑的，但信中又夾雜著不少資料，是令人懷疑是否出於保羅的。這些資料包括了用字和造句不同，以及神學思想的差異等，很多學者基於這些不同和差異，便下結論說這幾封書信不可能與羅馬書等書信是來自同一人的手筆，因此作者絕對不可以是保羅，但其餘的學者則認為這些不同和差異沒有甚麼大不了，時間、環境和對象的不同都會導致這些差異出現。此外，這些差異也可能因為保羅用不同的人當書記而做成，故此不能作為證據，證明保羅並不是這些書信的作者。筆者認為，語言和思想的差異雖然不是鐵一般的證據，但我們也不能漠視，所以對以弗所書、歌羅西書、帖撒羅尼迦後書和三封教牧書信的作者問題，我們應該抱持開放的立場。本篇文章會稱保羅為全部十三封書信的作者，這做法是出於方便之故，因為我們相信這是大部分讀者所持的立場。但正如上文所述，我們對其中六封信的作者是否保羅是持開放態度的。

9.2 成書次序

新約聖經是按照多個不同原則來排列保羅書信的，這些原則包括收信者的身分和書信的長度。我們可以看見寫給教會的信放在前面，寫給個別人士的信在後面，而給同一收信者的信會集合在一起。此外，字數最多的羅馬書和字數最少的腓利門書，分別放在最前和最後。所以，保羅十三封書信成書日期的先後次序，是不能根據聖經中的排列次序來決定的。我們必須從書信的內容下功夫，才能找到答案。

在這十三封保羅書信中，有四封提及保羅寫信的背景，因此我們可以較準確地找出它們的寫作時間和地點。餘下的書信，雖然大部分都有提及寫作的背景，但信中的資料卻可以有不同的解釋，難以確定成書的年份和地點。我們會先討論學者有一致意見的四封書信，然後才按次序討論餘下的九封書信。

9.2.1 帖撒羅尼迦前書

三章 1 至 6 節記載保羅剛離開帖撒羅尼迦，到達雅典，而他差派回帖撒羅尼迦幫助當地信徒的提摩太，亦已回到他身邊，向他報告帖撒羅尼迦教會的近況。保羅聽後，感到要再次勉勵和教導當地信徒，就在這樣的情況下寫成了帖撒羅尼迦前書。將這段經文與使徒行傳十七章 10 節至十八章 5 節比較，雖然在細節上有不少出入，但毫無疑問，兩段經文記載的應該是同一事件。因此，我們可以把帖撒羅尼迦前書的寫作日期，放在保羅第二次宣教旅程；成書的地點，應該是哥林多（帖前三 6；徒十八 1～5）。

9.2.2 哥林多前書

保羅在十六章 8 節告訴哥林多信徒他當時住在以弗所，正計劃往馬其頓去，此外亦提到他正在收集捐款，準備送往耶路撒冷（十六 3）。因此哥林多前書應該是在保羅第三次宣教旅程中寫成，亦即使徒行傳十九章 1 至 22 節所記載，當他在以弗所停留的那段日子。

9.2.3 哥林多後書

保羅在七章 5 至 16 節與讀者分享他在馬其頓受到困擾，以及談到提多從哥林多帶回令人安慰的消息。使徒行傳二十章 1 節告訴我們，保羅離開以弗所後，又到過馬其頓，所描述的情況正好與這兒七章 5 至 16 節的記載吻合，所以我們相信哥林多後書是保羅在第三次宣教旅程中於馬其頓寫成的。

9.2.4 羅馬書

保羅在十六章 1 節舉薦堅革哩教會的女執事非比給羅馬教會，堅革哩剛好位於哥林多附近。此外，保羅在十六章 23 節代該猶向羅馬信徒問安，所以我們估計保羅當時是與他在一起的；而哥林多前書一章 14 節亦有提及該猶，顯示他是哥林多教會的會友。由此看來，羅馬書的成書地點應該是在哥林多。最後，十五章 25 至 26 節告訴我們，保羅已收集好各地教會的捐獻，正要出發往耶路撒冷，這與使徒行傳二十章 2 至 3 節記載保羅在希臘住了三個月，互相吻合，所以羅馬書應該是在保羅第三次宣教旅程的後期成書的。

9.2.5 帖撒羅尼迦後書

根據帖撒羅尼迦前書和帖撒羅尼迦後書所描述的教會情況，我們相信這兩封信的寫作日期十分接近，因此，我們可以把帖撒羅尼迦後書看為保羅第二次宣教旅程的作品，成書地點相信也是哥林多。至於兩書的先後次序，有部分學者認為應該是後書在前，前書在後，因為按照教會的情況和發展看來，這個次序較合常理。上述理論涉及很多細微的論據和假設，不可能在本文有限的篇幅詳細討論，但筆者可以指出的是，持這理論的學者並不多。再者，這兩封信實質上是同期的作品，所以它們成書的先後對我們的討論影響不大。總括來説，我們相信保羅在帖撒羅尼迦前書二章 17 節至三章 10 節所説的話，應該是他第一次寫信給帖撒羅尼迦教會時所説的，而帖撒羅尼迦後書二章 15 節所提及的信件，很可能是指帖撒羅尼迦前書，因此我們接納傳統的看法，維持帖撒羅尼迦前書在前，帖撒羅尼迦後書在後。

9.2.6 加拉太書

關於加拉太書的寫作時間，我們要留意以下幾點：

一、不少學者相信四章 13 節「頭一次傳福音給你們」是指保羅在撰寫加拉太書期間，曾經兩次到過加拉太。

二、部分學者認為新約時期的加拉太是一個地理區域，指小亞細亞以北的加拉太古國，這理論被稱為北加拉太理論。保羅在第二次宣教旅程中曾經到過此地（徒十六 6），而第三次宣教時又再探訪當地信徒（徒十八 23）。不過，加拉太也可以是一個行政省份，指安提阿、以哥念、路司得和特庇一帶的地方，這理論稱為南加拉太理論。保羅在第一次宣教旅程中，曾在這些地方建立教會（徒十三 14～十四 23），在第二次宣教時，亦曾經路過（徒十六 1）。

三、保羅在二章 1 至 10 節提及他信主後第二次探訪耶路撒冷教會，與雅各、彼得和約翰討論外邦信徒是否需要接受割禮的問題。如果我們將這段記載與使徒行傳的記載比較，便會看到兩個可能性。部分學者把加拉太書的記載，與使徒行傳十五章 1 至 21 節保羅第三次到訪耶路撒冷，出席耶路撒冷會議一事並列；但亦有學者認為，加拉太書二章 1 至 10 節，與使徒行傳十一章 27 至 30 節保羅第二次到耶路撒冷，把安提阿信徒的捐款帶到耶路撒冷一事，有很密切的關係。

讀者或許已經察覺到，上列三點直接影響我們對加拉太書寫作時間的看法。假若我們接納南加拉太理論，並且把二章 1 至 10 節連於使徒行傳十一章 27 至 30 節，則加拉太書便是在保羅第二次宣教旅程途中所寫的，成書時間比帖撒羅尼迦前書還要早。問題是，加拉太書記載的是會議，使徒行傳卻只記載攜帶捐款一事。如果我們採納北加拉太理論，把二章 1 至 10 節與使徒行傳十五章 1 至 21 節連起來，則加拉太書應該是保羅在第三次宣教旅程中寫成的。不過，這樣做，北加拉太理論也要處理另一個問題：二章 1 至 10 節是記載保羅第二次到訪耶路撒冷，但使徒行傳十五章 1 至 21 節記載的，卻是他第三次到訪。

為了使讀者易看易明，我們表列如下：

	加拉太書	使徒行傳
保羅在大馬士革的經歷	1:16	9:3～9
保羅上耶路撒冷見使徒	1:18	9:26～29
保羅和巴拿巴帶捐款上耶路撒冷		→11:27～30
保羅和巴拿巴上耶路撒冷討論割禮*	→2:1～10	15:1～21

*箭號表示保羅和巴拿巴上耶路撒冷討論割禮，可以解釋為等同徒十一 27～30 的記載，也可以解釋為等同徒十五 1～21 的記載。

我們在本文接納大多數學者的看法，對使徒行傳記載的時間和歷史準確性持較寬鬆的解釋。我們相信加拉太書並不是現存保羅的第一封信；這封信應該是寫於第三次宣教旅程，與哥林多前書、哥林多後書和羅馬書屬同時期作品。

初步解決了加拉太書的寫作時間後，進一步要處理的是這封信與哥林多前書、哥林多後書和羅馬書的關係。雖然沒有學者把加拉太書的完成時間放在羅馬書之後，但卻有學者認為，加拉太書是在哥林多前書之前寫成的。此外，亦有學者把它放在哥林多前書、哥林多後書之間；更有學者認為在哥林多後書與羅馬書之間，才是加拉太書的成書時間。我們相信，加拉太書的成書時間，距羅馬書有一段較長的時間，因為兩卷書的思想脈絡有明顯的區別，故此兩者的成書時間應該相距一段日子。此外，保羅在哥林多前書十六章 1 至 4 節，提及他安排加拉太教會參與對耶路撒冷信徒的捐獻，但我們在加拉太書完全找不到呼籲信徒捐獻的資料，因此，這些安排可能是保羅完成加拉太書後才向信徒提出的。換句話說，加拉太書應該是在哥林多前書之前寫成。在現存保羅的書信中，它是保羅在第三次宣教旅程中所寫的第一封信。

9.2.7 監獄書信

腓立比書與以弗所書、歌羅西書和腓利門書，合稱「監獄書信」。按照使徒行傳的記載，保羅曾經在凱撒利亞和羅馬坐牢（徒二十三 23 ～二十八 30）。此外，他在腓立比也曾被囚禁了一晚（徒十六 23 ～ 40），不過，只一個晚上，應該沒有足夠時間寫信給遠方的教會。按照保羅的陳述，他曾多次坐牢（林後十一 23），所以學者普遍認為他在以弗所也曾被關在牢中，因為保羅第三次宣教旅程以以弗所為基地，在當地停留了三年多（徒二十 31）。由此而論，以弗所、凱撒利亞和羅馬均有可能是監獄書信的寫作地點。根據這些地點再作推論，假設保羅是在凱撒利亞或羅馬寫監獄書信的話，這些書信便是寫於使徒行傳二十三章以後的一段日子，屬於保羅後期的作品，但如果保羅在以弗所寫監獄書信，則這四封書信是保羅在第三次宣教旅程時寫給教會的信，與加拉太書、哥林多前書、哥林多後書和羅馬書屬同時期作品。

值得一提的是，腓立比書、以弗所書、歌羅西書和腓利門書雖然合稱為監獄書信，但並不表示它們是在同一時期寫成的，保羅可能是在不同的監獄裏寫下不同的書信。

9.2.7.1 腓立比書

我們基於下面三點，相信腓立比書是保羅在羅馬的時候寫成的：

一、一章 13 節的「御營全軍」，較準確的翻譯是「宮裏的衛隊」(《聖經新譯本》)，這顯示保羅當時很可能在首都羅馬。

二、在四章 22 節，與保羅一起向腓立比教會問安的人，包括了「凱撒家裏的人」。雖然凱撒家裏的人可以在任何地方出現，但在羅馬遇到他們的機會，比在其他地方更大。

三、保羅在獄中仍可接觸其他信徒及向人傳福音，相信並不是一般囚犯經常會遇到的機會，但卻與使徒行傳二十八章 16 節及 30 至 31 節所載保羅在羅馬監房中的境況相同。

既然腓立比書是保羅在羅馬被囚時所寫的書信，這封信的寫作年份便是在羅馬書之後，屬於保羅較後期的作品。

9.2.7.2 歌羅西書、腓利門書

基於下列原因，我們相信歌羅西書和腓利門書是同時期的作品：

一、兩封書信的發信人都加上了提摩太的名字。此外，歌羅西書四章 10 至 14 節記載亞里達古、馬可、耶數(即猶士都)、以巴弗、路加和底馬這六個名字；保羅代他們問候歌羅西教會。六人之中，除了耶數之外，其餘五人的名字都在腓利門

書 23 至 24 節出現（向腓利門等人問安）。可見保羅寫這兩封信的時候，圍繞在他身旁的應是同一羣人。

二、腓利門書的收信人之一——亞基布，在歌羅西書四章 17 節再次出現，顯示當時腓利門很可能住在歌羅西。

三、保羅在腓利門書 12 節說要打發阿尼西謀回腓利門身邊。在歌羅西書四章 9 節，保羅同樣說要打發阿尼西謀到歌羅西，並且表示他原本就是住在歌羅西的。

回到寫作日期和地點的問題。首先，歌羅西與以弗所相距不過百多公里，歌羅西與羅馬卻相距二千公里之遙。阿尼西謀選擇逃往歌羅西，比選擇逃往羅馬更合情理，因此不少學者相信，保羅是在以弗所寫歌羅西書和腓利門書的。不過，在歌羅西書四章 14 節和腓利門書 24 節出現的路加，並沒有在以弗所跟保羅在一起。相反，他與保羅一起前往羅馬，因此若把歌羅西書和腓利門書的寫作地點看作是以弗所，便與保羅在使徒行傳的行蹤不協調。我們相信保羅寫這兩封信時，正在羅馬坐牢，理由除了如上文所說，保羅在羅馬的時候路加是與他在一起，此外也因為保羅是在被囚期間把福音傳給阿尼西謀的，所以他說阿尼西謀是他「在捆鎖中所生的兒子」（門 10 節）；我們亦相信阿尼西謀當時並沒有坐牢，否則他便會被送回歌羅西。一般來說，能夠在獄中自由傳福音的機會不多，因此我們推想，與腓立比書的情況一樣，保羅是在羅馬的獄中寫成歌羅西書和腓利門書兩封書信，因此它們也是保羅較後期的作品。

9.2.7.3 以弗所書

與其他十二封書信相比，以弗所書獨特的地方有下列三方面：

一、學者一致相信，原稿一章 1 節沒有「在以弗所」一語。這應該是後來抄寫聖經的信徒自行加上的。

二、使徒行傳記載保羅在以弗所居住了三年多，應該與當地信徒相熟，但保羅在以弗所書卻沒有提及個別信徒的名字，向他們問安。

三、以弗所書與保羅其他書信不同，既沒有清楚記載寫作的原因，也沒有對應教會的處境，給予信徒適切的教訓。以弗所書提供的是普遍性的教導，對救贖真理作出整體性的闡釋。

支持以弗所書是保羅所寫的學者，為了合理地解釋這三個問題，大都假設以弗所書之所以與其他保羅書信不同，是由於這並不是一封寫給某間教會的信，要特地處理該教會所面對的困難，而是一封旨在讓不同教會傳閱的信函，因此沒有持定的收信對象，內容也只是一般性的教導。

假如我們接受以上的推論，我們便可以進一步推算以弗所書的寫作日期。基於六章 21 節提到推基古帶著這封信到訪不同教會，而推基古又是把歌羅西書帶給歌羅西教會的人（西四 7），因此這兩封信應該是同期的作品。換句話說，如果以弗所書是保羅親手寫的話，它便應該是保羅在羅馬被囚時寫給各教會，供各教會傳閱的信。令人費解的是，既然以弗所書與歌羅西書是同時期的作品，帶信人也相同，傳閱的教會自然也是歌羅西附近的教會；此外，嚴格來說，歌羅西書也是一封給不同教會傳閱的信件（西四 16），而兩封信的內容亦十分相似，那麼保羅為甚麼要在歌羅西書之外，另寫一封以弗所書給附近的教會呢？到目前為止，學者對此仍沒有答案。這些未能解答的問題提醒我們：雖然經過了二千年不斷的研究，我們仍然未能透徹了解保羅書信。

9.2.8 提摩太前書、提摩太後書、提多書

提摩太前書、提摩太後書和提多書，統稱「教牧書信」。與

上述其他書信不同，這三封信所提及有關保羅的行程和逗留的地方，都無法與使徒行傳的記載相配合。現簡述如下。

9.2.8.1 提摩太前書

保羅在一章 3 節說他從以弗所到馬其頓的時候，把提摩太留在以弗所。但按照使徒行傳的記載，當保羅離開以弗所往馬其頓去的時候，並沒有把提摩太留在以弗所，而是先差遣提摩太和以拉都前往馬其頓（徒十九 21～22）；接下來，提摩太很可能與他在馬其頓會合（林後一 1），之後再一同前往耶路撒冷（徒二十 4）。

9.2.8.2 提摩太後書

一章 8 節、一章 16 至 17 節和二章 9 節告訴我們，保羅當時被囚禁在羅馬的監牢中，而且已接受了第一次聆訊。當時在保羅身旁就只有路加一人，其他人都離開他，去了別的地方（四 10～12），所以他吩咐提摩太與馬可前來探望他。保羅在信上還透露他不久前曾到過特羅亞，並留下了外衣，還有書本和羊皮卷（四 13）；此外又曾到過米利都，並把患病的特羅非摩留下（四 20）。按使徒行傳的記載，保羅在第二次宣教旅程中，曾到過特羅亞和米利都（徒二十 5～6、15），但當時有提摩太和他在一起，所以與後書提及的，應該不是同一次旅程。另外，使徒行傳記載保羅與特羅非摩一同前往耶路撒冷（徒二十一 29），但後者並沒有在米利都留下來。最後，在四封監獄書信中，除了以弗所書，其餘三封都是保羅與提摩太聯名發出的。雖然提摩太後書與這三封信一樣，寫作地點都是羅馬，但應該不是同期的作品，因為假若提摩太當時是與保羅在一起的話，保羅便沒有需要寫信給他了。

9.2.8.3 提多書

我們從一章5節知道保羅把提多留在克里特，好讓他在各城設立長老；保羅又預備打發亞提馬或推基古接替提多的工作，使他可以到尼哥坡里與自己見面（三12）。不過，使徒行傳只記載保羅曾在前往羅馬途中，沿克里特的海岸航行（徒二十七7），卻沒有記載他在該島的宣教工作。另一方面，使徒行傳也沒有提及保羅到過尼哥坡里。

綜合以上的資料，學者們大致上得出以下三個不同的結論：

一、教牧書信內的資料雖然來自保羅，但書信本身是在保羅死後，由他的門徒編撰而成；歷史行程的部分只作為襯托之用，並不是準確的歷史記載。

二、無論是保羅書信還是使徒行傳，在記載保羅行程的時候，都是選擇性地作出報導。二者並不是保羅生平事迹的詳盡記錄；因此書信未能與之互相協調，是可以理解的。

三、使徒行傳雖然隨著保羅被囚於羅馬的監獄而結束，教會傳統亦指保羅是在羅馬殉道，但在兩樁事件之間，保羅經歷了被釋放、再次參與宣教工作、再次在羅馬被捕入獄等事，再加上提摩太後書是保羅第二次在羅馬被囚時所寫的，而其餘兩封書信提及的保羅行程，都發生在使徒行傳記載的範圍之外，這樣看來，教牧書信中有關保羅行程的記載，自然不能與使徒行傳的資料互相印證。

我們對這三個觀點均持開放的態度。但在本文中，我們姑且採納第三個觀點。其實，認為教牧書信的作者是保羅的人，多數會接受第三個推論，並且把教牧書信看為保羅最後期的作品。

9.2.9 小結

作為這部分的結論，我們可以把保羅十三封書信，按成書的先後次序，重新排列如下：

- 第二次宣教旅程時所寫：帖撒羅尼迦前書、帖撒羅尼迦後書；
- 第三次宣教旅程時所寫：加拉太書、哥林多前書、哥林多後書、羅馬書；
- 在羅馬被囚時所寫：以弗所書、腓立比書、歌羅西書、腓利門書；
- 在羅馬獲釋後所寫：提摩太前書、提摩太後書、提多書。

9.3 寫作目的和中心思想

在這部分，我們會按照保羅書信的先後次序，探討各書的寫作目的及中心思想。

9.3.1 帖撒羅尼迦前書、帖撒羅尼迦後書

在帖撒羅尼迦前書，保羅雖然也會勉勵信徒，勸勉他們要過聖潔生活和彼此相愛（帖前四 1 ～ 12），在受逼迫中要站立得穩（帖前二 14，三 8），但因為帖撒羅尼迦的信徒本身已經十分長進，除了生活行為上有信、望和愛的表現之外（帖前一 3），他們也「知道該怎樣行可以討神的喜悅」（帖前四 1），同時又學會效法基督耶穌和效法保羅（帖前一 6），並且成為「馬其頓和亞該亞所有信主之人的榜樣」（帖前一 7），因此勸勉部分並不是佔全書很大比重。

相比之下，整卷書討論得最詳細的，莫過於主再來的問題。帖撒羅尼迦的信徒在信主之初，便已殷切地盼望著主耶穌的再來（帖前一 10），但保羅勸勉他們不要單單著眼於主再來的時間和日期，更重要的是，要時刻警醒，預備迎接救主隨時回

來（帖前五 1～11）。另一方面，由於信徒中有人離世，對整個羣體造成很大衝擊（帖前四 13），有人更質疑這對已離世的人是否不公平，因為他們根本沒有機會迎接主。保羅回應這疑問時指出，主再來的時候，已經離世的信徒會先復活，然後與仍然在世的信徒一同被提，在空中與主相遇（帖前四 15～18）。換句話說，已死的和仍然在世的信徒將會一同迎接主再來，故此並不存在公平與否的問題。

帖撒羅尼迦前書只解答了信徒的部分問題，他們仍然被主再來的問題困擾著，甚至有人誤以為主馬上便會回來，所以便停止工作。因此，保羅再寫了一封我們今日稱為帖撒羅尼迦後書的信給他們，信中除了指斥他們不作工的錯誤之外（帖後三 10～12），還向他們分析主再來之前的徵兆，免得他們被錯誤的教導迷惑（帖後二 1～12）。這些徵兆包括了「大罪人」（帖後二 3）、「神的殿」（帖後三 4）和「攔阻」（帖後二 6～7）等，今天我們無法得知這些徵兆究竟指甚麼，學者和坊間的討論也引申不出甚麼實質的結論，但保羅的信息卻是清楚不過，就是主基督耶穌仍不會回來，因為有關的徵兆尚未出現。

9.3.2 加拉太書

保羅把福音傳到加拉太，在當地建立教會，教導信徒憑信心得救，成為神的兒女，但保羅離開加拉太不久，一批來自耶路撒冷，帶猶太背景的宣教士，到了加拉太，勸勉當地信徒要接受割禮，遵守猶太人的律法（加一 6～9）。保羅知道教會的處境之後，便寫信給加拉太教會，駁斥那班宣教士的言論，強調作為信徒只要憑著信心，不是憑著遵守律法。由此而論，加拉太書討論的焦點是：是因信稱義還是因守律法稱義。

基於上文對加拉太書背景的分析，研究加拉太書的學者，自馬丁．路德（Martin Luther）開始，便確認保羅在加拉太書是要回應猶太「律法主義者」的教導，重申信心的重要性。「律法主義」的意思，就是人憑自己遵守律法，為自己贏取神的喜悅，從而獲得從神而來的救贖，因為遵守律法是猶太人的標記，因此，學者有一段很長的時間，把猶太教看成律法主義的宗教，把猶太人看成律法主義者。

在第二次世界大戰其間，猶太人受到史無前例的迫害，大戰過後，有部分聖經學者把研究的目標轉向猶太教，認真地探討猶太人與神的關係，不再透過中世紀基督教討論猶太教的文獻去了解猶太教，直接查閱猶太人在新約時期的文獻，得出來的結果，使我們對猶太教有嶄新的認識，原來猶太教並沒有強調人要以好行為換取神的救贖，他們相信一切都是基於神的恩典，神與他們立約，使他們成為祂的子民，守律法只是他們作為猶太人的印記，維繫他們與神立約的關係。換句話說，近年的研究成果告訴我們，猶太人並不是律法主義的民族，這觀念在新約研究中被稱為「保羅新觀」（new perspective on Paul）。

毋庸細說，保羅新觀在新約研究中引來不少回響，也受到不少學者質疑，在學者之間一直未能達成共識，但無論怎樣，今天研究保羅的學者對猶太人與神的關係會採取較開放的態度，不會一開始便認定他們是律法主義的信眾。

無可否認，保羅新觀還有很多地方是需要討論和修訂的，但筆者卻認為加拉太書的內容除了與新觀互相配合之外，當我們研究加拉太書的時候，以新觀作為背景，可以取得更豐碩的成果。從保羅在加拉太書所說的話可見，反對保羅的猶太信徒並不是鼓吹以律法取代信心；他們與保羅其實有著共同的信念，就是「人稱義不是因行律法，乃是因信耶穌基督」（二16），可見反對者也接受人憑信稱義，此外，他們要求加拉太信徒所守的律法，主要是割禮（加五 2～3，六 12～13），這正好是身為猶太人以及與神立約的標記。另一方面，從保羅在信中再三強調「入門」與「成全」（加三 3）和「亞伯拉罕的子孫」（加三 7、16）可知，反對者雖然接受外邦信徒憑信成為基督徒，但仍然要求他們在信心之外加上律法，藉此成為猶太人，作為亞伯拉罕的子孩，因為這樣才能承受神應許賜給亞伯拉罕和他子孫的福氣。

保羅在三章 1 至 18 節回應反對者的理論，他從經驗（加三 1～5）、聖經（加三 7～14）和常理（加三 15～18）三方面，論證外邦人要成為亞伯拉罕的子孫，只需信靠基督耶穌，並不需要藉著遵守律法。人憑信心成為基督徒，同時亦成為亞伯拉罕的子孫，這根本不用額外加上守律法，使自己成為猶太人，才能承受神應許賜給亞伯拉罕和他子孫的福氣。

9.3.3 哥林多前書

哥林多前書可以分為兩個部分，第一個部分由一章 10 節至六章 20 節，保羅透過革來知道教會的問題（林前一 11），所以在信中勸勉他們，希望他們能夠把錯誤改正過來；第二部分從七章開始，一直到整封信的結束，保羅是在回應教會藉著信件向保羅提出的問題，這封由教會給保羅的信，很可能是由司提法、福徒拿都和亞該古探訪保羅的時候替教會帶去的（林前十六 17）。

整體來說，哥林多前書的內容和寫作目的是回應教會的一連串提問，這些問題包括信徒之間分黨結派（一 10～四 21）、道德操守（五 1～六 20）、婚姻與獨身（七 1～40）、應否吃祭物（八 1～十一 1）、崇拜時應有的秩序（十一 2～34）、屬靈恩賜（十二 1～十四 40）和信徒復活（十五 1～58）等。

由於篇幅所限，我們無法在這裏逐一討論這些問題和保羅對相關問題的態度；此外，由於教會所面對的問題十分繁瑣，例如十一章討論崇拜時應有的秩序時，便包含了婦女蒙頭和主餐禮的應有秩序等兩個問題。因此，只有釋經書才能全面地處理各方面的問題了。

在本文中，我們會集中討論教會問題的根源——信徒因為有不正確的觀念，使他們在行為上產生了形形色色的偏差。究竟信徒在甚應地方出現了偏差呢？學者有不同的看法。有學者從哥林多這個城市的文化背景入手，認為社會上充斥著猶太教、神祕主義、斯多亞主義和諾斯底主義的信奉者，信徒的行為模式因而亦受影響，以致產生種種問題。無可否認，上述各種主義，的確在不同程度上影響著信徒的行為操守，但最根本的原因，相信在於他們「過分實現的末世論」(over-realized eschatology)：他們誤以為末世已經來到，救贖的工作已經完成，不會再有末日的復活；信徒已得著天上屬靈的身體，肉身只是一個過渡性的軀殼，不再重要，他們因此也就鄙棄世上的一切規條和道德操守，只追求屬靈的恩賜，看重說方言。保羅除了回應他們個別的問題之外，更在第十五章和他們討論死人在末日將會復活的道理(十五 1 ～ 58)，幫助信徒明白末世雖然已經臨到，但我們還要等候主的再來。

9.3.4 哥林多後書

哥林多後書與哥林多前書是在不同的教會關係中寫成的。保羅寫哥林多前書的時候，教會仍然尊重他；他們在信仰上遇到疑難，仍會徵詢他的意見。保羅在前書曾答應他們，探訪馬其頓後會順路與他們見面(林前十六 5 ～ 6)，稍後卻改變計劃，先到哥林多探訪他們，才往馬其頓去，繼而打算在回程時再到他們那裏一次(林後一 15～16)。可是,後來有一批耶路撒冷的猶太信徒來到哥林多教會,公開質疑保羅使徒的身分和說話沒有說服力(林後三 1,十 10),而保羅則指斥他們傳另一個基督、另一個靈和另一個福音(十一 4),是假使徒,是撒但的差役(十一 12～14)。

保羅就在批評聲中離開了哥林多,往馬其頓去,回程時因為不想再面對這羣人,也就沒有依約再訪哥林多(林後一 23～24),想不到這又引來另一次的批評,說他行事三心兩意,以致他所傳的道也變得是而又非(一 18)。保羅寫哥林多後書,便是在各方的批評聲中,與信徒分享他使徒的身分和工作。他強調使徒就像戰爭中的囚犯,經歷失敗和軟弱(二 14～17,參《聖經新譯本》),但這反倒更能彰顯出神的大能(四 7～15);另一方面,使徒的工作是作和好的執事,使人神和好(五 11～21)。

哥林多後書另一個值得留意的地方是它的整體性問題,這課題在學者中間至今仍未有共識。保羅在等八和九章鼓勵信徒積極參與向耶路撒冷教會的奉獻,但從第十章開始,他的語氣突然變得很強硬,指斥教會內反對者的動機,並且重申他使徒的身分是在軟弱中顯明出來的。語氣的轉變,令許多學者認為十至十三章與一至九章原為兩封不同的書信,是在流傳的過程中被合併在一起的。有些學者相信,十至十三章在時間上先於一至九章,十至十三章亦即二章 1 至 11 節所提及的、保羅在流淚中寫給他們的信。今天主流的看法卻認為,一至九章和十至十三章雖然是兩封獨立的信,在時間上始終應把十至十三章放在一至九章之後。當然,仍有學者相信哥林多後書一至十三章是一封完整的信,他們指出,保羅要花上一段時間才能寫完長達十三章的書信,所以,在中段的時候,因聽到來自哥林多教會的負面消息而令他的語調突然轉變，也不是沒有可能的。除了一至九章和十至十三章的關係之外，學者亦認為二章 14 節至七章 4 節和六章 14 節至七章 1 節這些經文段落原本不是編排在這裏，是後人插進去的，保羅寫給哥林多教會的信，原本是沒有這些段落的。總括來說，哥林多後書是眾多保羅書信之中，被學者視為是最支離破碎的一封書信。

9.3.5 羅馬書

羅馬書有不少篇幅討論因信稱義的道理，學者因此推論保羅是藉此向羅馬教會介紹自己，希望他們願意支持他往西班牙宣教（十五 22 ～ 24）。不過，這理論未能解釋為何保羅要在九至十一章詳細論述猶太人得救的問題。此外，保羅寫信給某間教會的時候，總是幫助教會處理其所要面對的問題，如果把羅馬書看為是保羅向教會的自我介紹，便與保羅慣常寫信的目的不吻合。

近年，學者認為保羅寫羅馬書的目的，是要處理外邦信徒和猶太信徒之間的糾紛。因為克勞第（Claudio）曾命令猶太人離開羅馬（徒十八 1 ～ 2），此舉使羅馬教會在短時間內變為一所外邦人的教會，外邦信徒在這情況下取代了猶太信徒成為教會的領袖。禁令維持了一段短時間便解除，猶太人獲准重返羅馬。但他們的回流卻令外邦信徒與猶太信徒的關係緊張起來。猶太信徒經歷過政治的逼迫，與外邦信徒相比，無論在人數和經濟實力上，都屬弱勢的一羣，但他們始終是教會的元老，難免會認為外邦信徒鵲巢鳩占，把教會變成了外邦人的教會。另一方面，在外邦信徒眼中，這羣回流的猶太信徒又未必能配合當時教會的發展。誰來主導教會，因此成了急待解決的問題。

保羅面對這個對立的局面，遂在羅馬書首先強調猶太人和外邦人都在罪惡之下(三9),憑信在神面前稱義(三30),由聖靈帶領過成聖的生活(八1～2)。接著,他分析猶太人得救的問題,指出猶太人雖然曾經跌倒,使救恩臨到外邦人,但神的心意是要以色列全家得救(十一26),而外邦人就像野橄欖接在橄欖樹上,得享「橄欖根的肥汁」,因此外邦信徒不應向猶太人誇口(十一17～18)。最後,保羅勸勉教會要接納那些謹守飲食和節期誡律的信徒(十四1～23),言下之意,是要外邦信徒接納那些按著律法不吃不潔之物,以及嚴守安息日的猶太信徒。

9.3.6 腓立比書

保羅在羅馬被囚的時候,腓立比教會差派以巴弗提探訪保羅,並把教會的奉獻帶去給保羅,幫助他的生活所需。從以巴弗提口中,保羅知道教會面對三方面的困難。首先是教會受到外界的逼迫(腓一28～29),其次是教會內部出現不團結、不同心的現象(一27,四2～3),最後,教會受到信仰上的衝擊,要求信徒遵守猶太人的律法,接受割禮(三2～3)。

保羅以自己和其他人的經歷來幫助信徒克服教會所面對的問題。他先以自己為例(一12～28),指出自己雖然經歷內憂外患,內憂是有信徒懷有私心,外患是身在監牢之中,但福音工作卻因此得到發展,可見外界的逼迫和信徒的不同心都不會防礙神的作為。另一方面,保羅也以基督耶穌為榜樣(二5～11),教導信徒學習祂的「不以自己與神同等為強奪」(二6),以及祂的虛己、自己卑微和存心順服的態度,這樣信徒間便可達致「意念相同,愛心相同,有一樣的心思,有一樣的意念」(二2)。除此以外,保羅又以提摩太(二19～24)和以巴弗提(二25～30)的經歷為例,教導信徒學習他們的榜樣(三17)。

除了效法祂的榜樣，腓立比書另一個受人注意的思想是「喜樂」，甚至有人稱它為「喜樂的書信」。「喜樂」一詞，在腓立比書出現的次數，在比例上，比其他書信都多，動詞出現了九次，名詞五次。保羅在腓立比書對信徒說：「要靠主常常喜樂。我再說，你們要喜樂」（四 4）。與此同時，在腓立比書中，保羅也表示感受到死亡的威脅。他被囚獄中，未知是否可以得釋，便想到離世與基督同在（一 23），並且以自己的死作為獻祭用的酒，澆奠在腓立比信徒身上，一同作為祭物獻給神（二 17，參提後四 6）。由此而論，「喜樂」恐怕不是對腓立比書最貼切的描述。較恰當的描述應該是「患難中的喜樂」或「面對死亡的喜樂」。

保羅在腓立比書雖然也鼓勵和勸勉信徒，教導他們要同心（腓二 1 ～ 11，四 2），但與其他書信相比，在腓立比書中，保羅的語氣最為溫和，這顯示教會各方面的發展都合乎保羅心意。教會雖然也受到外界衝擊（一 28，三 2），但內部卻沒有受異端邪說攪擾，所以沒有嚴重問題發生，無須保羅透過書信指斥異端的謬誤。

正如上段所言，與其他保羅的書信相比，保羅在腓立比書的語氣十分溫和，可見教會雖然面對困難和衝擊，仍站得住腳，不像加拉太和哥林多教會般隨從異端邪說的教導，因此，保羅寫腓立比書，不完全是因著教會有問題，需要他寫信教導。從腓立比書的內容推測，保羅寫腓立比書的時候，除了教導信徒外，背後還有兩個原因。首先，他從以巴弗提手上接過了教會給他的奉獻，因此禮貌上要告訴教會該筆奉獻已收妥，並且趁機答謝教會（四 14 ～ 19）。其次，以巴弗提在往羅馬的途中病倒了，消息傳到腓立比教會，他們為以巴弗提的病情掛心，而以巴弗提自己也因此很掛念腓立比教會的信徒。有見及此，保羅把以巴弗提差回腓立比，好使大家安心。保羅順道寫信給教會，讓他們知道，保羅沒有把教會差派去協助他的以巴弗提留下當他的助手，原因不是以巴弗提的性格或能力有甚麼不妥，而是因為健康的緣故，保羅才打發他回腓立比。

9.3.7 歌羅西書

保羅在羅馬被囚的時候，在歌羅西、希拉坡里和老底嘉的同工以巴弗探訪他，並且告訴他教會雖然在成長中（西二 5），但卻受到異端的衝擊，他們批評保羅所傳的福音只著重以基督耶穌為主，無助信徒脫離罪惡的捆綁，是不全備和有缺欠的福音，所以他們要教導信徒遵守一些與食物和節期等相關的規條（西二 20 ～ 21），並且要克制自己身體的需要，才能脫離罪惡的誘惑和捆綁。

面對這樣的批評，保羅強調自己所傳、以基督耶穌為主的福音，是全備沒有缺欠的福音；他以基督論作回應，指出信徒在基督裏已受了屬靈的割禮，脫去罪的轄制（二 11），此外，信徒接受水禮，表示他已經與基督同死同埋葬，有能力過一個脫離罪惡捆綁、與主一同復活的生活（西二 12 ～ 14，參羅六 1 ～ 11），至於一切節期和食物的禁戒都是「後事的影兒；那形體卻是基督」（西二 17）。換句話說，基督帶給我們全備的救贖，因為「神本性一切的豐盛都有形有體地居住在基督裏面」（二 9）。

9.3.8 腓利門書

保羅被囚禁在羅馬的時候，有機會領阿尼西謀信主（10 節），而阿尼西謀是從歌羅西逃至羅馬的奴隸，他的主人是腓利門，後者也是保羅早年帶領信主的教會領袖（19 節）。為了幫助阿尼西謀彌補過失，保羅鼓勵他回到腓利門身邊，並且寫了一封信讓他帶給腓利門，懇請腓利門予以寬恕，字裏行間更暗示腓利門應讓阿尼西謀參與保羅的宣教工作（13 ～ 14 節）。

在本文的「成書次序」部分，我們指出歌羅西書與腓利門書是同時期的作品，而腓利門書的收信人腓利門也是住在歌羅西。由此而論，這兩封書信在內容方面可以互相補充和解釋。保羅在歌羅西書用了不少篇幅勸勉僕人要聽從主人，做事要從心裏作，外面看來雖然是在服待主人，但實質上卻是在服待主（西三 22 ～ 25），他又教導主人要公公平平地待僕人，因為大家同有一位主人在天上（西四 1）。綜觀兩封書信的信息，我們可以說，腓利門書是把歌羅西書的理論落實在生活之中，因此把這兩封書信並列來看，特別有意思。

9.3.9 以弗所書

正如在「成書次序」討論以弗所書時所說的，以弗所書是一封沒有特定讀者的信函，很可能是保羅寫來讓推基古在探訪不同教會的時候向教會宣讀的一封傳閱信。透過這個背景來看以弗所書，便可以明白到，這封信的特色與保羅其他的書信不同，以弗所書沒有明顯的寫作原因，並不是要處理特定的教會問題或困難。以弗所書全書可分為兩部分：一至三章是信仰的闡釋，四至六章是生活的應用。保羅在第一部分以頌讚和感恩開始（一 3 ～ 23），接著分析人在罪中的境況和神救贖的工作（二 1 ～ 10），然後再向信徒說明救贖的結果是成為神家裏的人，與人與神和好（二 14 ～ 22）。保羅承接一至三章和好的道理，在第二部分有關生活應用的教導中，也強調合一的生活，信徒間要「存敬畏基督的心，彼此順服」（五 21）。

在信息方面，以弗所書的第一個特色就是「新人」的觀念，以及這個觀念在救贖工作中的位置。保羅先指出猶太人和外邦人被律法分隔開，使外邦人遠離神，沒有得救的盼望（弗二 11～12），而基督耶穌的死拆毀了這律法，拆毀了中間隔斷的牆，使猶太人和外邦人聯合起來，不是外邦人歸化成為猶太人，也不是外邦信徒取代猶太人選民的身分，而是他們放棄原有的身分，一同組成一個新人類，一起成為神的子民，共享神救恩的福樂（二 14～15）。保羅稱這救贖計劃為「奧祕」，意思是指人一直以來都不能領會這計劃，直到神親自把這計劃啟示給眾人，眾人才能知曉（一 9～10，三 6）。這「新人」的觀念到了第四章更發展並應用在信徒的操守上，保羅要他們「穿上新人；這新人是照著神的形像造的，有真理的仁義和聖潔」（四 24）。

以弗所書的另一個特色是其教會觀。既然救贖工作將猶太人和外邦人組成一個新人類（弗二 15），而這新人類便是教會，而基督又被形容為教會的頭（弗五 23），那麼「教會」一詞，已經超越了保羅在其他書信的一貫用法，不單單指不同地方的基督徒團體（加一 2），而是指普世、合一的教會。接下來的是：基於教會是源於猶太人和外邦人聯合，因此合一也自然地成為教會的特性（弗四 1～16）。另一方面，教會既然是普世的教會，便要負上普世性的責任，為神向「天上執政的、掌權的」作見證，使它們「現在得知神百般的智慧」（弗三 10）。加上了「天上的」作為描述，清楚地表示信徒要在地上向其他人作見證，而教會作為一個整體，要向天上的靈界作見證，向它們展示神在創世以先所定下的救贖計劃。無可否認，保羅的任何一封書信都強調教會的重要性，甚至說「若有人毀壞神的殿，神必要毀壞那人；因為神的殿是聖的」（林前三 17），但以弗所書所表達的教會的普世性，以及教會要使靈界明白神百般的智慧等觀念，在其他的書信都找不到。

9.3.10 教牧書信

提摩太前書、提摩太後書和提多書，雖然都是保羅晚期所寫的書信，但因為按提摩太後書所述，保羅有不同的際遇，因此，我們將提摩太後書，跟提摩太前書和提多書分開來討論。

9.3.10.1 提摩太前書、提多書

保羅在羅馬經歷了幾年被囚的生活，使他改變了原先訪問羅馬和遠赴西班牙的計劃，轉而與提摩太和提多回到以弗所等舊日宣教的地方探望信徒，同時也到克里特等之前沒有到過的地方傳講福音。在旅程中，保羅驚覺很多地方的信徒都受異端邪說的困擾。他以破壞了的船來描述當時信徒的境況（提前一19），而且這些問題似有愈來愈嚴重的趨勢（多一11）。為此，保羅把提摩太留在以弗所（提前一3），以及把提多留在克里特，好作善後的工作（多一5）。

保羅寫提摩太前書和提多書的目的，是要以長者的身分，指導接班人提摩太和提多怎樣牧養教會（提前四6～16；多二1～10），持守純正的信仰（提前一3～10，四1～5）。信中也鼓勵信徒要有美好的操守（提前二1～11；多三1～2），要建立崇拜聚會的秩序（提前二12～15），選立監督、執事和長老來管理教會（提前三1～13，五17；多一5～9）。

9.3.10.2 提摩太後書

保羅在提摩太後書的處境並不一樣。他當時再一次處身監牢之中（一16～17），正等候審訊結束，這時他感到很無助（四16），怕審判後會被處決（四6～8）。他的同工當時都不在身邊，使他覺得分外孤單（四10）。在這樣的環境下，他想到提摩

太，於是寫信給他，請他盡快到他那裏（四 9），並且順道把保羅留在特羅亞的外衣和書籍皮卷帶給他（四 13）。

除了請提摩太替他取東西和探訪他之外，保羅寫提摩太後書的另一目的，是因他面對自己將要離開世界和工場，想到教會會因缺乏正確的引導而偏離真道，因此他寫信給提摩太，鼓勵他持守真道（一 13～14，三 14～17）、忍受逼迫和苦難（一 8，二 3，三 12）、為教會訓練接班人（二 2）。從以上保羅對提摩太所說的一番話看來，提摩太後書與其餘兩封教牧書信的寫作目的實在相去不遠，都是保羅晚年時候把關顧教會的責任交付給他的接班人提摩太和提多，希望藉著他們的努力，教會能夠在主再來之前，把福音的使命延續下去。

9.4 總結

綜觀保羅書信的寫作目的和成書的先後次序，下列三方面的觀察能幫助我們進一步認識保羅的書信，尤其了解到隨著年日的改變，各封書信的著重點也會有一定的轉移。

一、除了以弗所書之外，保羅的書信都是為了回應個別教會所面對的問題而寫成的，因此我們未必能夠在十多封書信中找到保羅的核心思想，從而確立一套「保羅神學」。以「因信稱義」為例，雖然自馬丁．路德開始，信徒便以之作為保羅的中心思想，但在保羅書信中，只有加拉太書和羅馬書對這教義有較全面的討論；再者，兩次的討論都是為針對教會的問題而提出的，所以不能因此便認定這就是保羅思想的核心。

二、保羅早期的書信較多關注主再來的問題（如帖前、帖後、林前），信徒以為耶穌基督會隨時降臨，世界快要滅亡，以致他們因信徒的離世而感到困擾（帖前四 13），忽視在世上的責任（帖後三 10 ～ 12），甚至輕視婚姻制度（林前七 25 ～ 35）。隨著日子過去，信徒漸漸明白主不會在數年間回來，所以也不會因信徒離世而受到信仰上的衝擊（羅十四 8；腓二 27）。此外，保羅後期的書信對信徒的婚姻亦採取較正面和積極的態度（弗五 22 ～ 33；西三 18 ～ 19），甚至把婚姻看為是「奧祕」，象徵基督與教會的關係（弗五 32）。

三、教牧書信是保羅晚年所寫的書信。當中最值得留意的是有關選立監督和執事來管理教會的討論，因為保羅早期的書信雖有論及不同的屬靈恩賜，但所著重的都是職事（ministry），而不是職位（office）。從教牧書信所見，保羅晚年時較著眼於教會的制度，要求教會有系統和有組織，預備第二代信徒，在使徒和第一代教會領袖相繼去世之後，他們仍能透過完善的體系，帶領教會完成神所交託的使命。

推薦書目

一、叢書

「中文聖經註釋」。基督教文藝出版社的「中文聖經註釋」是由中國信徒執筆的釋經書。一般來說，內容較為精簡，文中不會詳細交代不同學者的意見。此外，因為沒有註腳，讀者無法深入探究作者的論據。不過，這系列卻具備深入淺出的優點，而且篇幅不長，適合一般信徒需要。

「天道聖經註釋」。天道出版社的「天道聖經註釋」，整體來說，是在眾多中文聖經釋經叢書之中最詳盡和學術水平最高的一個系列，但不同作者所寫的註釋書的分量卻有很大差別。在保羅書信之中，由馮蔭坤執筆的佔了很大比例，帖撒羅尼迦前書、撒羅尼迦後書和腓立比書都由他執筆，他寫作的特點是資料豐富詳盡，但對讀者的學術水平和耐性都有很高要求。鮑會園寫了羅馬書和歌羅西書，內容深入淺出，較馮氏的容易明白和了解。張永信寫了教牧書信，張永信的著作可說是馮蔭坤和鮑會園的混合體，部頭方面似前者，內容的深淺度似後者。陳濟民寫了哥林多後書，內容深入淺出。筆者也參與了腓利門書和哥林多前書一至六章的註釋工作。

「明道研經叢書」。明道社出版的「明道研經叢書」的特點是一本研經本加一本研習本，前者由神學院老師撰寫，後者由有帶領查經經驗的同工負責撰寫，兩者互相配合，獻出自己的專長。聽說這個系列在市面上很受歡迎。筆者參與了以弗所書的註釋工作。

「新約書信讀經講義」。陳終道的「新約書信讀經講義」出版至今已有二十多年，由宣道出版社和校園書房出版。以今天的標準來衡量，有些讀者會認為作者在分析經文的時候不夠精確，但從該系列近年以簡體字發行，可見無論國內國外，信徒都廣泛使用陳氏的作品。

「聖經導論叢書」和「聖經通識叢書」。基道出版社有兩個系列可供讀者參考，這兩個叢書分別是「聖經導論叢書」和「聖經通識叢書」。前者只有郭漢成的《加拉太書導論》屬保羅的書信，郭氏的博士論文是以加拉太書為主題，因此他寫這本書可說是駕輕就熟。後一個系列走深入淺出的路線，有兩本書與保羅有關，分別是《使徒行傳與保羅書信要領》和《情理之間持信道：加拉太書、帖撒羅尼迦前後書析讀》，書中附有溫習問題，幫助讀者閱讀。

二、單行本

Wright, N. T. *What Saint Paul Really Said: Was Paul of Tarsus the Real Founder of Christianity?* Grand Rapids: Eerdmans, 1997. 作者頗能掌握近年學者對保羅的研究成果，並且扼要地介紹保羅和他的思想。（中譯：湯姆．賴特。《再思保羅神學爭議》。白陳毓華譯。台北：校園書房出版社，2000。看不慣英文書的讀者可以之作為背景參考。）

張永信。《哥林多前書》。香港：宣道出版社，1997。此書立場中肯，表達清晰流暢。

馮蔭坤。《真理與自由：加拉太書註釋》。香港：證主出版社，1978。此書已斷版多年，但在圖書館應該可以借得到。近年作者已完成了一本嶄新的加拉太書註釋。

馮蔭坤。《加拉太書註釋》。卷上、下。台北：校園書房出版社，2008。本書不是《真理與自由：加拉太書註釋》的修訂版，而是一本重新寫作的註釋書，馮氏在導論中花了不少篇幅批評保羅新觀。

馮蔭坤。《羅馬書註釋》。卷一至四。台北：校園書房出版社，1997～2003。這是一套十分詳盡的釋經書。

楊牧谷。《作祂的僕人：哥林多後書研讀》。台北：校園書房出版社，1992。讀者可從書中發現不少卓越洞見。

楊牧谷。《得救成長與事奉：教牧書信淺釋》。台北：校園書房出版社，1989。本書雖然不及《作祂的僕人》詳盡，但也頗能啟發讀者的思想。

第10章 普通書信

張略

10.1 從榮辱文化看希伯來書的基督論

10.1.1 昔日的榮辱文化

10.1.2 基督比天使和摩西更有榮譽

10.2 雅各書與貧富

10.2.1 昔日巴勒斯坦猶太人的社會和經濟結構

10.2.2 雅各書中的富人和窮人

10.3 從社會科學角度研究彼得前書

10.4 從昔日的潔淨觀看猶大書和彼得後書

10.4.1 潔淨和不潔的象徵世界

10.4.2 猶大書和彼得後書的正邪之爭

研究新約世界的其中一種方法，是透過社會科學所提供的各種分析工具和模型（models），包括社會學、（文化）人類學和心理學研究的成果，探討文本形成背後的社會動力和文化結構，以及文本敘事世界的溝通體系。使用這些工具或會有點「危險」，就是以現代模型取代了歷史證據。但若我們能小心運用，歷史研究的方法與社會科學的分析，並不一定彼此排斥，相反，兩者是可以互相補充的。在過往二十年間，學者運用這些社會科學分析方法研究聖經，取得了顯著的成果。[1] 本文便是從社會科學和文化人類學的角度，分析、探討普通書信[2]（約翰書信除外）的一些重要主題。

10.1 從榮辱文化看希伯來書的基督論

10.1.1 昔日的榮辱文化

榮辱的價值判斷是地中海一帶的文化特色。[3] 榮與辱（honour and shame）是一種羣體的價值觀念。一個人得著「榮耀」、「榮譽」或「尊榮」，是指他得到公眾公開的讚許和肯定；一個人「蒙羞」，便是指他的尊榮在人面前被剝奪。

在這種文化中，聲譽和面子至為重要；而個人的榮譽不單與他所屬的社羣息息相關，也和他祖先的榮譽相連。與華人保存家族聲譽的文化一樣，家族的榮譽是世代相傳，不容輕蔑的，結果形成了一種非常強烈、與血脈相同的「自家人」彼此信任和保護的觀念。個人的榮譽繫於他出身的家族。秉承祖先護蔭的，是為承襲的榮譽（ascribed honour）。[4] 榮譽也可以是由權貴（例如帝王）所賜予的頭銜地位，並不需要靠個人努力贏取回來。另一種榮譽是贏取的榮譽（acquired honour），是透過挑戰和應對的過程而得到的（見下文）。當一人顯貴，他的家族鄉里便同享榮譽；當一人蒙羞，整個家族同鄉也蒙受羞辱。羣體的領袖是整個羣體尊榮之所在，這人必須在羣體中德高望重，他的表現也成為該羣體量度榮譽的標準。成員盡力維護領袖的尊嚴，亦即維護羣體的尊嚴。在這種文化之下，外在社會價值的壓力對個人行為產生強大的約制力，使人不致輕易脱離社會的規範行事。從這角度看，我們對保羅的表白會有更深的體會。保羅説，他大可靠賴自己的民族、家族和出身，因此而自誇，然而他卻情願放下這些足以自豪的條件，只接受基督為他最終的榮譽（腓三 5 ～ 8）。他在哥林多前書屢次使用「誇口」一詞，便是指以甚麼作為他得榮譽的依據。

在新約時代的社會，男性擔負起維護和爭取家族榮譽的責任，除了憑出身或領受他人恩惠而得的榮譽之外，還可透過公開的比拼，如較量力氣、勇氣、膽量，以至男子氣概、領導才能、善行和智力等等，以取得榮譽。在地位相若的人當中，要贏取尊榮，便要透過「挑戰—應對」（challenge-response）的方式達致：挑戰者嘗試以言語或行動使他人的聲譽受損，被挑戰者要作出適當的回應和答辯，避免丟臉蒙羞，其答辯也可成為一種反挑戰；如是者不斷進行挑戰和應對的循環，直至一方招架不來。這樣的過程往往是公開的，成敗勝負，由公眾定奪。例如馬可福音二章 1 節至三章 6 節記載的五輪爭議，都是文士/法利賽人對耶穌及祂門徒的言行發出挑戰，而每次耶穌都作出應對，使他們無話可說，不能再挑戰下去。在這過程中，文士和法利賽人一次一次地感到丟臉，這成為他們暗藏殺機，非要向耶穌報復不可的原因。然而挑戰也可以是正面的，例如稱讚別人、給人送禮、請求別人協助等，應對的人反而因此得到榮譽。

「知恥」是重要的，即敏於覺察別人對其聲譽的評價，敏於別人對自己的意見。一個無恥之徒不會接受社會所訂定的界限，反過來，其行事為人亦不會為社會的道德規範所接受。對婦女來說，「羞恥感」有特別的含義——她要謹守身為婦女的角色，要保持矜持、含羞答答、貞潔盡忠等。這種榮辱文化是新約時代人們行事的主要制約，塑造著個人良知，社會亦根據這種文化獎勵和懲罰人，而懲罰往往是公開執行的，既要令受罰者示眾蒙羞，亦收殺一儆百之效。

10.1.2. 基督比天使和摩西更有榮譽

希伯來書的作者開宗明義，指出基督的身分遠超天使之上。[5]天使只是僕役，神子的地位比他們崇高得多，祂的榮譽是承襲的（ascribed），因為祂是上帝榮耀所發的光輝，是神本體的真象（一 3 上）；祂與上帝有直接「家族」的關連（一 5）。祂的榮耀也是父上帝的恩典所賦予，因為祂升到高天至大者的右邊，是上帝使祂如此的（一 3 下、13，二 9）。作者進一步解釋這賦予的榮耀，說明耶穌「暫時比天使微小一點」（二 7、9），原因在於耶穌要讓人分享祂的榮耀。他指出耶穌成為人的中保，因人犯罪蒙羞而為人付上了代價，由此得著神的榮耀（二

9），令與祂同屬一家人的「弟兄」（二 10～11、17，三 6、14）亦因而與有榮焉。作者提醒受書人，身為神家的成員，必定要有神家成員的特質；他們對這家的忠誠會受到考驗，凡盡忠到底的，便得著獎賞。

在三章 1 至 6 節耶穌和摩西兩者的比較中，耶穌和摩西都同樣盡忠（*pistos*），然而耶穌的地位比摩西更高。作者引用建築物為比喻：「他〔耶穌〕比摩西算是更配多得榮耀（*pleionos houtos doxēs*），好像建造房屋的比房屋更尊榮（*pleiona timēn echei tou oikou*），因為房屋都必有人建造。」（三 3～4）子是那位建造神家的建築師，與摩西有別。摩西只是僕人，耶穌卻是兒子，且是神家（*oikos*）的管治者。[6] 凡追隨這位兒子，與子有共同家族特質的人，必得享榮耀，並且肯定能得著所應許的。[7] 三章 4 節說「建造萬物的就是上帝」，是要說明上帝的榮耀與耶穌的榮耀是不可分割的。[8] 在新約，神的子民就是神的家，有分於神的榮耀，並且在神子的治理下，得到從上帝而來的保護。這家庭的成員，要彼此維護對方的榮譽，特別在患難中要彼此相扶（十三 3）。神的子民所持的盼望，就是承受將來上帝應許給他們的一切，那是「可誇的」，是他們引以為榮的（三 6）。他們若堅持到底，所引以為榮的盼望必不會落空。信徒必須有這種堅持到底的膽量和勇氣，絕不畏縮。正如摩西昔日背棄在法老的家庭中長大的榮譽，與那些受壓迫、被凌辱的以色列人認同，這就等同於「為基督受的凌辱」，他所想望的，是將來更大的賞賜，上帝所賜他更高的榮譽（十一 24～26），成為他恆心忍耐，不怕法老的忿怒，完成他的使命的動力，這是他有信心的表現（十一 27～28）。又正如在兩約之間，一些人因信仰受迫害，流離顛沛，甚而殉道，他們「本是世界不配有的人」（十一 35～38），但他們的榮譽，正是在此，他們誓不低頭，仰望那位將最終榮耀的應許帶來的主（十一 39 ～ 40）。

耶穌作為這新約神子民羣體的先鋒和元帥（二 10；參十三 8），是這羣體的領袖（三 6），這羣體不只以祂為榮，祂也為這羣體定下榮耀的標準。真正的榮耀就是能忠心不渝，憑信心走完世上的路程（十二 1 ～ 2）。地上短暫的羞辱是不足介意的，耶穌自己也輕看羞辱（十二 2），因為上帝必將榮耀加給那些與耶穌一樣，以信心迎向苦難和凌辱的人，叫他們與耶穌和信心的先賢同得榮耀（參六 12，十 35 ～ 36，十一 16、26、40）。[9]

10.2 雅各書與貧富

10.2.1 昔日巴勒斯坦猶太人的社會和經濟結構

第一世紀的猶太人社會，基本上是一個農業社會。根據凌士奇（G. E. Lenski）的分析，[10] 農業社會的人已曉得運用犁頭等器具，在作業上，較原始的園植社會（horticultural society）更具規模和有效率，而在鄉鎮以外，城市開始興起，中央集權的統治階層亦逐漸形成。在這種社會中明顯有兩個階層：城市的貴胄和鄉間的農民。統治階層大多住在城市，坐擁大量土地，卻無須耕種；貴胄與農民之間，貧富極度懸殊。當時只有小型的手工藝輕工業，財富的來源主要依賴土地的出產。統治階層對土地的控制，是他們致富的關鍵，他們可將土地租予貧農。另一方面，只有少量土地的貧農往往因資源短缺而須向富戶舉債，最後甚至要將土地售予富戶，還清債務，自己只能受雇在農地工作。除此之外，針對農產品而徵收的稅項，也是統治者的另一個收入來源。

在這樣的社會中，財富由農村流向城市，從鄉間的貧農流向城市的貴胄，大體上約三分之二的財富最終會流入貴胄的手。淩士奇將農業社會的人分成兩個階層、九大類別，[11] 其中貴冑階層分為五類：第一和第二類是君王及統治階層，數目僅佔人口的 1%至 2%，所得的財富卻佔全部農業出產的一半。第三類是以上兩類人的親信和隨從，包括士兵、臣僕、稅吏等。第四和第五類是商人和祭司。後三類人約佔總人口的 8%，他們的收入佔全社會的六分之一。另外四類屬於低下階層人士，佔人口的九成，包括農民、手工藝工人、不潔的卑下階層（從事受鄙視行業者，如奴隸、妓女）及可棄的人（如盜賊、乞丐）。以上的統計只是一般而言的，個別農業社會的分佈情況或會有出入。

在第一世紀的加利利，社會中的貴冑是土地的大業主、希律的親屬，以及他們的隨從；他們大多居於城市。在猶大地，這些貴冑多是居住在耶路撒冷的大祭司家族、王親國戚及其隨從。跟一般農業社會一樣，他們的財富大都來自所擁有的土地及向農民徵收的稅項。

猶大地在馬加比叛變的時候，西流基政權曾下令將所有土地收歸國有（《馬加比一書》〔*1 Maccabees*〕3.36）。根據《馬加比一書》10.30 的記載，農民要付的稅項極重，包括水果的一半收成和農田的三分之一出產，這與當時在埃及和敍利亞的情形相似；因此，苛捐重稅是導致馬加比叛變的重要原因之一。不過，雖然叛變成功，哈斯摩尼王朝並沒有作出土地改革，仍將大部分土地看作「官地」，屬王親貴冑所有。公元前六十三年，哈斯摩尼王朝滅亡，在羅馬統治下的猶大，部分土地成為官地，希律及其分封王承繼了哈斯摩尼王朝的特權，擁有這些官地，然而這並不代表私有土地不再存在，只是我們並無足夠的資料，難以確定公地和私有土地的比例。[12]

不少農民在那些擁有大量土地的大業主手下工作，後者不少是居於城市的「不在地主」(absentee landlords),他們向農民收取約四分之一至一半的農業收成作為地租。[13] 除此之外,無論是租田耕種的還是擁有私人田地的農民,都要向政府和宗教領袖上繳稅款。在希律及其分封王統治的時期,估計農民要上繳給羅馬政府和希律政權的稅,約為收成的一至兩成;[14] 在公元六年開始的羅馬統治下,稅率約為 12.5%。[15]

至於宗教的稅項,根據第一世紀對妥拉什一奉獻的理解,農民每年需繳交兩次什一奉獻,每三年有第三次什一奉獻,將稅項和什一奉獻加起來,上繳的稅款幾達農業生產總值的四成。若再加上田租,農民需繳付的,估計高達六成的生產總值。[16] 這些財富都落入居於城市的貴冑手中,造成農民動不動便負債纍纍,不只要賣地還債,而且往往被大業主剝削和欺壓。此外,由於人口不斷膨脹,可耕的土地有限,若再遇上天災(如公元前二十五年和公元四十六年猶大地的饑荒),就會有更多農民陷入債務的惡性循環之中,難以自拔。當時以耶路撒冷為首的地方統治階層,因而藉此操縱了大部分土地、勞動力和財富。[17]

不論是馬加比叛變還是猶大的第一次逆變,其起因都與貧農受到極度壓迫有密切關係。在這制度下,不少人因受迫害而淪為盜賊。在第一次逆變初期,羣眾湧進耶路撒冷,放火燒毀收藏債據的地方,可見負債在當時是何等嚴重的社會問題,甚至足以引起社會動盪。「匕首黨」的出現,和這樣的社會環境便不無關係。就在這種充滿階級矛盾和動盪不安的社會氣氛下,耶穌到來,宣講天國近了的信息。

10.2.2 雅各書中的富人和窮人

歷來學者對雅各書中富足和貧窮人的身分,都有不同的理

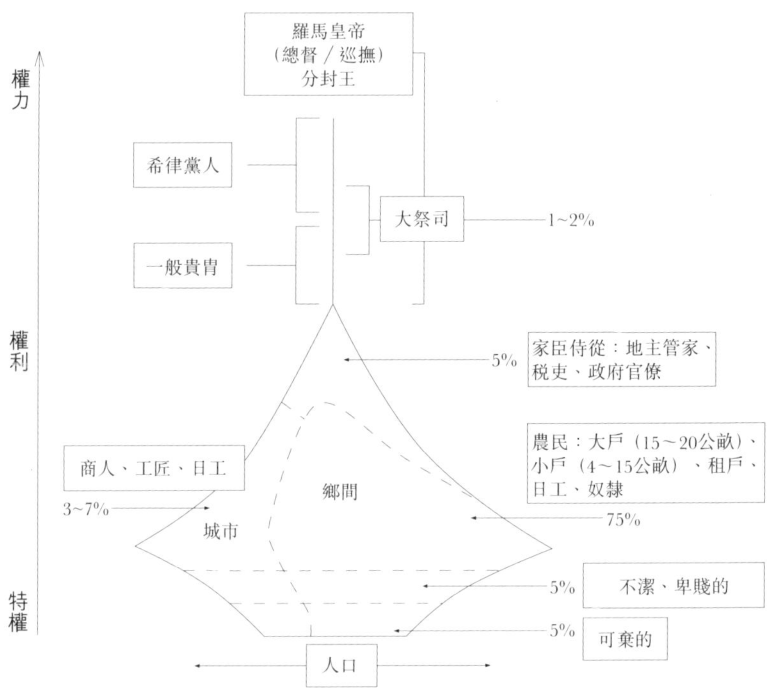

圖 10.1　希律時期的社會結構 [18]

解。有學者根據舊約詩篇對貧窮人的描述（詩八十六 1～2，一三二 15～16，一四六 7～9），將貧窮人等同於敬虔和公義的人，進而推論雅各書中的貧窮人是一個宗教觀念，與他們的社會地位無關。[19] 話雖如此，在物質上貧窮的人往往心存謙卑，單單依靠上帝作他們惟一的拯救。他們有這種態度，與他們在社會上毫無地位，甚而無依無靠，不無關係。不論是涉及社會地位、經濟，還是宗教，貧窮人最基本的含義，就是指那些在資源上非常匱乏，活在困苦之中，有很大求生需要，又難以自足的人。上帝是那位救拔貧窮人的神（見詩一四六 7～9；伯五 15～16）。根據以賽亞書六十一章 1 至 2 節所描述的貧富對比，貧窮人心存謙卑，並且倚靠上帝的拯救；反之，富足人卻誇耀自己的財富和地位，屈枉正直。富人得到的榮譽並不是他們所當得的，往往是靠巧取豪奪得來。他們生活放縱，不顧念貧窮人。因此，上帝揀選貧窮人，並非由於祂偏私，反而是出於祂的公正，為要建立一個公平的社會：在這樣的社會裏，地位和財富均沒有任何重要性。

根據上文圖 10.1 希律時期的社會結構分析，真正富足者只佔社會總人口的 5%至 6%，真正貧窮的人則佔 5%至 10%。因此，雅各書中上帝所揀選的貧窮人（二 5），不可能只是指這少於一成人口的貧窮人。更可能的是，作者使用貧窮人和富足人作為一種社會標籤（social label），代表兩種典型的人物類型，前者謙卑仰望上帝，後者卻狂傲自誇，不將人和上帝放在眼內。[20]

以上的理解頗符合雅各書對貧富的描述。貧窮人在信仰上是富足的（*plousious en pistei*），是上帝揀選承受上帝國度的（二 5），因此他們應該誇耀（*kauchasthō*；一 9），是上帝使他們得榮耀。反之，富足人卻必須謙卑，才可誇耀；惟有當他們承認人的限制及軟弱，才得見上帝在他們生命中的工作（一 9）。雅各書中有關貧富地位的逆轉（reversal of status），必須置於末後審判的背景來理解。[21] 這教導是建基於耶穌的教訓（路一 52 ～ 53，六 20 ～ 25，十四 8 ～ 14、16 ～ 24，十六 19 ～ 31；參《多馬福音》〔*Gospel of Thomas*〕54）:「在後的反而在前，在前的反而在後」（參可十 31；路十三 30；太十九 30，二十 16）。

雅各書四章 13 至 17 節針對商人行事的態度，警告他們不可傲慢自誇（四 15：*kauchasthe*）。若他們不體察上帝的主權，不倚靠祂，他們便與富足人無異。富足人只知尋求自己的榮譽和財富，不擇手段，他們欺壓和剝削貧窮人的表現，在二章1至7節和五章1至6節有詳細描述。二章1至7節描述他們屈枉司法，將貧窮人拉到公堂，[22]透過法律途徑羞辱他們。[23]當時的信仰羣體中的一些領袖，可能因為希望得到這些社會中有權勢的人的支持，在審判的事情上沒有按公平行事，作出了讓步，以博取這些富足人在其他各方面提供方便，這是因為他們看不清這些在世人眼中看為可棄，或甚可恥、沒有半點光采和榮譽的貧窮人，從信仰的角度去看，是將來要承繼上帝國度的人（二5），這些領袖變成為虎作倀。第五章描述那些大地主剋扣日薪工人的工資，這些現象在當時的社會是司空見慣的。因此我們無須深入研究這些富足人是否信徒；雅各要強調的，是他們所代表的價值觀念、生活方式、行為和態度，都與上帝的價值相反，他們必要面對上帝嚴厲的審判。

10.3 從社會科學角度研究彼得前書

聖經學者巴卓（David Balch）和艾理略（J. H. Elliott）分別以社會科學的研究方法，探討彼得前書所採取的策略及針對的處境。[24]巴卓認為作者使用「家庭法規」（household code；彼前二11～三12），就像約瑟夫和斐羅的做法一樣，目的是為了護教。家庭法規的基本格式，其實早就在亞里斯多德（Aristotle）的著作中出現過（*Politics* 1.1253b.1～14）。亞氏認為倘若城市中的家庭都遵守這法規，可為社會帶來穩定、和諧及秩序。新約的作者使用這些法規時（參西三18～四1；弗五21～六9），就個別情況作出了適切的改動。巴卓認為，彼得前書的作者使用這法規，是要指出信徒若按之而行，可令當時希羅社會的人相信，彌賽亞運動是不會對國家社會構成威脅的，故此不應將他們視作擾亂社會秩序的不良分子；反之，大眾會明白他們都是奉公守法的市民，並且是有助促進社會穩定和平的。而事實上，法規對政權的肯定，的確能使強調權力的羅馬政府安心，因此社會人士對基督徒的猜疑、敵視，甚而迫害，都是不合理的。這樣一來，這新興的彌賽亞運動羣體不僅可為當時社會所接納，消弭信徒與社會大眾因信仰而引起的衝突，同時亦可在教會內部強調基督徒羣體對社會的責任，幫助信徒在不友善的社會環境中，找尋生存的空間，且能適當地作文化植入（acculturation）、融和及同化。

艾理略卻提出了不同的看法。他運用社會學對宗教流派形成的理論作出解說（conversionist sect model），[25] 認為在基督徒羣體形成的過程中，成員之間需要鞏固羣體的身分認同，強化其內聚力，始能建立更強的羣體意識和委身；同時他們亦可能要面對巨大的外在壓力。彼得前書以家庭法規作為彌賽亞羣體所要遵守的綱紀，目的是要鞏固這種羣體意識，但無形中卻使這彌賽亞羣體與外邦社會的關係變得疏遠。艾氏以彼得前書描述基督徒為「客旅」和「寄居的」作為起點（一 1，二 11），[26] 綜觀整卷書信所針對的處境和所用的策略，認為「散住的寄居者」與社會之間存在著衝突和矛盾，因為這些寄居者的社會地位低微，再加上信奉了基督教，益發難以融入社會。但這些衝突只會進一步加深這彌賽亞羣體的集體獨特性和認同感（distinctive collective identity；見一 2，一 3～二 10），而這種身分的認同感，又是這羣體達致內聚和團結（internal solidarity and cohesion）、[27] 並與外界劃清界線的動力所在（參一 14～16，四 1～4，五 8～9）。這些不為社會廣泛接納的人，終於在「神的家」——教會——尋得歸宿，找到安身立命之所，得著安慰。

巴卓和艾理略對當時的羣體的分析，各有強弱，不過我們亦無須就彼得前書的寫作目的，究竟是要受書人作「文化植入/適應」還是「團結內聚」而非作取捨不可。任何一個羣體與其所置身的整體社羣之間，均同時存在著這兩方面的動力。一方面，這羣體需要有獨特鮮明的身分認同，與外人保持明確的界線，另一方面亦要考慮自己如何在整個大社羣之中存活，與這社羣又有何關係。任何羣體均需有維繫界線（boundary maintenance）和系統結連（systemic linkage）。彼得前書的首部分（一2～二10），明顯與身分認同及維繫這彌賽亞羣體的界線有關，其增強內聚的作用顯而易見。至於「家規」部分，似乎在教導成員如何在社會中跟非信徒相處，以免引起不必要的衝突，並剔除公眾對信徒的戒心，致使他們能被社會人士接受。但嚴格來說，這不等於文化植入，因為彼得前書的「家規」明顯與當時代希羅家規的內容有別，內中所呈現的價值觀並不完全等同於當時社會的價值觀，例如將敬畏神（主）放在最決定性的地位（二17、18，三2、15）；又例如要尊敬眾人，把君王也包括在眾人之中，這與其當代羅馬政權推崇君王敬拜，將羅馬的君主看為神明，截然不同（二17）；還有要敬重妻子，叫她得到當得的尊敬，因為她與信主的丈夫共同承繼上帝生命的恩典，這在當時父權宰制的社會中，是極之罕有的看法（三7）。作者教導信徒，身為在世寄居的神的子民，如何在家庭中與其他成員相處，而護教的作用只屬次要，可算為附帶的結果（三15）。

10.4 從昔日的潔淨觀看猶大書和彼得後書

10.4.1 潔淨和不潔的象徵世界

第一世紀的猶太人社會是個講求潔淨的社會（purity

society）。這種社會不僅見於猶太羣體，亦存在於世界不同時空的文化，其中的成員以聖潔與否作為種種分野的準繩。[28] 潔淨與不潔的區分，應用在不同的生活層面，可指個人、羣體、行為、地點、物件（如動物）和時間。在個人和羣體方面，以猶太人的社會為例，涉及的範圍包括種族或個人的出身（如撒馬利亞人、私生子、外邦人）、自主的行為（如觸摸了死屍）、不能自主的生理變化（如經期中的婦女）、社會地位（如妓女是不潔的），以至身體的狀況（如先天殘缺、有病和殘障者是不完整的，所以被視為不潔）等等。

可見潔淨與不潔淨不一定是與道德有關，但亦會延伸至道德的範疇（如罪人是不潔的）。在第一世紀的猶太社會，特別是在法利賽主義（要求一般百姓過祭司的生活）的影響下，一種以聖殿及其獻祭制度為聖潔標準的生活方式，漸漸成為羣眾每天的關注。這標準是建基於以利未記十九章 2 節 ——「你們要聖潔，因為我耶和華你們的上帝是聖潔的」—— 為綱的聖潔法典之上，再由此界定如何可以保持潔淨，離開污穢和不潔。

獻祭（當聖殿仍存在時）和行潔淨的禮儀，是猶太人生活中的重要部分。這聖潔的界限構成了一個重要的社會秩序，就是惟有那些完整、聖潔的人，才能蒙上帝悅納，亦為社會接受。這種以聖潔與不潔為標示的象徵世界，有效地劃分出「自家人」（insiders）與「外人」（outsiders），令生活在外邦管治下或散居各地的猶太民族，得以保持其身分的獨特性。[29]

如後頁圖 10.2 所示，對新約的信徒來說，使人玷染污穢的是今世屬於地上政權的世界（A）。信徒被稱為聖徒（參如林前一 2；弗一 1；彼前一 2，二 9；來三 1；猶 3 節），信徒的羣體被稱為上帝的殿（林前三 16 ～ 17；林後六 16 ～ 18；弗二 20 ～ 22；彼前二 4 ～ 8；啟二十一 22），正是要表明信徒因著基督得到潔淨，活在聖潔的領域之內（B）。信徒的行事為人一方面要保持聖潔，另一方面要作世人一般認為合宜的事（參羅十三1～7），只是要小心，不能使自己因此受玷污（C）。聖化的過程就是將外圍屬平凡領域的部分（A），透過邊緣，即信徒的活動（C），將之納入聖潔的領域之中（B）。

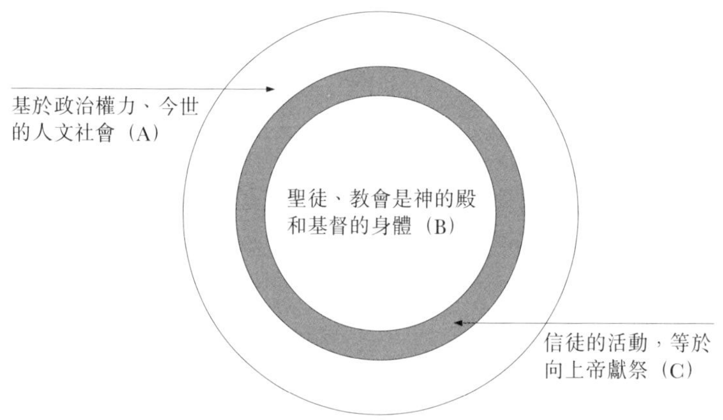

圖 10.2　教會使社會聖化之過程示意圖

10.4.2 猶大書和彼得後書的正邪之爭

黎偉（J. H. Neyrey）將猶大書和彼得後書內，對受書人和異端敵對者的描述，排列成對立的項目如右表。[30]

作者透過以上的對比，將聖徒、敬虔的人（猶3節；彼後二9），跟污穢、不敬虔的人（猶15、18節；彼後二13～14、20）、沒有靈性的人（猶10、19節；彼後二12）作清楚的劃分，勸勉信徒不要被這些滲透到他們信仰羣體中間的人動搖、欺騙和操控（猶4節；彼後二1、13～14、18）。聖徒和敬虔的信徒是那些忠於傳統教導（猶3、17、20節；彼後一16～18、

受書人	敵對者
猶大書（節數）	
聖潔（3、20、24）	不敬虔（4、15、18）
等候憐憫（2、21、22～23）	等候審判（4、6、9、15）
存懼怕的心（23）	無所懼怕（12）
無瑕無疵（24）	污穢、玷污（8、12、23）
在聖靈裏禱告（20）	內裏沒有聖靈（19）
造就自己（20）	引人結黨（19）
站在神面前（24）	失腳
得救（25〔？〕）	滅亡（5、11）
榮耀神（24～25）	挑戰上帝（4、17〔18？〕）
彼得後書（章節）	
敬虔的人（一 3、6、7，二 9，三 11）	不敬虔、不義的人（二 5、6、9、13，三 17）
得潔淨（一 9，三 11）	敗壞（一 4，二 12、19）、污穢（二 10、20，參二 22）
沒有玷污（三 14）	被玷污、有瑕疵（二 13）
滿有美德（一 5～8）	充滿情慾（二 10）
是豐足的（一 2、3）	是虛空和貧乏的（一 9，二 17）
有真正的知識（一 5～6）	缺乏真知識（二 12）
聽從先知、主的話和傳統的教導（一 16～21，三 2～7、15）	拒絕先知、主的話和傳統的教導，狂傲自大（一 9，二 3、18，三 3～5、8）
肯定神的審判（二 4～9）	否定神的審判（二 3，三 3～4、9）
仰望基督復臨，安然見主（三 12、14）	基督復臨時受神的審判（二 9，三 7）
堅定不移（一 10、19）	不堅固、沉淪（二 14，三 16）

19～21，三 1～7、16），以耶穌為主、審判者和救主的人（二 20）；不敬虔者則是那些挑戰傳統教導的人（彼後二 1～3，三 4）。信徒羣體需要防範的，就是被這些不潔的人滲入，以致整個羣體被玷污。敬虔的人必須慎防這些好譏誚的人，將他們拒於羣體之外（猶 23 節；彼後三 17），並使受他們影響的人回轉（猶 23 節）。敬虔的人也要保守自己在傳統的教導之中，確保將來可以毫無瑕疵地（彼後三 11、13）來到神面前（猶 24 節；彼後三 14），與上帝的性情有分（彼後一 4），進入祂永恆的國度（彼後一 11），享有上帝和救主耶穌基督的義、行在義路之

中的人，好像挪亞和羅得一樣（彼後二 5～8；參二 21），最終活在有義居在其中的新天新地裏（彼後三 13），因為神是公義和聖潔的。不敬虔的人的生活污穢（猶 8、12～13 節；彼後二 13～14），他們隨從自己的私慾而行（猶 4、7、16、18 節；彼後二 10），是沒有靈性的畜類（彼後二 12；參二 22）。作者指斥這些曾因認識主救主耶穌基督而脱離從世上來的污穢的假師傅，竟然走回頭路，被情慾邪淫（猶 16、18 節；彼後二 2、10、14）和貪婪享樂（猶 12 節；彼後二 3、13、15～16）操縱，自把自為（猶 15 節；彼後二 10～11），只顯露出他們本性的不潔，就好像不潔的畜類如狗和豬一樣，本性不改，自取沉淪（彼後二 21～22）。他們又否定末後的審判（彼後三 3～4），然而他們的結局就是滅亡；追隨他們的，也必和他們一樣，承受同樣的命運，被火焚燒（猶 4 節；彼後二 1、3、6、9、12、17，三 7、10、16），就好像上古那些犯罪的天使和挪亞時期那些犯罪的人、所多瑪和蛾摩拉、並可拉一樣，自取滅亡（猶 6～7 節；彼後二 4～5，三 6；參創六 1～12）。猶大書和彼得後書的作者將這世界劃分為正／邪、聖潔／污穢、公義／不義，將信徒置身的處境劃分為恰當／不恰當的地方，用這種以二元語言來劃分界線的做法，其目的就是要讀者清楚知道潔淨與不潔淨的界線所在，不給那些假師傅留半點餘地，非將他們驅除淨盡不可。[31]

文化人類學及社會科學的鑑別法，為詮釋新約時代的文化和社會動力，提供了一些有用的工具。使用這工具最大的危險，在於將這些詮釋的工具看為是絕對的，傾向將所有資料硬套入這些模型之中，這樣，不只會扭曲資料，且可能會忽視了那些不符合模型的資料，甚而將之排除，或做成時空錯置（anachronistic）。其實，這些模型的出現，往往是通過一些近代社會學分析歸納而得，或是近代人類學家分析某現存文化而得，不一定放諸四海皆準。不但社會學家對這些模型沒有一致的看法，且往往不斷作出修正，而且不同地區、時代和民族，總有文化及社會動力上的差距。因此，使用這些工具時，我們必須意識到這些工具的限制。另一方面，從古代文獻所得的資料有限，並不全面，當我們使用這些資料重構當個時代的社會現實時，這些詮釋的模型往往充當填補空隙的角色，所重構出來的所謂社會歷史（social history），也可能只是那模型的伸延，並不一定是歷史的真貌，詮釋者尤需慎重使用之。[32]

推薦書目

一、應用社會科學方法於新約研究之著作

Holmberg, Bengt. *Sociology and the New Testament: An Appraisal*. Minneapolis: Fortress, 1990. 此書簡述過去不同學者將社會學的方法應用於新約研究的努力，且對此作出相當中肯的評價。

二、應用文化人類學於新約研究之著作

Malina, Bruce J. *The New Testament World: Insights from Cultural Anthropology*. 2nd ed. Louisville: Westminster John Knox Press, 1993. 此書根據文化人類學對地中海民族的研究，剖析聖經背後的文化因素。屬經典之作。

Pilch, John J., and Bruce J. Malina, eds. *Biblical Social Values and Their Meaning: A Handbook*. Peabody: Hendrickson, 1993. 此手冊有超過一百項條目，就古地中海的人對家庭、社會和世界的觀念，以及聖經時代的社會對不同事物的價值觀，不同學者撰寫簡潔易明的解釋，其中亦比較了昔日文化與現代西方文化之異同。

deSilva, David A. *Honor, Patronage, Kinship & Purity: Unlocking New Testament Culture*. Downers Grove: InterVarsity Press, 2000. 此書介紹文化人類學的方

法，並將它應用於新約的詮釋，並提供很多具體新約的例子，以作說明。

蘇發聯。《新約社會文化》。香港：思高聖經學會，2000。這是筆者所接觸到的，惟一從文化人類學的角度，研究地中海文化與新約世界的中文著作，內容簡潔易明。

三、普通書信各書卷的參考書目

1. 希伯來書

Guthrie, George H. *Hebrews*. Grand Rapids: Zondervan, 1998.（中譯：喬治．格思里。陳永財譯。《希伯來書》。香港：漢語聖經協會，2006。）本書除了釋經外，還有神學和實踐上的討論。

馮蔭坤。《希伯來書》。卷上、下。香港：天道書樓，1995。作者以一貫極高的水準，詳細地作釋經討論，嚴謹可靠。

2. 雅各書

Bauckham, Richard. *James: Wisdom of James, Disciple of Jesus the Sage*. London: Routledge, 1999. 本書並非一般釋經著作。作者對雅各書的導論、神學和應用方面的問題，有頗深入的探討。

Moo, Douglas J. *The Epistle of James*. Grand Rapids: Eerdmans, 2000. 此書比作者於一九八五年為「丁道爾新約聖經註釋」（Tyndale New Testament Commentaries）撰寫的雅各書釋經（已有中文譯本）更加成熟，頗能清楚扼要地指出經文的重點。

張略。《雅各書註釋》。香港：基道出版社，2008。本書除了提供原文釋經之外，還加上詳細的釋義，解釋與應用並重。

3. 彼得前書

Marshall, I. Howard. *1 Peter*. Leicester: InterVarsity Press, 1991. 本書有簡潔的釋義及恰當的應用，相當淺白易明。

Michaels, J. R. *1 Peter*. Waco: Word, 1988. 作者對導論問題抱持福音派的一般立場，且有詳細釋經。讀者需對原文有一定認識。

張永信、張略。《彼得前書》。香港：天道書樓，1997。此書是時下彼得前書中文釋經書中寫得最仔細的一本。

4. 猶大書、彼得後書

Bauckham, Richard. *Jude, 2 Peter*. Waco: Word, 1983. 作者對導論問題有深入、詳盡的討論；他認為彼得後書是後人假借使徒彼得之名而寫，這點則較富爭論性。讀者需對原文有一定認識。

Charles, J. Daryl. "2 Peter, Jude." In *1–2 Peter, Jude*. Waterloo: Herald, 1999. 本書能在釋經和應用之間取得平衡，是上乘之作。

註釋

1. 特別參 S. C. Barton , "Historical Criticism and Social-Scientific Perspectives," in *Hearing the New Testament: Strategies for Interpretation*, ed. J. B. Green (Grand Rapids: Eerdmans, 1995), 61 ~ 89。這是一篇介紹、比較及討論歷史研究和社會科學研究方法的好文章。
2. 「普通書信」(General Epistles) 亦稱為「大公書信」(Catholic Epistles)。「大公書信」用在一組書信上，最早見於公元三世紀古基督教的歷史學家優西比烏(《教會歷史》〔*Historia Ecclesiastica*〕2.23.24 ~ 25)，他指稱有七卷稱為「大公」的書信被當代教會廣泛採用，其中包括雅各書和猶大書。亞歷山太的主教亞他那修 (Athanasius，公元二九七～三七三年) 在他所收錄的正典綱目的名單中，亦指出有七卷書信稱為「大公」書信，即雅各書、彼得前書、彼得後書、猶大書、約翰一書、約翰二書和約翰三書 (時約公元三七三年；參《節期書信》〔*Festal Letters*〕39.5)；其中如彼得後書和約翰一書，便曾被個別稱為大公書信。當時的人如此描述這些書信，是因為它們大多屬於巡迴傳閱 (encyclical) 的信，並不是指定寫給某一地方教會的。「大公書信」作為一組的書信，在正典綱目中的排列次序並非一成不變。優西比烏將約翰一書、彼得前書、啟示錄和受到爭議的雅各書、猶大書、彼得後書、約翰二書和三書，按以上次序，放在福音書、使徒行傳和保羅書信之後。亞他那修則將它們放在福音書和使徒行傳之後、保羅書信之前(《節期書卷》39.5)。事實上，除了《西奈抄本》(Codex Sinaiticus) 外，所有包括了保羅書信和大公書信的希臘文大字體 (uncial) 抄本，都是將大公書信排列在先。現時大多數版本採納的次序，明顯受耶柔米 (Jerome) 的拉丁文版本《武加大譯本》所影響。希伯來書並未被古代作家視為屬大公書信，但後來大部分學者均認為此書並非保羅所寫，故將之納入為普通書信的其中一卷。

3. Bruce J. Malina, *The New Testament World: Insights from Cultural Anthropology*, 2nd ed. (Louisville, Westminster John Knox Press, 1993）, 28 ～ 62；J. Plevnik, "Honor / Shame," in *Biblical Social Values and Their Meaning: A Handbook*, ed. J. J. Pilch and B. J. Malina (Peabody: Hendrickson, 1993), 95 ～ 104；蘇發聯：《新約社會文化》（香港：思高聖經學會，2000），頁 7 ～ 22。
4. 例如，有人質疑耶穌的出身，見太十三 54 ～ 57；可六 3；路四 22；約七 40 ～ 42。
5. 「更加」（*kreittôn, kreissonôn*）這字眼，在本書出現過十三次，其中十二次是與基督的身分及祂所帶來的新約有關的：來一 4（耶穌其名比天使更尊貴），七 7（亞伯拉罕比麥基洗德的位分小）、19 節（更美的指望）、22 節（耶穌是更美之約的中保），八 6（耶穌的職任是更美的），九 11（耶穌經過那更大更全備的帳幕）、23 節（更美的祭物），十 34（更美長存的家業），十一 16（更美的家鄉）、35 節（更美的復活）、40 節（更美的事），十二 24（耶穌的血比亞伯的血更美）。
6. 「房屋」和「家」在原文中為同一字（*oikos*）。
7. David A. deSilva, *Perseverance in Gratitude: A Socio-Rhetorical Commentary on the Epistle "to the Hebrews"* (Grand Rapids: Eerdmans, 2000), 131.
8. deSilva, *Perseverance in Gratitude*, 137.
9. 有關希伯來書如何以信徒應當像基督一樣「輕看羞辱」，接受從上帝而來、以基督為準的評價，去拒絕根據世人的標準作榮譽和羞辱的評價，可參註 7 作者的專門研究：David A. deSilva, *Despising Shame: Honor Discourse and Community Maintenance in the Epistle to the Hebrews* (Atlanta: Scholars, 1995)。
10. Gerhard E. Lenski, *Power and Privilege: A Theory of Social Stratification* (New York: McGraw-Hill, 1966).
11. Lenski, *Power and Privilege*, 210 ～ 283.
12. Douglas E. Oakman, *Jesus and the Economic Questions of His Day* (Lewiston / Queenston: Edwin Mellen, 1986), 17 ～ 57；Ze'ev Safrai, *The Economy of Roman Palestine* (New York / London: Routledge, 1994), 322 ～ 338；Sean Freyne, *Galilee, from Alexander the Great to Hadrian, 323 B.C.E. to 135 C.E.* (Edinburgh: T & T Clark, 1998), 156 ～ 170.

13. Oakman, *Economic Questions*, 71 ～ 72.
14. Oakman, *Economic Questions*, 70 ～ 71.
15. E. P. Sanders, *Judaism: Practice and Belief 63 B.C.E.–66 C.E.* (London: SCM, 1992), 167.
16. Marcus J. Borg, *Conflict, Holiness and Politics in the Teaching of Jesus* (Lewiston / Queenston: Edwin Mellen, 1984), 32 ～ 33；Richard A. Horsley and John S. Hanson, *Bandits, Prophets, and Messiahs: Popular Movements in the Time of Jesus* (Minneapolis: Winston, 1985), 56.
17. 特別參 K. C. Hanson and Douglas E. Oakman, *Palestine in the Time of Jesus: Social Structures and Social Conflicts* (Minneapolis: Fortress, 1998), 113 ～ 125。
18. 編譯自 Dennis C. Duling and Norman Perrin, *The New Testament, an Introduction: Proclamation and Parenesis, Myth and History*, 3rd ed. (Fort Worth: Harcourt Brace College Publishers, 1994), 56。
19. Martin Dibelius, *A Commentary on the Epistle of James*, rev. Heinrich Greeven, trans. M. A. Williams (Philadelphia: Fortress, 1976), 40.
20. 有關以社會標籤作為一種劃分界線的工具，參 Bruce J. Malina and Jerome H. Neyrey, *Calling Jesus Names: The Social Value of Labels in Matthew* (Sonoma: Polebridge, 1988)；R. C. Webber, "'Why Were the Heathen So Arrogant?' The Socio-Rhetorical Strategy of Acts 3–4," *Biblical Theology Bulletin* 22 (1993): 19 ～ 25。
21. 貧富地位的逆轉，並非只在論及末世的論述中才出現，在希臘的悲喜劇中亦常見到，參如月 John O. York, *The Last Shall Be the First: The Rhetoric of Reversal in Luke* (Sheffield: JSOT Press, 1991), 173 ～ 182。然而，在福音書中談及雙重逆轉（貧變富、富變貧）而又具有末世背景的討論，則只見於猶太的傳統，如賽二 9 ～ 12；《以諾一書》（*1 Enoch*）92 ～ 95。
22. 參利十九 15。有關雅二 1 ～ 6 所描述的場景是法庭而非敬拜，見 R. B. Ward, "Partiality in the Assembly: James 2:2–4," *Harvard Theological Review* 62 (1969): 87 ～ 97。不少學者（如 R. P. Martin、L. T. Johnson 等）都接受這看法。
23. 參 Philip F. Esler, *Community and Gospel in Luke-Acts: The Social and Political Motivations of Lucan Theology* (Cambridge: Cambridge University Press, 1987), 174。

24. 艾理略在這方面的代表作，有：*A Home for the Homeless: A Sociological Exegesis of 1 Peter, Its Situation and Strategy* (Philadelphia: Fortress, 1981)；*1 Peter: Estrangement and Community* (Chicago: Franciscan Herald, 1979)；*What is Social-Scientific Criticism?* (Minneapolis: Fortress, 1993), 70 ～ 86。巴卓的著作則見於 *Let Wives Be Submissive: The Domestic Code in 1 Peter* (Chico: Scholars, 1981)。他們之間的辯論，見 John H. Elliott, "1 Peter, Its Situation and Strategy: A Discussion with David Balch," in *Perspectives on First Peter*, ed. C. H. Talbert (Macon: Mercer University Press, 1986), 61 ～ 78；David L. Balch, "Hellenization / Accuration in 1 Peter," in *Perspectives on First Peter*, 79 ～ 101。特別參 Carolyn Osiek, *What Are They Saying about the Social Setting of the New Testament* (Mahwah: Paulist, 1992), 81 ～ 92 對兩者的評論。
25. 艾氏的理論，建基於威爾遜（Byran Wilson）對宗教流派（sect）特質的分析。見威爾遜的著作：*Magic and the Millennium: A Sociological Study of Religious Movements of Protest among Tribal and Third-World Peoples* (San Francisco: Harper & Row, 1973)。
26. 艾理略認為，「客旅」(*paroikos*)一字與「家」(*oikos*)一字在希臘文是同源字，作者有意將之用作雙關語。因此二章 5 節的「家」不是指聖殿，而是指家庭。
27. 艾理略指出有六個以"*syn-*"為前綴（prefix）的字，以此作為論據去支持作者的目的是要推崇內聚的說法，並指出信中強調彼此相愛和尊重、謙卑和彼此服事（一 22，三 8，四 8～11，五 1～5）。
28. 參杜曼麗（Mary Douglas）的研究，見氏著：*Purity and Danger: An Analysis of the Concepts of Pollution and Taboo* (New York / London: Routledge, 1984)；原著於一九六六年出版。
29. 特別參 Malina, *The New Testament World*, 149 ～ 148；J. H. Neyrey, "The Symbolic Universe of Luke-Acts: 'They Turn the World Upside Down'," in *The Social World of Luke-Acts*, ed. J. H. Neyrey (Peabody: Hendrickson, 1991), 274 ～ 285；蘇發聯：《新約社會文化》，頁 62 ～ 79。
30. Jerome H. Neyrey, *2 Peter, Jude* (New York: Doubleday, 1993), 37 ～ 38, 136 ～ 138.
31. Neyrey, *2 Peter, Jude*, 138.
32. 例如，將社會學模型應用在耶穌的彌賽亞運動時，就出現不同的模型，它們對該運動的真貌，有完全不同、甚而相反的理解，見 R. A. Horsley, *Sociology*

and the Jesus Movement (New York: Continuum, 1989) 對德國學者戴歌德（Gerd Theissen）的結構功能性（structural-functionalism）社會學分析的批評，以及他自己以社會衝突的模型作分析所得的、對耶穌運動的社會學重構。

第11章
「這經為我作見證」：整全的聖經研究

余達心

11.1 一點分享、三個問題

我一九七二年進入神學院，一九七五年畢業。對我來說，三年神學生涯最難熬的是第一年。難熬不是由於要接受填鴨式的希臘文學習，因為我在開學前的暑假，希臘文已過了關，而希伯來文則安排在第一年後的暑假。難熬的倒是舊約導論和新約導論。上完這兩科，我在教會七年來建立的對聖經幼嫩的信念幾乎給拆毀了。這原本是好事，因為要建立更穩固而寬廣的信仰架構，便得有所拆毀。然而建立的指引從何而來？老師們就疑難提出的解答固然有幫助，但因時間所限，往往都是點到即止；而真正影響、挑戰我們這羣學生的，是大量排拒福音信仰的聖經研究著述。沒有足夠資源作判斷的神學初哥，只能無助地浮沉於各式各樣批判理論的大海中。

兩科導論讀完，除了一大堆批判方法的速寫，以及由之而來的各種關乎聖經書卷的歷史考證、作者考證、文學體裁、文本形成的歷程、素材的來源、編修的主導意念，餘下的便是另一大堆對聖經基本性的疑問。聖經到底是怎麼樣的一本書？按教會肯定而確切的教導，聖經是上帝所默示的，是神的話語，是生命真理，在信徒的信仰及生活中有絕對的權威。但進入到這些研究的討論中，聖經卻似乎是另一回事。主流的學術理論首先給我們見到的是聖經分割的狀態，不少學者根本上就假設了聖經內的多元文本必須獨立看待，才算忠於其本體。大部分聖經導論的教科書，交代完個別書卷或書卷組別的社會歷史和文學歷史等問題，便算大功告成，至於書卷與書卷之間的內在關連，或整本聖經的內在「統一性」(unity)，卻鮮有處理，彷彿這類問題不值一談，只留給教義神學家去討論好了。另外，這樣的研究與信仰有甚麼關係？很可惜，研究方法背後的假設與信仰之間的協調或潛在衝突，通常都擱在一旁。短短的一個學期，要處理的書卷這麼多，其牽涉的問題這麼複雜，學生哪有空間去思考研究方法對信仰的含義，更遑論探討如何從信仰宣認的角度去研究聖經。然而這又是極其關鍵的問題。這些問題得不到解答或思考指引，神學入門者便很容易感到迷惘。這情況在福音信仰的神學院如福樂神學院(Fuller Theological Seminary)尚且如此，在其他神學院又會如何？我當時的聖經老師，個個都篤信聖經完完全全是神的話語，這在他們所寫的釋經和聖經神學著作中表露無遺。那問題出在哪裏？一方面，我們要問，這是不是「新約導論」、「舊約導論」這類課程的設計及編排問題？另一方面，值得我們深思的是，福音信仰的羣體是否應該毋庸致歉地、大膽地討論和思考這類關鍵性的問題，並出版更多著述？聖經研究的方向應該是怎麼樣的呢？

最近讀杜克大學(Duke University)的聖經教授戴維斯(Ellen F. Davis)的一篇文章〈以教會宣認信仰的進路去教授聖經〉("Teaching the Bible Confessionally in the Church")，勾起不少共鳴。文中她分享了初次教舊約導論的掙扎與冒險的決定。掙扎，乃因在杜克大學的課程概覽中，舊約導論的簡介已明言這課程注重研究舊約文本的歷史及宗教背景，研究古代以色列的社會歷史（social history）以及聖經文本的文學歷史（literary history）。她坦言，若要如此教授這一科，她根本沒有興趣。結果她冒險將課程簡介改為：「研究舊約，以它作為以色列信仰既複雜又豐富的見證來剖析它。」[1] 冒險，乃因在杜克這樣的大學中，她這樣做可能會見笑於同行並遭排斥。不過她還是願意冒這個險，為的是要重拾以教會信仰的角度來研讀聖經，將它看為上帝的話語來讀。身為一個有信仰的學者，一個代表教會作教導的釋經者，她責無旁貸，必須嘗試以教會認信的角度去研究聖經。她指出，上一代學者為了回應教會忽視歷史研究而致力於歷史鑽研，然而，「在現今知識界的氣候中，聖經常被『過度歷史化』地閱讀，即是說，過於狹窄地閱讀。很多主流基督教會的神學院研讀聖經時，彷彿其目的只是為讓我們洞悉古代的意識形態或歷史事件。但若從認信的角度去閱讀，在聖經中我們便能看出它本身有著不同的目的：首先，它告訴我們上帝的本質和祂的旨意，教導我們了解上帝如何多方面並隱藏地在世界中臨在和行動，並向我們展示，在每一件事上，我們都得面對上帝。一言以蔽之，聖經的基本目的是神學表述。[2]

我非常認同這看法，也為她有這樣冒險的勇氣而感到鼓舞。每一個抱持福音信仰的聖經研究學者或神學生，在現今的學術氛圍中，很難不為這問題掙扎：忠於學術，我們應如何從認信的角度去研究聖經？這是否可能？我們是否應該作這樣的嘗試？這是我的第一個問題。

第二個問題是關乎聖經的內在統一性和一致性（coherence）。這問題緊接第一個問題。若不相信從認信的角度去理解聖經是可能的，那麼聖經有沒有內在的統一性和一致性便無關痛癢了。然而對福音信仰的基督徒來說，這是多麼重要！在以馬忤斯路上，耶穌向那兩位極度迷惘的門徒，「從摩西和眾先知起，凡經上所指著自己的話都給他們講解明白了。」（路二十四 27）福音信仰的學者應如何對待路加記述耶穌的這段話？尤有甚者，約翰記述耶穌向文士和法利賽人這樣說：「你們查考聖經，因你們以為可以從其中得永生；這經正是為我作見證的……如果你們信摩西，也會信我，因為他寫過關於我的事。你們若不信他的書，怎能信我的話呢？」（約五 39 ～ 47，經文乃筆者另譯）約翰不單記述耶穌認定舊約聖經為祂作見證，更記述腓力的認信：「腓力找著拿但業，對他說：『摩西在律法上所寫的和眾先知所記的那一位，我們遇見了，就是約瑟的兒子拿撒勒人耶穌。』」（約一 45）還有福音書多處引用舊約聖經，以證明耶穌就是上帝預早在舊約宣告、祂要差來的那位，如馬太福音一章 23 節引用以賽亞書七章 14 節：「必有童女懷孕生子；人要稱他的名為以馬內利」，又如施洗約翰引以賽亞書四十章 3 至 5 節，以指出「我就是那在曠野呼喊的聲音：修直主的道。」（約一 23，經文乃筆者另譯）不要說新約其他書卷多達百多處地方引用舊約聖經了。使徒們肯定相信他們所傳的福音是與舊約的信仰一脈相承的。現今不少學者跟隨哈納克（Adolf Harnack）的看法，不單認為新約與舊約沒有必然關係，更認為新約的作者強解、曲解了舊約的原意。面對這樣的理論，我們如何處之？我們不能假設，不問這些問題，這些問題便會自然消失。這些問題揮之不去，正好表明釋經不單是歷史考證推敲和文學剖析的研究，也同時是神學的思考。哈納克及他的追隨者在研究歷史時已經做了神學判斷與決定。

第三個問題是，歷史批判、文學批判、溯源批判（source criticism）、文體批判（form criticism）、修辭批判（rhetorical criticism）及敘事批判（narrative criticism）等剖析聖經的方法，

到底與福音信仰是否可以共融？這問題在福音信仰的羣體中時起爭論，而爭論也不時充滿火藥味。保守的釋經學者常恐這些「未受割禮」的批判方法至終會摧毀聖經無誤的絕對性，他們認為任何批判都會質疑聖經的真確性。蒙哥馬利（John Montgomery）認為，使用這些批判就等同對正統福音信仰予以致命一擊。[3]蓋斯勒（Norman Geisler）亦警告，福音信仰的學者一旦使用聖經批判方法，便無可避免地破壞聖經的真確可信性。[4]然而，矛盾的是，就算最保守的新約學者都會使用鮑爾（Walter Bauer）以其銳利的歷史—文學批判方法寫成的《新約及早期基督教文獻希臘文大詞典》（*A Greek-English Lexicon of the New Testament and Other Early Christian Literature*），或者使用基特爾（Gerhard Kittel）用相同的批判方法寫成的鉅著《新約神學詞典》（*A Theological Dictionary of the New Testament*），以此作為詮釋新約聖經的工具。新約聖經學者賴德（George Ladd）提醒我們，為了更好地理解聖經，我們慣常使用的聖經工具書，往往都是歷史、文學批判的產物，而不少否定批判方法的保守人士，都會毫不猶疑地使用這些以批判方法得來的成果。[5]不過，賴德一方面為應用批判方法辯護，一方面卻說漏了口：「現在，相當清楚的事實，就是歷史批判方法本身不是由開放、中立、客觀的聖經研究而來的，而是出自理性主義的假設，這些假設容不下啟示和默示。」[6]這正是問題所在。假若賴德的說法是對的，蒙哥馬利與蓋斯勒的警告豈非完全正確？歷史批判的方法既由否定啟示—默示的意識形態而來，用之豈非必然招至信仰的破產？當然，還未及說清楚的是，賴德及不少福音信仰的聖經學者相信，基於否定啟示的假設而開展的批判方法，本身就需要接受批判。亦即是說，福音信仰的學者必須開展一套既尊重歷史事實，卻又向上帝超自然的行動抱開放態度的歷史判斷方法，而更重要的是，看清楚聖經記述歷史的情調、動機和形式，與現代學者對歷史記述的看法，可能有很大差別。然而，問題仍在。到底抱持福音信仰的聖經學者，是否膽敢對現時流行的批判方法所依據的前設作出批判？抑或他們會不問因由，就手拈來，缺乏批判地使用這些批判方法？他們是否會如巴特形容的某些神學家，「站在歷史批判面前，驚慄戰抖」？抑或，他們因哲學根底薄弱而未能洞察這些批判方法內藏的哲學假設？有多少福音信仰而專事釋經的學者，會花時間對神學或哲學作稍為深入的理解？在現今「聖經研究」與「神學」劃分清晰的氣候中，不少聖經學者只慣於在極狹小的範疇中埋首窮經，對哲學潮流可以不聞不問或一知半解，更遑論揭示潛藏在研究方法內那些未經批判的哲學假設或偏見。

想深一層，既然福音信仰的學者在尋求深入理解聖經文本時，起碼在駁斥否定基督教信仰的釋經之時，無可避免地需要精通歷史、文學、社會學剖析的方法，那麼我們是否需要對「批判」有一個較平衡的評估，並尋求重塑聖經批判的進路？「批判」（criticism）一詞本身就帶著一種負面含義；將這詞彙應用在聖經研究上，「聖經批判」很自然會使人有「專事批評聖經以否定它的真確性」的印象。但“criticism”一詞，探本索源，希臘原文“*krinō*”的意思是「分解、拆開、選擇、判斷、篩選及評估證據」，[7] 也就是「剖析、判別、分辨、判斷」之意，而不一定含懷疑、批評、否定之意。不幸的是，聖經批判的確在其發展的軌迹中，與理性主義、人本主義及科學主義所構成的世界觀互相緊扣；從這世界觀出發，聖經批判一開始便以否定超自然啟示的角度來研讀聖經的敍事，因而在其中看到的不可能是真實發生的神蹟奇事，而是一大堆「怪力亂神」的神話，或充滿想像的傳說。判定其如此，研究的向度自然是從近東的歷史文化追索根源。這是自然不過的。在這一大堆啟蒙運動遺留下來的文化瓦礫（cultural rubbles）或文化包袱底下，福音信仰的學者如何能擺脫這影響而對聖經作誠實的「剖析、篩選及評估證據、判別、判斷」，是很重要卻又很艱難的挑戰。

11.2 前設決定閱讀

聖經到底是怎樣的一本書，值得我們化這麼大的心力，用這麼多時間去研讀？做聖經研究的人，要化起碼數年的功夫學習原文，同時要浸淫在聖經及古代近東的歷史、地理、文化中，對集於其內的不同書卷進行精細的剖析，從歷史批判、文學批判到宗教傳統比較等多角度，殫精竭慮地從事研究工作。有些學者窮其一生鑽研聖經，視之為使命，也有以之為業。聖經研究近代更儼如一項文化工業，在文、史、哲研究衰落的年代，竟在一些世俗化熾烈的大學中一枝獨秀，相關的論文、書籍更如雨後春筍。為何聖經研究會如此蓬勃？而這蓬勃的景象竟出現在基督教式微、聖經權威被否定的歐美大學！聖經研究若興旺於篤信聖經乃上帝話語的羣體中，那是自然不過的事；不少以研究聖經為業的學者既不信聖經是上帝的啟示，也不相信聖經有多少歷史真確性，更不認為聖經有很高的文學價值，卻願呆在大學中虛耗生命，研究一本對他們來說沒有多大文化價值的文集，確使人費解。數年前，我參與海德堡大學（Heidelberg University）的一項為期五年的研究計劃，從聖經、神學、哲學等多角度去反思、批判當代的「自由觀」，來自世界各地的十五位學者定期聚首研討。在一次討論中，哈佛新約教授費許妮莎（Elizabeth Schüssler-Fiorenza）力陳新約聖經根本沒有自由的觀念，有的只是人必須作上帝奴隸的觀念；這觀念在保羅的神學中最為鮮明，在福音書也不惶多讓。按她的理論，基督教是一個壓制自由的宗教。在熾熱的討論中，有人問她：基督教既如此不濟，那你為甚麼仍以基督教神學家為任，虛耗生命去鑽研新約聖經？她簡單直接地回答說：「難道你看不見今日還有很多人依然被這奴隸觀捆綁住嗎？我繼續以教授新約為事，為的是要解放這些人。」那時我才晃然大悟，有人致力研究聖經，為的是要否定聖經的價值，或摧毀在聖經內一些他們認為壓制人性的「潛敍事」（meta-narrative）。不少如費許妮莎般的學者，自詡以客觀的科學方法去研究聖經，其實卻暗藏對聖經的前設，不單以「現代」的世界觀判定甚麼是不可能發生的歷史事件，而只可能是滿載想像的傳說或虛構的神話，更以當代的意識形態去解構聖經的「潛敍事」，以消解它在現代文明仍殘留的魔咒。

這些學者的起點及立場，乃視聖經所有書卷純粹為古時的歷史文化產物，完全是人的創作。猶太教和基督教傳統的所謂啟示，在他們看來，全是「前現代世界觀」（pre-modern world-view）的概念。對他們來說，「上帝」也不過是一個「文化建構」（cultural construct），極其量不過象徵人文精神自我超越的最高境界。否定了上帝和超越啟示的真實性，聖經只能純粹用歷史、社會建制、文化結構或文學創作技巧的角度去研究及理解。古典文學大師周伊特（Benjamin Jowett）最能代表這種立場，他說：「我們沒有理由去假設聖經有別於柏拉圖（Plato）或荷馬（Homer）的作品，認為它有另類設計。」[8] 所謂「另類設計」就是指「上帝默示」這信念。歷史神學家史坦麥茲（David Steinmetz）說得好，雖說周伊特來自十九世紀，現今學者的批判技巧，不知比他進步了多少，對文本的複雜性及內在結構的層次的掌握，不知深入了多少，但基本上他們都與周伊特一樣，所追尋的是經卷的原始意義（primitive meaning），亦即是經卷作者或編者或當時信仰羣體所意圖表達的本意（intended meaning）。用他簡單直接的說法：「聖經只有單一意義，就是當先知或使徒向當時的聽眾或讀者宣講或寫作的時候，他們心中所要表達的意思。」[9] 在他看來，只有那些無知或欠缺科學知識的人才會以為在聖經的文本以外還有所謂的「神聖意義」（divine meaning）。[10] 因此，我們能在聖經不同書卷所掌握的，不過是不同時代的人的宗教信仰生活、神學闡述、歷史詮釋和宗教感情的抒發。

否定了上帝是所有聖經作者背後的終極作者，那麼救恩歷史的開展便全是一種宗教想像。因此，周伊特認為，我們不單不應該假設聖經是由神聖默示而來，也不應像教會傳統那樣，相信新約是舊約的延續，彷彿兩者有著一種必然的內在關係。他說：「舊約不應與新約連結在一起，就算是舊約中的摩西律法與先知書之間也不應如此；同樣地，福音書與書信都一樣，我們也不應將保羅書信與雅各書強暴地調和（violently harmonized）。每一個作者，每一個緊接的時代，都有它自己的獨特性……設若將約翰福音跟符類福音調和，或將約翰福音與啟示錄調和，不單不能產生亮光，只會將它們原本的意思混淆了。」[11] 亦即是說，聖經中每一卷書卷都有自己獨特的歷史、文化及社會處境，其出現乃為針對當時獨特的需要，無論是政治的、道德價值的或宗教經驗的。其所用的精神資源，即各種概念、意象以及神學解說，都在其周邊的歷史、文化中有迹可尋。每一卷書都應獨立地對待，硬要將其他書卷與它捆綁在一起，以祈在它們中間看出相連而統一的意義，只會干擾或損害每一卷獨立書卷的完整性。因此，在當今不少聖經學者中，談聖經內部的多元相異性（diversity）是理所當然的，若要談不同書卷的相連統一性(unity),只會廣受質疑、排拒,需有獨排眾議的勇氣。現時聖經研究的氣候就是這樣,環繞著我們的形形色色的釋經材料,都是以這種前設進行批判的工作。我們若沒有清晰的立場,很難不會隨流失去。

擺在我們面前的這本聖經到底是怎麼樣的一本書?它是「一本」抑或是互不關連的「多本」?它是純歷史文化的結集,全出於人的手?抑或它是上帝的靈與人的手結合而成的作品?我們對於聖經本質的立場將決定我們如何去對待它、研讀它,也決定我解讀的結果。前設決定閱讀的另一個很好的例子,就是克萊斯(David J. A. Clines)對摩西五經的解讀。一九七八年,當他還宣稱自己是持福音信仰的聖經學者時,用歷史、文學批判結合演說修辭批判,寫成了很有分量並且有鮮明福音派立場的《五經主題》(*The Theme of the Pentateuch*)。他根據批判研究的結果作出剖示,表明有一明確主題貫穿五經,這主題乃為「應許與成全」(promise and fulfillment),正是闡述救恩歷史的一個非常重要的主題。顯然,他在這裏所要做是聖經神學,而他自己也直認不諱。然而,二十多年後,同一個人,批判功力和學問修養沒有變改,但信仰立場改變了,結果如何?後期的克萊斯以後現代的世界觀和真理觀研讀同一組書卷,結果便大不相同——更可謂是天壤之別。他在該書第二版的〈後記〉("Afterword")中如此說:「如今我傾向相信文本是沒有其自身的意義的,而我們的所謂的意義,其實是只能在文本與讀者相遇中才會出現的東西。若是如此,那麼意義是依附於讀者(reader-dependent)、並且是讀者專屬的(reader-specific),因此,原則上有多少讀者就有多少意義。」[12]

當今不少釋經老師及神學生沒有深思這根本的問題,也沒有清晰的立場,便跳進聖經研究的大海中,任學術潮流的暗湧帶動，結果茫然不辨方向。

假如聖經的書卷只不過是帶有宗教想像的文學作品，那比它更吸引的同類宗教文學作品可多著呢。我們倒不如讀印度的史詩《博伽梵歌》(*Bhagavad Gita: Song of God*)吧。流暢自然的七百句詩句，蘊含著超卓的文學藝術及極富屬靈感染力的哲理，讀下可以使人從道德困惑的掙扎中得著超脫，更同時感受美感的滿足。要不然，讀荷馬的史詩《伊利亞德》(*Iliad*，或"*Song of Ilium*")也是極佳的選擇！撇開其上乘的詩藝，單就其戲劇情節、人物的真性情及人神的互動與矛盾，已是有趣至極，讀下使人不能釋卷。還有更多比聖經更有趣的文學作品如蘇東坡的詩、散文(包括他的奏章)，或莎士比亞(William Shakespeare)的悲劇如《馬克白》(*Macbeth*)。這些作品都可以使人的心靈得到極大啟迪與提升。讀敘事或故事嗎？聖經的敘事那裏及得上《東周列國誌》及《封神榜》精彩？

要化這麼大的氣力去精研細讀六十六卷聖經，並要矢志浸淫其中，讓它寫進自己的生命中，所為何事？除非它有極重要的信息，甚至是關乎生命的信息，就如使徒約翰所說：「但記這些事是要使你們信耶穌是基督，是上帝的兒子，並且使你們信了他，就可以因他的名得生命。」(約二十 31)我們讀約翰所記述的，且慎而重哉地讀，不為文學興趣，不為歷史資料，而是為了得悟生命之道。為領悟生命之道而研讀聖經，我們便得正確地讀，不能受一己的偏見、成見所誤導。猶太人精研細讀聖經，因為他們深信，他們可以從聖經中找到永恆的生命真諦。然而他們差之毫釐便謬之千里；專注於律法條文的成全以表達對上帝的順服，他們至終陷於律法主義的枷鎖，被狹窄的信仰框架所困，因而只能片面地看到聖經的真理，而看不到真理的全貌，以至當耶穌——真理具體的顯現——站在他們面前的時候，他們所有的聖經知識都未能幫助他們辨認耶穌就是基督。他們彷彿失掉了解開聖經的鑰匙，無論化了多少時間研讀聖經，依然站在聖經的門外。無怪乎耶穌當頭棒喝，要對他們說：「你們查考（search, examine）聖經，因為你們以為（think）可以從其中得著永生；這經正是為我作見證的。你們卻不肯到我這裏來得生命。」（約五 39 ～ 40，經文乃筆者另譯）「這經正是為我作見證的」這句話，有千鈞之力。釋經者如何對待這句話呢？我們當然可以像一些新約學者如費許妮莎所相信的，耶穌這句話全是新約某羣體的神學想像。但對於我們相信耶穌是基督，並相信這句話是出自祂的口的人來說，這句話可說一錘定音，為我們的釋經奠下決定性的基礎。

11.3 平衡的張力

作為福音信仰的釋經者，我們站在兩種極端立場的中間。一方面，極端基要主義視聖經純粹是上帝的話語，所宣告的是放諸四海而皆準的永恆真理，超乎任何歷史處境的特殊性。聖經作者的作用純粹是工具性的，彷彿他們只是書寫的工具，他們的個性、獨特的歷史處境或其宗教經歷，全不重要。重要的是他們像流通的管子，毫無阻礙地傳遞神的話語。站在另一端的，則相信聖經純粹是人的話語，是文化意識的產物。福音信仰的釋經者站於兩極之間，相信聖經是上帝話語的同時，也確定它是不折不扣的人的話語。聖經的作者受聖靈感動而說話或書寫，但他們並非純書寫工具。一方面，我們相信他們是上帝使用的器皿，透過他們的生命處境與經歷，將上帝要揭示的真理或歷史的真相啟示出來。上帝不單用他們的口或他們書寫的手，更用他們整個人，他們的文化、社會和歷史處境。上帝使用他們當時所經歷的，他們的掙扎、疑惑和所面對的危機，來揭示祂在歷史中的計劃和心意。上帝向人類啟示，不單只用講話來宣告一系列的真理命題或規律，更用行動來塑造歷史。上帝介入歷史的舞台中，呼召祂揀選的人與祂一同行動，成為祂塑造歷史的器皿和伙伴。祂的旨意，祂的計劃，祂要宣示的生命之道，往往就是透過這些人的行動以及他們的言說表達出來。亦即是說，上帝所使用的聖經作者，不是完全被動的，而是對時代有承擔，對歷史危機有憂患，對上帝的介入有期待，對生命存在的荒謬有質疑和抗議的。他們帶著所有的掙扎和疑問來到上帝的面前，求問上帝，請祂介入，甚至向祂抗議，與祂辯論。上帝使用的正是這些人，如約伯、大衛、阿摩司、以賽亞、耶利米、尼希米，如詩篇八十八篇那位充滿怨憤的作者。他們獨特的處境或生命際遇，正是上帝選擇回應他們的時空，以及使用他們的所在。上帝要揭示的旨意，要成就的事，要表達的真理和真相，是透過完整的一個人或一羣人、完整的歷史事件和它的發展，方能揭示得清晰、表達得具體並且有血有肉。聖經作者當時的生命狀態，文化意識和信仰經歷，並歷史的情境，全被上帝用來作為啟示的素材。

以這樣的信念看聖經，我們與基要主義者的共通點是，我們均相信聖經的不同書卷都是由上帝的默示而寫成的，而它們經過不同階段成為完整的文本，也是由上帝默示引領而成的。整本聖經，即新、舊約六十六卷書，不因歷史偶然而拼湊合成，乃是上帝救恩歷史完整的揭示。我們與他們不同的地方是，我們相信聖經是神的話語的同時，也相信聖經是人的話語。上帝將祂的啟示注入人的話語中，人的行動中，人在其生命處境的掙扎、疑問的反思中，甚至在人的墮陷之內。那裏盛載著很多有血有肉的人的體悟、反省、回憶、感恩歌頌、生命重整、歷史重塑等等的經歷，而上帝就向這些人說話，也透過向他們所說的話向全人類說話。上帝的道巧妙地通過人，說出祂要向人說的神聖的話語。因此，要真正明白上帝的話語，我們一定要進到那些被上帝使用來說話的人的生命處境中，明白他們對當時的人所說的話，才能進一步明白上帝對當時的人要說的話及其行動的含義，以及祂在歷史中的作為和旨意。因此，研讀聖經時，福音信仰的學者必須做各樣「批判」工作。所謂「批判」只是指剖析、檢驗證據，推敲、判別真偽的思辨工作。批判的工作之所以必須，為的是確定聖經中歷史敍述的實況，其當代人的生活情境，他們面對的問題，其語言運用的模式，其常用的文體，以幫助我們更能進入他們真實的生命處境中，與他們一同聆聽上帝的話語。以不信的角度作歷史批判、溯源批判、文學批判或修辭批判等等，可以導人全然否定超越啟示，割裂聖經的完整性。反過來，在相信聖經是上帝啟示的立場上作這些批判，可以使我們對經文有更豐富的理解，更能掌握其中不同層次的意義。諾爾（Mark A. Noll）在其《在信仰與批判之間》（*Between Faith and Criticism*）一書中列舉出不少福音信仰學者從事他所謂的"believing criticism"（持守信仰的批判），並闡述其中的困難與潛能。[13]

我很喜歡引用我的老師拉爾夫．馬丁（Ralph Martin）研究腓立比書二章5至11節的鉅著《頌讚基督之詩》（*Carmen Christi*；意即"Hymn of Christ"）作為例子，以闡明抱持信仰的批判可以產生的積極果效。他運用「語言檢驗」（language test）、「觀念對比」（concept comparison）等多方面的剖析和考證，認定這一段經文並非出自保羅之手，而是保羅引用的一首「基督之歌」的一段。[14] 這樣的結論令一些保守人士大為緊張，認為它挑戰保羅乃腓立比書作者這種信念，彷彿相信這理論便等於質疑上帝一氣呵成的向保羅默示。這種狹窄的默示觀完全沒有必要。因為上帝不單向保羅默示，也向更廣大的初期教會羣體默示。對基督這樣的認信不單是保羅受感而有，其他使徒也一樣受默示而作這樣的認信。保羅引用這詩句時肯定是受聖靈的感動，而這首詩歌的作者也同樣是受聖靈的感動而寫出詩歌來。這樣的發現正好有效地回應哈納克之徒的妄論。哈納克認為保羅與福音書的作者南轅北轍，福音書所載的耶穌不過是行走於加利利的凡人一名而已，是保羅硬將這不折不扣的人變為神。其實，保羅引用這廣為流傳的敬拜基督的詩歌，足證在保羅之前，環繞在其他使徒身邊的信仰羣體早就宣認耶穌是基督，是不折不扣的神，而這認信非保羅一人的創見。

福音信仰的釋經者與否定超越啟示的學者共通的地方，在於他們都肯定聖經確實是人手所書成的。這些人不是不食人間煙火的，而是有血有肉地活在歷史、文化處境中，生命中內藏著這些歷史文化的痕迹。因此，使用歷史、文化、社會以及文學體裁的研究工具，對詮釋聖經非常重要。不過，福音信仰的學者與那些否定超越啟示的學者的重大相異之處，乃在於前者深信上帝的真實，相信祂介入歷史的真實，相信啟示的真實，相信救恩歷史在舊約和新約之間連綿不斷的開展。

福音信仰的釋經者立於兩極的中間，既肯定聖經是上帝的話語，也同時堅持聖經是人的話語，他們尋求結合福音信仰與批判之學，並誠實地、無懼地考慮學術界的研究成果，但同時拒絕輕率地追逐學術潮流，只是謹慎而精確地將上帝話語的不同層次及全面的意義剖示出來。這是抱持福音信仰的釋經者的工作，一項艱辛的工作；但為了教會得到正確而紮實的教導，他們沒有選擇，必須全力以赴。

福音信仰的聖經學者仍有一大挑戰，就是如何在眾多的文本中看到它們的相互關連，並因而在它們之間整理出一種內在的一致性。同樣困難的是，在整理出聖經內在一致性的同時，如何不讓「統一」的宏大主題吞掉個別單元獨特的獨立意義，但同時又辯證地，在維護不同敘事單元獨特的獨立性時，不會忽略聖經內藏的統一性和一致性。這種平衡的張力可不小，真正的考驗也就在這裏。

11.4 宏大敘事 vs 生命敘事

當我們打開聖經，除非異常天真，要不然，我們不難發現聖經是異常複雜的「一本」書。它包含的文本橫跨了千多年的歷史時空，盛載著不同處境的生命經歷。聖經包含的文本，包括類似歷史的敘事，包括詩歌、箴言、先知的宣示與預言，也有戲劇式的對話（如約伯記），有類似生平記述的片段（福音書主要的骨幹），有講道的記述（如登山寶訓），有書信，有天啟的記敘。更複雜的是，歷史敘事往往並非純敘事，其內裏包含律例典章、教導性的講論、史前事迹的敘述，以及大量家譜。同時，在一些敘事中，某些故事會重複出現，而敘事也不一定按時序而述。驟看起來，聖經似是湊集在一起，沒有必然關係的不同時空、不同論述和不同文體的一堆文本。我們應如何看待這多元相異性？聖經的多元相異性，從信仰的角度看，有甚麼重要的含義呢？若聖經真的是上帝的啟示，那上帝何苦要以這樣多元、複雜的文本向人作出啟示？

假若聖經像一部小說一樣，故事的主題、橋段，按部就班、層次分明地開展，使人讀下一氣呵成，那多好！假若有人覺得小說、故事仍稍嫌複雜，特別對那些不太欣賞文學的人，那麼聖經表達的形式如果能像系統性教義論述一樣，豈不更好！這論述可以將上帝要向人宣示的真理以簡潔的命題（propositions）排列出來，使人一目了然。若我們仍憂慮系統性的教義命題可能會趨於抽象，那麼聖經最好就以「要理問答」（catechism）的形式出現在我們面前，既簡易又清晰的一問一答，具體踏實，屆時全人類都聽到同一答案，不再有疑惑，也不再有爭議，這樣有效的真理教導，上帝何樂而不為？

上帝就是沒有這樣做，祂默示的聖經就是這樣的一本聖經，多元、複雜。聖經縱然是多元而複雜，但我們也沒有可能看不見當中一些共通的地方。這些共通的地方固然可以為我們提供線索，幫助我們尋找聖經文本的統一性和一致性，但我們卻要小心，不要將這些共通的地方不成比例地擴大，至終將複雜的聖經啟示簡化為一個簡單平面的救恩故事。細心地，抽絲剝繭地，將共通的線索結合起來，可能會讓我們看到一些貫穿文本的脈絡；但我們卻不能因太專注於這些貫穿的脈絡，忽略文本與文本之間、同一故事的不同敘述之間彼此相異的地方。這些相異的地方肯定有信息要告訴我們，肯定可以向我揭示更立體、更全面和多層次、多境界的啟示。釋經者平衡和開放的氣度，他成熟的心靈境界，常決定了他的釋經是平面抑立體，是精彩抑單調。有些時候，詮釋並不一定涉及對錯的問題，而是涉及豐富抑貧乏，片面抑全面，狹窄抑廣闊和立體抑平面的問題。重要的是拒絕簡化。

稍讀聖經的人都很難忽視一個事實，就是歷史敘事在整卷聖經中異常凸顯。先看舊約，以量計，超過一半是以歷史敘事的形式出現。這些敘事不單是歷史事件的記載，更是歷史移動、轉化、動向的描繪或闡述。同時在一些比較大的敘事單元中，信仰宣認（confession of faith）的表述不單止嵌在歷史敘事之內，更似乎與歷史命運悠關。不錯，在這些歷史敘事中，相當的篇幅是用以闡述法典（law codes）的。不過登頓（Robert Dentan）指出，這正好是叫我們更為驚訝之處，「就算是律法也不是以抽象的形式列出法典（as abstract codes），而是緊緊地嵌在歷史的框架內。」[15] 反觀亞述和巴比倫的法典，卻抽離於歷史敍事而獨立地保存下來。[16] 這就更清楚地顯示出，連一些本來被視為放諸四海皆準、超越時間、不限於歷史處境的東西，在聖經中竟都是嵌在歷史框架之內的；尤有進者，它們的整全意義亦必須在以色列的歷史進程中方能顯明。上帝的律法不是超時空的法則，而是與以色列的過去和未來有著緊密的關係。看先知書，以色列的歷史命運很明顯是先知關注的焦點。林德布隆（Johannes Lindblom）指出，先知的中心信息是上帝在歷史中大能的行動，為的是要審判和拯救祂的百姓。「因此，歷史必然地在先知的宗教中佔中樞的重要地位。」[17] 馮拉德（Gerhard von Rad）同樣指出，「先知書是『歷史書』（history books），它們志不在傳遞教導、真理或類似的東西，而在於預先描述末世事件。」[18] 來到詩篇，其中的歷史意識也不容忽視。詩篇七十八、一百零五、一百零六、一百三十五、一百三十六篇，毫無疑問是以崇拜宣認的形式複述出埃及的歷史經歷。在其他不少的詩篇中，我們也可以清晰看到以色列對上帝在歷史中行奇事有著強烈的意識（詩六十六 6，七十四 13，七十八 14～29，四十四 2～3 等）。詩篇中的「錫安之歌」（詩四十四、四十八、七十六、八十四、八十七、一二二篇）表達了對以色列復國的期待。就算詩人的關注純屬個人，他也經常訴諸以色列歷史的經驗，以之作為他期待上帝出手相助的依據。在舊約中惟一看似沒有歷史興趣的，應該是智慧書了。然而，就是智慧書也與以色列的生活和命運有關。智慧不單與個人的行事有關，也與治國有關，所以關乎國家的命運，也因此蘊涵歷史的關注。總之舊約聖經就充滿了歷史意識。馮拉德說得好，「歷史思維，就是在最原始的表現中也是國家意識的一部分。在古代以色列奇特的處境與際遇中，她經常都有一種催逼感，要尋求整個國家的起源與成長的歷程。」[19] 至於新約文本，很明顯，其焦點不單在耶穌這個人，更在圍繞著祂的「基督事件」（Christ-event）。這「事件」在新約作者的書寫中，不是單獨而存的，而是自舊約到新約這歷史進程中的一件中軸性（pivotal）事件。彼得在使徒行傳二章的「講道」中，將當時發生在耶穌身上的事與約珥的預言連繫起來，再進一步連繫到上帝對大衛的應許。司提反殉道前的「講道」更鉅細靡遺地複述歷史，從亞伯拉罕到摩西帶領以色列人出埃及，其後入迦南，受神祝福，被神管教、擊打等歷史勾勒出來，然後將「基督事件」放在這歷史軌迹最關鍵的位置上。司提反所表達的，可說是「歷史神學精要」。使徒行傳十三章保羅在安提阿的「講道」，也是從以色列的先祖，直到出埃及、神對大衛賜下應許，講論到救主耶穌基督。在這些講論中，歷史的源流、轉折與成全清晰可見。

聖經文本滿載歷史敍事是無可否認的事實，而某部分歷史的撰寫或歷史材料的編排（如列王紀和歷代志），顯然內藏著獨特的信息。這兩點再加上前面所提的彼得、司提反及保羅的三篇「講道」，讓我們很有理由相信，這些歷史敍事之所以放在一起，殊非偶然，是一種相同的歷史觀將它們結連起來。因此，以「救恩歷史」的角度作為解開聖經的鑰匙，從多元、複雜的聖經中讀出一個簡單清晰的救恩故事，將上帝救恩的計劃與行動的經緯陳示出來，不是沒有根據的。救恩歷史的確是一條非常吸引的進路，無怪乎曾一度盛行於不少極具分量的聖經學者中，至今仍有不少人對此進路深信不疑。事實上，自初期教父以降，以認信的基礎去研讀聖經，「救恩歷史」肯定是貫穿性的主線。

然而，採取這個進路，卻不能不有所提防和警惕。當然，以「救恩歷史」作為主要的故事脈絡，從認信的角度而言，是有理有據的。不過我們要非常小心，「簡化」是這種釋經進路的陷阱。它可以將上帝豐富而多層次的生命啟示過分簡化。不錯，它讓人看到上帝啟示的重要脈絡；然而，若讓這脈絡成為統攝性的、主導一切的「主線」，甚或讓人誤以為這是惟一的「主線」，令人看不到，除它以外，其實還有其他重要的脈絡並存著，這極可能會做成重大的損失。惟有當我們看到不同的「主」線相互結連在一起，我們才看到上帝啟示是豐富、立體而精彩的。

我們有沒有想過，上帝藉不同的文本向我們揭示真理和真相，除了開展救恩計劃以外，還可能有其他目的？例如祂要藉著某一次的歷史事件告訴我們，祂是一位怎樣的神。在這次歷史事件中，上帝揭示的焦點可能不在祂的救贖大計，祂只想人更深入認識祂的真「面貌」。在另一件歷史事件中，祂要揭示的可能是人的本相，人的罪孽如何深重。其中要述說的是，祂對於人待人以不仁、不公、不義而感到的震怒、傷心，並因而祂必須以審判作回應；其所揭示的不單是人類的本相及其敗壞，也同時揭示祂的性情和價值觀。也可能，祂要表達的是，人間有情是何等珍貴，而祂與我們相親契合的「祈望」又有多深。又或許，祂要向我們表明，生命的奧祕是遠超人的想像所能及的，例如痛苦，任何簡化而絕對的神學方程式（如約伯的朋友所建構的）都會遭祂責難。祂說話，祂默示，不需要事事都按既定的框架，而祂的旨意也不單只是救恩歷史的鋪排。這不是說這些啟示與「救恩歷史」了無關係，只是說明研讀聖經不可單向、單線而平面。何況單就文體而言，聖經也不是只有故事與敘事，更有詩歌和智慧文學。同時，值得注意的是，敘事也不止於說故事而已。敘事的形式和意向的多樣化，是非常值得我們留意的。

包衡（Richard Bauckham）引用吉尼特（Gérard Genette）對故事與敘事的區分，提出了一個極為重要的觀察。根據吉尼特的敘事學（narratology），敘事可以在多方面與它所敘述的故事的原版有差異。例如在敘事中，事件的次序跟原本故事的事件次序可以不同。敘事亦不一定會述說故事中所有的事件情節，卻可以在故事不同的時段中重複敘述某些事件，從不同人物的角度去講述，傳遞不同資料，強調不同重點。包衡解釋道：「故事與敘事之間這重要的分別，可以讓我們看到聖經中敘事的多元性——其中很多敘事對同一事件的敘述都大不相同；同時，在這些敘事中，沒有一個敘事曾將整個故事全部說出來——原則上這並不會阻礙我們在聖經中重尋一個完整一致的故事，所有敘事都在一同述說這個故事，只是每個人都述說其中一部分而已。」[20] 亦即是說，聖經中的敘事不一定每一段都與完整的救恩故事有直接關係，有些更可能與之相去甚遠，例如約伯記便是，或雅歌也如是。我們若硬要將這些文本整整齊齊地套入救恩歷史的故事，是不無困難的，同時亦可能忽略了其本身蘊含的重要信息。我們一定要留有空間，接受一些敘事的作者在敘事之時，眼目全放在當下此刻的歷史情境，而未必會意識到那完整的救恩故事到底是怎麼樣的。即使敘事者沒有忽略更大的歷史圖畫，但即時的關切性（immediate relevance）對該作者來說可能是最重要的一環。亦即是說，敘事的作者可能感悟到救恩歷史的動向，並洞悉他所處身的那段歷史在其中是有它的位置的，但他此刻的敘事卻於當下有其特定的使命和目的。它當時的目的與任務就是上帝透過默示指派它的任務。它當時的任務可能很簡單，就是要將上帝的某方面揭示出來，可能是上帝的慈愛、恩憐、信實，或祂的主權，祂的公義，祂對罪惡的恨惡、震怒；也或許，某些敘事要揭示的是人的本相，人的愚昧、反叛、敗壞，或人的良知的醒悟，人對上帝的感應發揮出的善的作用。

當然，對於持福音信仰的釋經者，有一件事是肯定的，就是聖經的每一段敘事，除了展示此刻當下的意義以外，同時也指向另一層次的意義，超越當下此刻的處境（pointing beyond its immediate context）。所指向的可以是超乎歷史的上帝的本體，也可以是上帝當下此刻的行動所引發的歷史發展，因而指向更遙遠的未來。釋經者若只注目於當下此刻的歷史、社會、文化意義，便會將經文平面化，只容它表達「一維空間」（one-dimensional）的意義。這對聖經也可以是一種曲解。

費了這麼多唇舌，為的是要說明，「救恩歷史」固然是詮釋聖經的重要脈絡，但我們要小心，不要讓這脈絡統攝一切而將其他敘事、詩歌等別具意義的信息邊緣化或壓抑下去。我們在探索貫穿整本聖經的主要脈絡的同時，要讓所有在不同文本中的多元或不同層次的信息發出其獨特的聲音。讀聖經有時要用聽交響曲或大合唱那樣的情懷去讀；多元樂器的聲音、多元的主題，時而交匯、渾然為一，時而獨奏、獨唱，然後又再與其他音部、旋律交匯在一起。就是在交匯而渾然時，每一聲部，每一樂器的旋律，都有其不容喪失的發聲的「主權」。它必須盡發其聲才算是盡己之責。從這樣的角度看，聖經是一本多聲部、多旋律、多主題匯合而成的交響詩。「主題」就在這渾然的交響中出現。這些「獨立」的旋律和主題當然並非各自表述，各自修行，而是既獨立又與其他旋律交渾為一的。

離開交響詩，回到故事，若我們用讀一個完整故事的角度去讀這些歷史敘事或詩歌，了解它們在故事整體中的位置，那我們不妨用俄國大文豪陀斯妥也夫斯基（Fyodor Dostoyevski）的小說作比喻，以上所說的就或許更形清晰。陀氏的小說可說是非常複雜的，在一個故事中可以有幾條同時獨立發展的故事線，每一條故事線都有可能成為主導的主線，未到關鍵時刻，讀者未必知道真正的主線在哪裏。當然，在故事的推演中，這些看似獨立的故事線卻慢慢的纏連起來，至終更匯成一條主線，述說一個可多面表述、含多層意義的故事。奇妙的是，陀氏可以容讓某些故事有它們本身的完整性，而不一定是整本小說的橋段的一部分，才能顯其意義。它們給放在大故事的某地方，不一定為了故事的發展，而是為了要傳遞一個非常獨特的信息。《卡拉馬助夫兄弟們》（*The Brothers Karamazov*）就有好幾個這樣的獨立故事。你可以將書中第五章〈叛逆〉（"Rebellion"）和〈大裁判者〉（"The Grand Inquisitor"）兩個故事抽出來，全書故事整體的發展依然可以按橋段的主幹進行，不會受太大影響。這兩個故事獨立讀來，不單讓我們透視當時俄國知識分子的精神面貌，更引領我們進入深邃的神學思辨、掙扎。我常跟人説，買《卡拉馬助夫兄弟們》，單看這兩章，已值回書價。不過，若將這兩大段抽起，故事的整體發展，肯定不會如原初那樣豐富。

又或者，看陀氏的《罪與罰》（*Crime and Punishment*），到底誰是主角？是殺人者拉斯科爾尼可夫（Raskolnikov）抑或是「救贖」他的妓女蘇尼雅（Sonia）？蘇尼雅家庭的悲苦本身就是一獨立的故事，告訴我們人可以在極度絕望中仍保持堅忍，以最深的悲憫無條件地犧牲自己；間有悲吟，卻沒有怨聲。這些故事，若不讓它們獨立地發聲而一味只顧大主題、大架構，那就枉費陀氏嘔心瀝血的創作和對生命深邃的洞見。同樣地，我們讀聖經，若一心只想從其中看到宏大的神學架構，那上帝藉不同情境燃亮我們、點化我們的生命敍事便會遭到忽略，這可以是很大的損失。

聖經所盛載的不是邏輯系統的宏大思維結構，由它可推演出一套統攝一切和解釋一切的神學大系，或用法國後現代哲學家李奧塔（Jean-François Lyotard）的說法，一套「宏大敍事」（grand narrative）。聖經奧妙的地方正在於此。聖經所處理的，即上帝的啟示所關注的，是複雜的人性，複雜的人生，複雜的社會文化和複雜的歷史轉折。亦因如此，聖經充滿了破碎的人，也同時在破碎中企求重拾完整的人；充滿敗壞的人，卻在敗壞中力求救贖的人；有不少虔誠的人，但卻在虔誠中失腳的人；有高尚的人，也有卑下的人。這些人都有他們的故事，他們墮陷、失落的故事，上帝介入他們生命中，拆毀、重建的故事。上帝如實地透過不同的故事將人的本相，祂的本相，揭示在我們面前。在故事中有說理、指引，在律法規範的教導中卻又有故事。人生、人性若是簡單如線性的邏輯，或如要理問答般的簡單直接，上帝就無須向我們講這麼多故事了。一如美國文學家戴克（Henry van Dyke）所說，假若人生可以用幾句話說得盡，那我們便無須說故事了。

希伯來書的傳道者說得好：「神在古時候，曾經多次用種種方法，藉著先知向我們的祖先說話。」（來一1，《聖經新譯本》）為甚麼要多次、多方？因為上帝在我們身上的旨意是何等浩瀚、豐富、立體和多面！祂要在我們身上作成的工，不單要叫我們在理智上理解明白，更要叫我們心被恩感，深受感染（inspired）而往生命之道直奔，行在祂要我們行的道路上。信仰固然涉及理智，但從理智到行道，其中有多難，上帝非常清楚。所以祂除了讓我們認知祂的道，祂也要令我們有動力行在祂的道中，因此祂要感染我們。感染固然有力，卻未必足以令我們持之以恆地將道化成生命的規律，在生活中受約束規範。於此，生命的教導和操練的指引就顯為重要。這些教導和操練指引不單針對個人的生命，也同時要引動社會、政治的轉化。[21]

說到底，讀聖經要讀得通，便得深悟其複雜性和上帝旨意的立體性，全因為生命本身就是複雜和立體的。要轉化人性、改造個人、提供生命規範指引、塑造歷史、轉變文化及讓人經歷與神契合的精彩，一套整齊、條理分明的「宏大敘事」便顯得平面和蒼白了。為了人類整全的救贖，上帝要做的事多著呢，絕不如我們想像的，清楚完整地交代了救恩的道理，講出了屬靈的要律，那就啟示完畢，大功告成。正因為上帝對人類要作成的事是如此多樣，祂的啟示也必須是多目標、多功能的。聖經因此有其統一而一致的一面，也同時有多向度的一面。我在拙作《聆聽上帝愛的言說》中便指出了聖經的多面性和多層次性。聖經是一本立約之書（a book of covenant），整本聖經都充滿立約的軌迹，立約的敍事和對約的詮釋。聖經同時是一本歷史見證之書（a book of testimony），將上帝介入人類歷史的行動敍述、闡釋。它也是一本生命指引之書（a book of life principles），它將人的愚昧、墮陷與人性的扭曲一一呈示，並將後果和叛逆的結局陳明，然後將生命的指引展示出來。上帝在個人生命或歷史事件中所作的啟示，看似獨立、割裂而互不相關，其實它們之間有著一種相互推演（mutually unfolding）、相互闡釋（mutually explicating）的關係。這些不同部分，不同向度的敍事、論述，若孤立而存，其所盛載的意義便會狹窄而平面。惟有當它們連結在一起，超乎每一部分所盛載的更高層次意義便會呈現出來，全面地對應人的需要，也全面地揭示上帝的本體和旨意。釋經者有責任將這種關係剖示出來，將上帝啟示的核心整合，總結出一幅整全而立體的圖畫。他如何能這樣做？除非他以信心的眼界，站在認信的立腳點去研讀聖經。

11.5「這經為我作見證」

站在認信的立腳點研讀聖經？我們怎樣說明、理解這種閱讀方式？這倒使我想起艾德勒（Mortimer Adler）的名著《如何閱讀一本書》（*How to Read A Book*）。[22] 要深入理解一本書，我們首先要對全書有一個概括的掌握，然後再細讀該書的每部分，再由部分重新透視該書的全貌。這兩步做好，才進入批判的閱讀。一個信徒站在聖經面前，他不是對聖經的信息一無所知的一張白紙，而是對聖經所傳遞的福音已有概括的認識。他對聖經的「整體」概括的認識可以指引他如何閱讀不同的部分，再由部分返回對整體的理解。

史坦麥茲給我們一個更好的比喻，使我們明白信徒閱讀聖經到底是怎麼一回事。他首先指出，傳統的釋經者深信，「除非從聖經後期部分的亮光看，沒有人能正確地明白聖經故事的早期發展。故事如何完結，對故事的開頭，中段及結尾都會有不同的影響。」[23] 接著他以閱讀偵探小說來比喻這種閱讀的方法。偵探小說有兩層敍事（two narratives）。第一層敍事是亂作一團的一堆堆的環繞著案情的事實、人物和受害人的故事，探員拾取的線索，他偵察的假設、想像和推論。不少線索經想像、推論，到頭來引至死胡同，偵探人員一次又一次的原地踏步。在這團團轉的過程中，有一些答案明明是顯而易見的，卻原來是膚淺而愚妄。到這時候，幾乎在結尾之時，第二層敍事（second narrative）出場了。真正的破案者逮住了兇手。令眾人驚訝不已之際，他重組案情。案情的重組是知道了答案以後，從結論作起點，將別人看不見的，看似毫無關係或不合情理的線索，抽絲剝繭地展示出來並串連起來，使案情突然間顯得那麼明顯和理所當然。第二層敘事正正就是讓結論燃亮所有散落一地的「資料」的閱讀方式。從結論或後期的事實回頭再看，重讀過往讀不通的文本、史實，全面而立體的意義便開始呈示。「神在古時候，曾經多次用種種方法，藉著先知向我們的祖先說話。」(來一 1，《聖經新譯本》) 這句話還有下半句：「在末後的日子，卻藉著他的兒子向我們說話。」(來一 2a，《聖經新譯本》) 耶穌所說的話就是將「末後」的真相擺在我們面前，讓它燃亮那些使人百思不得其解的人物、事件。耶穌在受難、復活後，在以馬忤斯的路上向兩位百思不得其解的門徒解說，「從摩西和眾先知起，凡經上所指著自己的話都給他們講解明白了」(路二十四 27)，也正是以「結局」燃亮前期敘事的解經法。史坦麥茲所提的「第二層敘事」的理論，真值得我們深思。

推薦書目

Davis, Ellen F., and Richard B. Hays, eds. *The Art of Reading Scripture*. Grand Rapids: Eerdmans, 2003.

Fee, Gordon, and Douglas K. Stuart, eds. *How to Read the Bible for All Its Worth?* 3rd ed. Grand Rapids: Zondervan, 2003.

Hayes, John H., and Carol R. Holladay. *Biblical Exegesis: A Beginner's Handbook,* 3rd ed. Louisville: Westminster John Knox Press, 2007.

Lundin, Roger, ed. *Disciplining Hermeneutics: Interpretation in Christian Perspective*. Grand Rapids: Eerdmans, 1997.

McKim, Donald. *A Guide to Contemporary Hermeneutics: Major Trends in Biblical Interpretation*. Grand Rapids: Eerdmans, 1986.

Noll, Mark A. *Between Faith and Criticism: Evangelicals, Scholarship and the Bible in*

America. San Francisco: Harper & Row, 1986.

余達心。《聆聽上帝愛的言說：教義神學新釋（卷一）》。香港：基道出版社，2012。（特別參第六章及第七章。）

註釋

1. "The O.T. will be examined as a rich and complex witness to Israel's faith." Ellen F. Davis, "Teaching the Bible Confessionally in the Church," in *The Art of Reading Scripture*, ed. Ellen F. Davis and Richard B. Hays (Grand Rapids: Eerdmans, 2003), 10.
2. "Nonetheless, in the present intellectual climate, I believe the Bible is often read 'too historically'—that is, too narrowly so. Many students in mainstream Protestant seminaries study the Bible as if its aim were to give us insight into ancient ideologies and events. Yet a confessional reading sees in the Bible a different aim: first of all, to tell us about the nature and will of God ... the Bible's aim is to do theology." Davis, "Teaching the Bible Confessionally in the Church," 11.
3. John W. Montgomery, "The Fuzzification of Biblical Inerrancy," in *Faith Founded on Fact: Essays in Evidential Apologetics* (Nashville: Nelson, 1978), 220～222, quoted in John Osborne, "Historical Criticism and the Evangelical," *Journal of the Evangelical Theological Society* 42, no. 2 (June 1999): 194.
4. Norman Geisler, "Beware of of Philosophy: A Warning to Biblical Scholars," *Journal of the Evangelical Theological Society* 42, no. 1 (Mar 1999), quoted in Osborne, "Historical Criticism and the Evangelical," 195.
5. George E. Ladd, *The New Testament and Criticism* (Grand Rapids: Eerdmans, 1967), 10～11.
6. Ladd, *The New Testament and Criticism*, 10.
7. 按《泰爾希英字典》（*Thayer's Greek-English Lexicon*），"*krinō*"有"separate, put asunder, pick out, select, choose, determine, come to an opinion, sifting and weighing of evidence"等意思。
8. Benjamin Jowett, "On the Interpretation of Scripture," in *Essays and Review*, 7th ed. (London: Longman, 1861), 3；available from http://www.bible-researcher.

com/jowett.html.

9. Jowett, "On the Interpretation of Scripture," quoted in David C. Steinmetz, "The superiority of Precritical Exegesis," in *A Guide to Contemporary Hermeneutics*, ed. Donald K. McKim (Grand Rapids: Eerdmans, 1986), 65.
10. Jowett, "On the Interpretation of Scripture," 3.
11. Jowett, "On the Interpretation of Scripture," 4.
12. "Nowadays I tend rather to believe that texts do not have meaning in themselves, and that what we call meaning is something that comes into being at the meeting point of text and reader. If that is so, then meaning is reader-dependent and reader-specific, and there are in principle as many meanings as there are readers." David J. A. Clines, *The Theme of the Pentateuch*, 2nd ed. (Sheffield: Sheffield Academic Press, 1999), 131.
13. Mark A. Noll, *Between Faith and Criticism: Evangelicals, Scholarship and the Bible in America* (San Francisco: Harper & Row, 1986), 162 ~ 180.
14. Ralph Martin, *Carmen Christi* (Cambridge: Cambridge University Press, 1967), 42 ~ 62.
15. Robert Dentan, "The Unity of the Old Testament," *Interpretation* 5 (1951): 156.
16. Dentan, "The Unity of the Old Testament," 156.
17. Johannes Lindblom, *Prophecy in Ancient Israel* (Oxford: Oxford University Press, 1978), 311 ~ 313.
18. Gerhard von Rad, "Typological Interpretation of the Old Testament," in *Essays on Old Testament Interpretation*, ed. Claus Westermann, trans. J. L. Mays (London: SCM, 1963), 25.
19. Gerhard von Rad, *The Problem of Hexateuch and Other Essays*, trans. E. W. T. Dicken (London: Oliver & Boyd, 1966), 168, quoted in Caver Yu, *Being and Relation* (Edinburgh: Scottish Academic Press, 1987), 152.
20. "The important distinction between story and narrative may help us see that the plurality of narratives in scripture—many of which recount the same events differently and none of which tells the whole story—is not in principle an obstacle to seeking in the Bible a single coherent story, which all the narratives together tells and each partially tells." Richard Bauckham, "Reading Scripture as a Coherent Story," in *The Art of Reading Scripture*, ed. Ellen F. Davis and Richard

B. Hays (Grand Rapids: Eerdmans , 2003), 43.

21. 參 John Goldingay, *Models For Interpretation of Scripture* (Grand Rapids: Eerdmans, 1995), 89 ~ 95。

22. Mortimer J. Adler and Charles van Doren, *How to Read a Book* (New York: Simon & Schuster, 1972).

23. David C. Steinmetz, "Uncovering a Second Narrative: Detective Fiction and the Construction of Historical Method," in *The Art of Reading Scripture*, ed. Ellen F. Davis and Richard B. Hays (Grand Rapids: Eerdmans , 2003), 54.

第12章 再思聖經正典

吳慧儀

12.1 引言

「聖經」(Holy Scripture)是由「舊約」(the Old Testament)和「新約」(the New Testament)兩個部分組成。按基督教的信仰傳統，舊約有三十九卷書，而新約有二十七卷；兩約全書共六十六卷。

從「聖經」的「聖」字說起，這些經書對信徒來說是神聖的書卷，書中記載的是上帝昔日對祂的子民所說的話和所行的救贖；今天，這部聖經是基督教的權威經典，為信徒提供信仰和生活的標準。我們視聖經為上帝的話語，在崇拜中宣讀，在靈修時查閱，在議論時引作論據；我們堪稱「聖書的子民」(People of the Book)。不過，我們很少想到要查究聖經在歷史中形成的過程；其實，聖經固然是上帝的啟示、有神聖的本質，卻也曾經落在信徒羣體手上，被辨識、集結，最後被確認為教會的權威經典。[1]

「聖經」的「經」字正好反映這六十六卷書的古經性質。這些經典不但成書於古時，與其他古書一起流傳，更是在不同的年代中成書，有著不同的風格與內容，而匯集成為聖經的歷史又很漫長。可想而知，要理解聖經形成的原理和過程並不容易，研究起來，課題可以很複雜。

按文獻顯示，舊約三十九卷書在耶穌基督的時代已經被猶太人信奉為神聖的經典。[2]不過，在這之前，這些書卷的匯集過程究竟是怎樣的？而在這之後，早期教會曾經將一批希臘文寫成的猶太著作也放在經典中，是為「次經」(apocrypha)，即天主教聖經的「後典」(deuterocanonical)，但這些著作又是怎樣被引進教會的傳統的？[3]這都是值我我們去認識的歷史。至於新約方面，按現存的資料，整全的二十七卷書是在公元四世紀才第一次被確認為「正典」(canonical)的，而其後，在教會歷史中，仍然遇到一些質疑；這樣的話，它們最終成為權威的原則又該怎樣理解？又，書卷是一寫下來便確認為經典、然後才匯集為經書的？還是先匯集、或一層層累積了，過後才分階段或整體地確認呢？

凡此種種，有關聖經的形成，問題繁多，但總離不開互相交織的兩方面：歷史方面，聖經是如何形成的，也即過程如何；神學方面，聖經為何是這樣形成的，也即過程中的動力或原理所在。這些問題顯然與聖經和聖經神學的研究有關。在學界中，這類探究被統稱為「正典的研究」(canonical studies)。

12.2 正典的概念

「正典」(The canon)，顧名思義，就是正確或正規的典籍；按教會傳統的用法，被收集在聖經中的經卷和經目謂之「正典」。這詞源自希臘文“*kanōn*”一字，本來指「量度用的蘆葦或草莖」，後來引申至「準則」、「界限」，甚至「原理」或「規範」的意思。[4]讀經的人若未追問過正典如何形成，或未意識到正典的重要，也許會說：聖經不就是正典？正典不也就是聖經麼？其實兩個詞所代表的概念並不相同。「聖經」一詞所強調的是經典的神聖，但「正典」一詞所反映的是正確性，表示這些經典是經過判別而確認為標準的和有規範性的。

我們可以在猶太的文獻和教父的討論中分別見到有關舊約經目和新約經目的討論，而第一位把聖經的經目稱為「正典」的，是四世紀的教父亞他那修（Athanasius）。他在所寫的《節期書信》（*Festal Letters*）的第三十九封中，列明當時已經被確認的聖經經卷；他在信中說：「我在弟兄姊妹的催促下，曾就此事從頭查察，就決定要將收集在『正典』裏的書卷按次序排列一次……」[5] 亞他那修這封信成為聖經正典的重要見證，而「正典」一詞亦由此成為聖經經目的標準名稱。

若作進一步研究，我們可探索正典的形成。雖然「正典」一詞於四世紀才開始沿用，而整全的典目也大概在這個時候才顯得全備。但是，按社會現象來說，正典的概念是先存於信仰羣體之中，才會引發正典的討論的。同樣地，信仰羣體的經書觀念一定已經成熟，才會有典目的出現。[6] 這一點很重要，因為，受限於尚存的文獻，學者往往只求判斷正典的「完成時期」（確定正典大概是在甚麼時候完成）；說到形成的過程，想重構也似乎相當困難。但我們相信，書卷本身的「正典性」（canonicity）是先存的。從神學角度看，經書的權威源於上帝的啟示，所以正典的地位是早已存在的了，只等人去確認。從歷史的角度看，正典來自認信的行動，因為信仰羣體是基於已有的經驗對書卷的地位作出總結。這也是說，書卷的正典性和羣體的辨識經驗，都早於正典完成之前就存在和發生了。[7]

在這問題上，正典的形成（canonization）涉及歷史也涉及神學，兩者互相交織，有時難以分開處理。這兩者的交織，亦造成觀點不一，所以學者的意見很分歧：有採取純歷史進路的，亦有純綷從神學角度去看的；然而，若要在基督教的信仰立場上對正典有全面的認識，我們需要把兩者兼收並蓄。

如果否定正典背後的神學動力，只純綷從人性的角度去看這段歷史，看法未必客觀，而結論卻又可以很極端，如：「正典完全是人的決定，是基督教後期的手段」、「起初的信仰羣體根本沒有經書」等。[8] 從這角度去看，只會看到聖經和正典完全分割，正如巴爾（James Barr）便提出：「基督教只需要聖經，不需要正典」。[9] 但如果採取純教義的看法，忽視正典歷史的發展，那又是另一個極端了；在很多人的想像中，無論舊約或新約，當最後一卷書完成，正典即告完成，以後的歷史是無關重要的。[10] 這樣，正典的地位和聖經的權威幾乎是同一定義，結果又是：只需要聖經，無需要正典。

然而，也有不少學者看到「正典」這個概念是既神學又歷史的。正典在歷史中形成，反映著「聖經需要界定」以及「啟示已經終結」（closing）的想法，其實這些想法本身已涉及神學。雖然正典的歷史及其歷史背後的神學都難以百分百看清楚，但這仍然十分值得我們正視和考查，因為，就算看到的只是輪廓，這也正是我們信仰傳統的淵源和基礎。

12.3 舊約正典的形成

12.3.1 傳統的看法

按教會傳統的看法，舊約正典最早可能在公元前四百年就完成了；這個看法是基於以下幾方面的考慮。第一，書卷的成書時期。一般認為，舊約的所有書卷，包括可能是最後成書的瑪拉基書，都是在公元前四百年之前完成的；這成書期的說法，一直到十八至十九世紀——聖經評鑑學（Biblical criticism；或譯「考證學」、「批判學」等）興起以後——才被學者質疑。[11] 第二，經書成典的時期。這可以追溯到被擄回歸之後，即公元前五世紀中葉；當時，猶太人在以斯拉和尼希米等領袖帶領下，信仰復興，對經書十分重視（見拉七章、尼八章）；其後數十年，即正典於公元前四百年完成之前，以斯拉記、尼希米記和瑪拉基書等末後的書卷也相繼寫成。第三，先知啟示的停止。也就是說，在末後的書卷寫成之後，便再沒有「先知」啟示的著作出現。[12] 其後出現的文獻，包括所謂「啟示文學」的寫作，猶太人都沒有確認其具有正典地位。故此，傳統認為，舊約的正典是隨著上帝的啟示終止而完成的。

上述的看法除了重視成書的時間，亦傾向認為書卷一旦完成，便成為正典的一部分，故此，書卷是先歸入正典，後結集起來，到了先知啟示停止，正典即告完成。這個看法顯然偏重神學角度的理解，強調書卷本身的正典地位，然而，當論到正典在歷史中的辨識過程，就很籠統了，也許只能總括一句：有關以斯拉時期的那段歷史，就是正典在羣體中被確認的歷史。

如果問，上述的看法是否與當初猶太人的看法相符呢？這其實很難確定。不過，我們在猶太文獻，早期的基督教文獻，甚至後來的拉比文學中，見到不少有關以斯拉或尼希米收集經書的傳說。[13] 到了中世紀過後，有人將有關的傳說擴大，成為盛行一時的「大議會論」，大意是說：以斯拉和當時的領袖不但收集經文、將書卷結集起來，更開會裁決舊約正典的典目，將之編為三個部分，形成今天的希伯來聖經的結構：律法書、先知書和聖卷（又稱「著作」）。此外，領袖們組成約一百人的議會，成為新約時代的公會的前身云云。[14] 在學界中，這些理論已經被鑑定為不能成立，這又連帶令傳統的看法也一起被質疑；但值得思考是：這些傳說試圖揣測的是甚麼，不正是舊約的正典怎樣在羣體歷史中得到確立麼？又，如果各方面的傳統都指向以斯拉，均表示他與正典的成立有關，那麼，縱使這段過去的歷史已無從清楚重構，我們又怎麼可以全盤否定以斯拉在當中的重要性呢？

12.3.2「三部結構」和「三階段學說」

到了十九世紀，學界興起另一套正典歷史重構——「三階段學說」（formation in three stages）。[15]按這說法，希伯來聖經的「三部結構」（tripartite structure）恰好反映正典形成的三個階段：律法書約於公元前五世紀完成，那是以斯拉改革之時；先知書約於公元前二世紀完成，那是被認為屬較後期作品的但以理書也已成書的時間；聖卷卻要等到公元後一世紀末後十年左右才完成，那亦是整個舊約正典得到猶太拉比正式確認的時刻。隨著上文曾提及的「大議會論」被認為不能成立，持傳統看法的學者們有不少都採納這套「三階段學說」，只是他們把三個階段的年期評鑑得較早；持這說法的學者甚多，但他們對年期的判斷可以很分歧。

這個學說之興起，實有多方面的前因，以下只能作一簡述。首先，在歷史評鑑學的倡導下，古代希伯來傳統的「三部結構」受到重視。就以本書為例，第三、四章都分別指出希伯來聖經分為三部分，共二十四卷書：[16]

- 妥拉或律法，共五卷：創、出、利、民、申；
- 先知，共八卷：書、士、撒上下、王上下、賽、耶、結、十二小先知；
- 聖卷或著作，共十一卷：詩、伯、箴、得、歌、傳、哀、斯、但、拉—尼、代上下。

這三部分法（tripartite division）的確來自悠久的傳統，又為正典形成的晚期說法，提供了看來較妥善的框架，但是，「三階段學說」的歷史重構是完全沒有文獻根據的，只不過從書目的結構推論出來。還有，雖然猶太人普遍認同「三部結構」，但是，除了律法書那五卷書是早已固定的，先知和聖卷之間如何區分、分了部的書卷又如何排序？猶太人的想法並不一致。舉公元一世紀約瑟夫的三部分法為例，當中第二部便有十三卷書之多，而第三部卻只有四卷（《反駁阿皮安》〔*Against Apion*〕1.37～43），編目的方式顯然與上列經目的傳統不同。此外，約瑟夫給第三部的命名並不是聖卷或者著作之類，而是「獻給上帝的詩歌和對人生品行的告誡」（"Hymns to God and Precepts for Human Life"），由此可見，猶太人的編目是按著書卷的文體和功能來安排的，例如，按著會堂敬拜的經文誦讀而編排。[17] 如此一來，經目既不依照成書的先後，也就未必能反映成典的階段。

「三階段學說」的另一個前因是：舊約學者提出了「底本學說」（documentary hypothesis），導致不少書卷被重估為晚期成書；這麼一來，正典不可能在公元前四世紀完成，而以斯拉的改革也至多只能見證律法書成為正典。然而，這方面的論據現今看來已不見得可靠。首先，書卷成書時期，難以定案，而關乎各書卷成書的晚期說法，不斷有學者提出質疑。此外，據研究，「三階段學說」與「底本學說」之間存著時間優次上的矛盾，因此，「三階段」若是確實的，則「底本」分析難以完全成立，反過來，若從底本的理論分析，舊約的資料傳統亦沒有呈現階段性的迹象，足以說明各部書卷曾經獨立成典。[18]

除上述的理論外，還有一個流行於十九世紀、令「三階段學說」風行的理論，那就是猶太拉比曾經在「雅麥尼亞議會」（Council of Jamnia）正式確認舊約的正典，時為公元九十年左右。就「三階段學說」而言，這恰是正典最後的完成階段。這樣的理論很迎合現代人的想法。我們也許想：舊約正典應該在猶太歷史中有清楚的裁決，就像新約正典在公元四世紀時，亞他那修和教會作出議決一樣。可惜，猶太歷史沒有留下這樣的文獻；我們在文獻中只讀到有關經卷的收集、經目的分部、書卷的編排，這些都反映出經卷的神聖地位，但說不上有清楚的「議決」。拉比在「雅麥尼亞議會」中只是討論怎樣處理某些書卷，而會議本身亦沒有裁決的權力；但不知何時開始，學者誇大了會議的作用，認為舊約正典就在此會議中得到確立。[19] 這個理論後來被輾轉引述，成為「三階段學說」的不成文論證，到了二十世紀才在學者核查之下證明其為失實的。[20]

12.3.3 書卷匯集和典目成形的過程與原則

如果傳統的看法注目於書卷寫成「不久」便具有的神聖權威，那「三階段學說」則注目於書卷「最後」獲取的正典位置，我們要問：在這「不久」和「最後」之間是怎樣的歷程？是甚麼動力或原理，叫信仰羣體將經卷保存、匯集，直至正典最後完成？不要以為古以色列人沒有其他文獻——考古和聖經研究都表明他們是有經外的書寫作品的；問題是：他們辨認權威文獻或界定正典的原則，即「正典原則」（canonical principle）是甚麼？

我們也知道，無論看成典的過程或正典的原則，我們都會受資料所限，無從看得一清二楚；不過，若像過往的理論那樣，建構一個簡約的幾何模式，或者認為正典只有「排他」的作用（exclusion），所說的都不足以反映事實，因為，舊約的書卷不可能在正典完成後才開始在羣體中產生影響力，反而是先被視為權威，繼而影響或配合羣體的發展，導致經卷被匯集起來，最後成典。[21] 為此，近代不斷有學者嘗試在舊約的經文傳統中尋找正典的原理，二十世紀中葉的「正典進路釋經」（canonical approach）也曾為這問題提出不少意見。[22] 這些看法其實相當可取，因為在詳細評鑑之下，我們可以在舊約本身看到書卷成典的推動力，而當中涉及的原則有一些是神學性的。以下，我們嘗試歸納兩方面的主要的動力。首先，作為「立約」的羣體，以色列人需要有宗教和社會生活的規範；在這方面，正典是一部標準的法典（normative instructions and guidelines）。另一方面，以色列人在歷代先知的信息中領受了上帝的啟示，需要把先知話語累積、傳承、辨別，所以，正典也是先知話語傳統的典籍（inspirational or ideological deposits and traditions）。

12.3.3.1 聖約的法典：Covenantal

我們都知道「約」是重要的舊約神學主題，這也是學者的共識；其實，「立約」的信念，亦是以色列人匯集經書的核心原則。[23] 律法書可說是舊約正典中最先完成的書卷，而我們在律法書、尤其申命記，可以見到以色列與上帝立約的有關內容和模式，這包括：上帝和子民的關係、有關的歷史、彼此的承諾、守約或違約所引致的祝福或咒詛，甚至約書的公讀，以及約書須放置於約櫃等相關規定（見申三十一章）。這些記述解釋了以色列人如何開始寫律法書，以及為甚麼需要聚積、保存。約的觀念又繼續在以後寫成的經卷中出現：在五經之後，以色列的歷史環繞「約」的主題繼續發展，而先知的教導亦以上帝的約為基調。及至耶利米，他在舊約子民「失約」的處境下，宣告「新約」的盼望和應許（耶三十一31），這說明「約」對於信仰羣體是必將延續下去的，而這又解釋了為何猶太人那麼執著地保存經書。

「約」，為立約的子民帶來信仰和社會生活的守則，而載有約章的律法書就放在約櫃中，後來擺放在聖殿中，被視為神聖的經卷。[24] 按列王紀下記載，猶大約西亞王在聖殿中發現律法書時，他馬上就意識到書上的話是出於耶和華（王下二十二8），由此可見，經書雖然還未成為一部整全的正典，但在立約的子民中已經具有權威的地位。這亦說明了聖殿對於聖書有一種「載體」的角色。從摩西把法版放在約櫃那時開始（出二十五16、21），一直到尼希米重建聖殿和以斯拉教導律法，以色列人都認為聖所和聖言是有緊密關係的：他們把約章放在聖殿中，在那裏敬拜、聽上帝的吩咐。聖殿無形中成為正典之所在，為立約的子民「界定」哪些書是分別為聖的；可見，猶太人縱然未試過「裁決」正典，卻早已在聖殿中「辨識」他們的聖書。

正因為聖殿不但是立約之民敬拜的地方，也是立約的典章的所在，當聖殿在公元前六世紀末被毀，敬拜的核心不得不由「殿」轉移到「典」。猶太人被擄後，逐漸散居各地；聖殿雖然得到重建，也再不能像以往一樣，作猶太人宗教的中心。「兩約之間」，會堂在各地興起，文士和律法師取代了祭司的領導地位。這時，猶太人用經書的教導作為敬拜的核心，所以聖經在他們當中十分重要，甚至超越以往的聖殿，成為宗教、社會，甚至民族文化的標誌。我們可以理解，這時猶太人更需要討論聖書的範圍，所以在他們的文獻中，我們可以見到正典的討論活躍起來；雖然當中並沒提出類似「裁決正典」的說法，或表明他們達致任何「劃一的共識」，但當中已經清楚談及有關猶太經目的一些重要問題，例如，有哪些書卷、分為哪幾部分，以及有甚麼地位和作用等。

舊約的形成就這樣進入了關鍵性的階段。可惜，舊約的歷史也就在此結束；學者探究正典如何完成，主要是靠這時的文獻。我們相信正典的完成不會發生得太遲。[25] 有足夠的迹象顯示，猶太人所經歷的政治和社會變遷，使他們加強信仰的規範。我們可以想像，如果聖書是「立約」約章的話，猶太人需要盡快確定聖書的典目，才能維持傳統的宗教生活，更何況這宗教同時也是他們民族文化的一種標記。

12.3.3.2 先知的啟示：Revelatory

「約」的觀念可以很合理地解釋律法書的正典地位，但先知書和聖卷是如何匯集的？與律法的關係如何？這要訴諸以色列先知在歷史中的承傳。在這問題上，評鑑學者會嘗試分析律法書和先知書之間的文學和神學傳統的關係，但我們在這裏只需簡要勾勒先知權威在舊約歷史中的始末，從中理解及查看正典如何形成便可。

先知的權威來自上帝的啟示，這是以色列人在起初立約時便有的信念：他們從摩西的大能和他頒佈的律法去認識先知的權威。[26] 按舊約律法書，摩西面對面從上帝領受啟示（出十九章），又受命寫下約書（出二十四 4～7，三十四 27）；他是第一位寫作先知（writing prophets），又是以色列先知的典範（民十二 6～8），他也確定了辨別真假先知的原則（申十八 9～22）。在五經之後，從約書亞記起，直到瑪拉基書（按希伯來經目，則是直到歷代志），律法書被稱為「摩西律法」，隨處可見；所以，傳統看法認為，就算不是摩西本人最後將五經寫完，亦無礙我們認定他是律法書的作者；而作為律法書的作者，摩西奠下了先知書權威的基礎。[27]

於很早時間，在以色列的宮廷中便有負責記錄歷史的先知；從大衞時代一直到舊約歷史末期，歷代先知，一個接續一個，連續記錄了王國的歷史（參代上二十九 29；代下九 29，十二 15，十三 22，二十 34，三十二 32，三十三 18 ～ 19）。這便說明了為何書、士、撒、王在希伯來聖經被稱為「前先知書」。若細心察閱，我們會見到先知原來站在律法書的觀點去解說歷史；例如，列王紀上十章 23 至 29 節描述所羅門的財富時，其實著重所羅門是否遵行律法書的教導（參申十七 14 ～ 20）。[28] 其後，在以色列的救贖歷史中，先知成為上帝的發言人；他們站在律法的基礎上教導、安慰百姓，並宣告上帝的審判。這些話被匯集起來，成為「後先知書」。以色列人經過歷史的教訓，將先知話語看為上帝的啟示，稱先知書的內容為「耶和華的話」（參但九 2）。

傳統的看法著重摩西是律法書的作者，認為以色列的先知傳統是以摩西為開始的，而先知的著作也秉承摩西律法的權威。[29] 這樣，以色列人不但因為「立約」而將律法書匯集起來，也隨著歷史的發展，將他們辨認為有權威的先知著作都存留下來，這便成為舊約正典形成的另一個背後因素。這個看法視上帝的默示為正典完成的內在動力，認為先知的話語職事（prophecy）是猶太人所信仰的，這也是他們的正典原則。

到了兩約之間，雖然不同類型的文學在猶太人羣體中出現，甚至仍有先知說預言的活動在民間發生，可是卻再沒有任何著作是他們公認為先知話語的。這意味舊約的正典已經完成，而猶太人對舊約書卷的匯集也在這時期停止；歷史的文獻雖然沒有詳細地記述這段時期的細節，卻有記載表示「先知已經停止出現」，這說法可清楚見於《馬加比一書》9.23 ～ 27 和約瑟夫《反駁阿皮安》1.41。約瑟夫更指出，兩約之間的歷史記述並不像先祖的歷史著作般有「權威」，因為，那時「已經再沒有古代先知的繼承者」。[30] 約瑟夫這說法反映了「先知傳承」（succession of prophets）在猶太人的想法中是一種正典原則。

如果把新約聖經放在兩約之間的背景中，我們可以見到，新約作者不但認為舊約的先知已告一段落，更相信耶穌基督就是舊約所說的、終末的先知，是上帝的啟示在末世中的延續，就如希伯來書的作者所說：「上帝既在古時藉著眾先知多次多方地曉諭列祖，就在這末世藉著他兒子曉諭我們。」（來一 1 ～ 2）

12.3.3.3 智慧的聖卷：Sapiential

從上述可見，「律法」和「先知」是正典形成的兩大範圍。按所記述的歷史的先後，律法書早於先知書；甚至，如上文所示，先知的傳統也是建立在律法的基礎上的。[31] 然而，亦有學者見到，先知的權威既然在早期已經確立，則「律法」和「先知」同樣是以色列的權威經典，是正典的主要分部（collection），在地位上沒有優次之分。[32]

進而言之，希伯來聖經的第三部分——「聖卷」（Sapiential；又作「著作」〔*kəṯūḇîm*〕）是如何匯集和形成的？有不少學者認為，「聖卷」是「先知」的進一步分部（sub-collection）。按傳統的看法，聖卷與先知書一樣，都是出於上帝的啟示，甚至有學者認為，聖卷的作者，如大衛、所羅門等，都是先知。[33] 若從歷史的角度去探討，則有迹象顯示，在正典形成的過程中，律法書以外的書卷是先被匯集，得到權威的地位後，然後才被分為「先知」和「聖卷」。[34] 這樣，我們就能夠明白為甚麼聖卷在早期並未有給固定命名，而猶太人對經目的排序亦不大一致；甚至，他們有時將舊約簡稱為「律法和先知」（例子可參太五 7；約一 45；徒十三 15 等）。[35] 在「三階段學說」的影響下，以往有學者認為「聖卷」是晚期成書、晚期成典的，所以在早期未有明確命名和經目的範圍。其實「聖卷」包括了很古舊的著作，例如詩篇，這些書卷成為權威的時期，並不比先知書其中一些書為晚。故此，有關「聖卷」的形成，更好的解釋是「先成典、後分部」，也是說，希伯來聖經的分部不是因為成書的先後，也不是出於歷史的自然發展，而是出於猶太人對經目的刻意編排。

上文提過，猶太人是按書卷的文體和功能去為經目分部的，我們可以在斐羅（Philo）和約瑟夫的有關說法中見到這原則。斐羅稱律法和先知以外的書卷為「詩篇及其他成全知識和敬虔的著作」，而約瑟夫則如上文所提過的稱之為「獻給上帝的詩歌和對人生品行的告誡」。[36] 兩個人把經目的最後那個部分描繪得很相似，都指出了當中包括我們今天稱為「詩歌、智慧」的書卷。

然而，在希伯來聖經的經目中，第三個部分不叫作「詩歌智慧」書，而是稱為「聖卷」。「聖卷」這個名稱源自公元二世紀的拉比文學。[37] 按學者估計，傳統的分部經目亦可追溯至大約這個時期；以下是《巴比倫他勒目》〈論最後一道門〉（*Baba Bathra*）14b ～ 15a 的經目，在當中可見到「聖卷」已從「先知」區分出來。[38]

- 妥拉或律法，共五卷：創、出、利、民、申；
- 先知，共八卷：書、士、撒、王、耶、結、賽、十二小先知；
- 聖卷或著作，共十一卷：得、詩、伯、箴、傳、歌、哀、但、斯、拉—尼、代。

按此經目傳統，「聖卷」中不但有詩歌智慧書，也有歷史書卷。首先，整本聖經的各分部中都貫串著以色列的歷史。律法書所收集的是立約的法則，但當中穿插著早期的歷史；先知書所收集的是先知的話語，但前四卷都是歷史，即接續律法書之後的歷史。至於聖卷，一般認為路得記被編在詩篇前面，是作為詩篇的引言，交代著作者大衛的出處，而從詩篇到哀歌，一連六卷書都是詩歌或智慧書，這就顯出聖卷在文體上有詩歌或智慧的特色，這亦是聖卷從先知分出來的原則。[39]然而，聖卷最後數卷也是歷史，當中，從但以理書到以斯拉記、尼希米記，是末後階段的歷史。歷代志出現在最後，可能因其是整部舊約的歷史重述，因為歷代志是以亞當的家譜作開始的，最後說到被擄和聖殿重建，標誌著舊約歷史的終結（代上一 1；代下三十六 23）。

如果將這經目的「先知」和「聖卷」連起來看，我們可以看到首與尾的書卷都是以色列的歷史，而排在中間的是先知的教導和詩人智者的訓誨。[40]這樣井然的條理，顯然不是依循成書的次序，而是出於刻意的編排；而這經目出現在早期的拉比討論中，更反映出書卷的正典地位在更古的時期已在猶太人中得到確立。[41]

12.3.4 舊約正典的完成時期

舊約的書卷之所以被匯集，成為經典，是因為以色列與上帝立約，也因為救贖歷史的發展。這個過程不宜約化為幾個階段來看，但我們可以問：這個過程是大約在甚麼時候畫上句號的？也就是說：舊約正典是何時完成的？從上文可見，聖殿的被毀和先知話語的停止，與此有直接的關係；由此，有學者推算，完成時期不會遲過公元前一〇〇年。[42]

在這裏，「正典的完成」是指舊約所有書卷已經被確認為「具權威性」，被匯集為組別（corpus），成為有固定書卷的典目，不再有增減。就歷史方面而言，這個定義注目於猶太人對整部舊約的經目的確認，而不是傳統看法中的經書完成期；另一方面，就神學理解來說，這個定義所肯定的是上帝啟示的權威，而不是人對正典的裁決，所以，猶太人雖然在後期（如公元一世紀後期才發生的雅麥尼亞會議）仍然對某些被質疑的書卷作出討論，我們也無須因而抹殺在較早時已出現的共識。

上文指出，傳統的希伯來正典可以追溯到早期的拉比經典《巴比倫他勒目》〈論最後一道門〉14b ～ 15a（約公元二〇〇年），這拉比經目是舊約正典完成的重要證據。該經目的第二、三部分書卷的次序，與後期的經目傳統比較，有少許差別，然而，其書目（list of books）、卷數（number of books）和分部（divisions），都已經明顯與今天的希伯來正典吻合；並且，我們可以在更早期的猶太文獻中見到與這經目一致的說法，反映「正典」已經固定了。約瑟夫（公元三十七～一〇〇年）在《反駁阿皮安》一書中為猶太的經典辯護（1.37 ～ 43）；他所列寫的經目亦已經表現出一致的書卷、卷數和分部的結構；[43] 只是，書卷的編部和次序不一樣，而學者認為，那反映先前已存在著兩個不同的編序傳統，而這說明了「正典」是在更早的時期完成的。[44]

此外，不少學者從新約路加福音十一章 50 至 51（參太二十三 34 ～ 35）看到間接的論證。經文記載，耶穌將創世以來被殺的先知概述為「從亞伯的血起，直到被殺在壇和殿中間撒迦利亞的血為止」（路十一 51），這話不可能指到事件的歷史時序，因為，亞伯是第一個被殺的人，但撒迦利亞卻不是最後一個。[45] 然而，耶穌的說法，看來假設了羣眾已經熟悉希伯來傳統的典目，因為，按著這典目，歷代志是最後一卷，而撒迦利亞被殺的事，正發生在該書的末後（代下二十四 21 ～ 22），所以，對熟悉舊約經卷的羣眾來說，他們很自然便領悟到撒迦利亞是最後一個被殺的人。若是這樣，我們可以肯定，希伯來正典在耶穌時代已經被確認了。在新約中，超過二百多處地方引述舊約，這說明了新約的作者對聖經的權威已有共識（參提後三 16），這亦反映了書卷的地位到了新約時代已廣被接納——縱然當時沒有所謂正典的討論。

至於舊約正典的完成期，學者估計是在公元前約一百年前。這基於幾方面的考慮。先說猶太釋經學。拉比的解經傳統可溯源自公元前一世紀，那著名的、由希列（Hillel）所倡導的、七個拉比解經的原則，也是出於這個時期；而我們相信正典的完成應該比這時期更早，因為書卷必須已經固定為標準的經典，才會成為詮釋的對象。另一個考慮是「三分部」在早期出現。一般認為，「律法」是最早成為一個組別的，而「先知」和「聖卷」卻是在典目完成後才分為兩部的，所以，當歷史文獻中出現「三分部」的公式，正典在某程度上是已被確認的了。在提及「三分部」公式的文獻中，年期最早的是公元前一〇〇至一五〇年的 *4QMMT*（死海古卷第四穴文件《律法的一些教訓》〔*Some Precepts of the Law*〕）[46] 和公元前約一百二十五年的《便西拉智訓》的序言。[47]

還有，如果考慮正典完成的前因之一是先知啟示的停止，也許可以將正典的完成時間估計得更早。《馬加比一書》（約公元前一〇〇年）記載哈斯摩尼亞王朝的歷史，當中述及猶大（馬加比）離世之後，以色列人遭遇到「自先知停止以來未有過的大困擾」（2.13 ～ 14），這樣的說法隱含著一個意思，就是猶大死時（約公元前一六〇年），已有頗長的一段時間沒有先知出現。

此外，按《馬加比二書》（約公元前一〇〇年）所載，尼希米曾經收集列王、先知、大衛等著作（2.13），而猶大亦「同樣地把所有在戰時失落了的書卷收集起來」（2.14）；兩件事被連在一起，反映經書在那個危機的時代中一直被結集、保存。這樣看來，猶大（馬加比）對經書的收集，可能促使整部經書得以彙編，反映著正典的完成，其時約為公元前一六五年。[48]

12.3.5. 舊約「次經」對基督教正典的影響

舊約「次經」（apocrypha），又稱「旁經」，是兩約之間的猶太著作，主要以希臘文寫成，約有十多卷。[49] 這些書卷並沒有在當時的猶太圈子中被視為神聖的經典，也沒有在其後的拉比傳統中被納入正典。[50] 在基督教發展的初期，新約書卷還未寫成，教會有的只是舊約聖經，並不包括次經。早期的教會，尤其是東方教會的教父，如游斯丁、美利托（Melito）、俄利根（Origen）、亞他那修、西瑞爾（Cyril），都沒有把次經列入舊約正典之內。[51] 基督教既然視猶太人的聖經為舊約，就沒有理由確認猶太聖經以外的作品為正典。

然而，隨著「翻頁書」（codex）在公元二世紀興起，而書冊的容量遠比皮卷為大，基督教的文士開始把聖經抄在翻頁書上，並且把其他猶太著作也一併抄錄在其中。[52] 就這樣，有十多卷典外文獻被吸納在教會所用的舊約版本中，逐漸被誤認為具有聖經的權威。[53] 到了公元四世紀，這些書卷被耶柔米（Jerome）命名為「次經」；其後，在西方教會帶頭確認下，被納入聖經的範圍。[54]

作為猶太文獻，次經的價值毋庸置疑；但次經之被視為正典，卻似乎是出於翻譯和抄寫的意外。如上指出，猶太傳統並不把次經列為權威，但是公元二世紀的西方教會對此並不知悉。那時，西方教會普遍使用拉丁語；他們的拉丁文舊約是從希臘文翻譯過來的，又因次經是操希臘語的猶太僑居地（diaspora）的流行作品，所以同時被載錄在某些希臘文舊約的版本中，如《七十士譯本》。[55] 於是，拉丁語教會就透過聖經的翻譯和抄寫，吸納了這些次經書卷，我們相信這是導致西方教會接納次經的前因。[56]

改革的基督教傳統並不接納次經為正典，這是因為自文藝復興以來，原文和歷史研究使得舊約正典的原貌被重新認識，以致在十六世紀，跟從宗教改革路線的教會，將次經從正典剔除出來。然而，羅馬天主教在天特會議（The Council of Trent）中再次確認次經在正典中的地位，繼而名之為「後典」（deuterocanonical books）。

今天，基督教不少主流聖經譯本都不將次經包括在典目之內，不過，依然沿用教會傳統的編排，順次分為四個組別：「五經」、「歷史書」、「詩歌書」、「先知書」。這編排與《七十士譯本》和天主教聖經相似，反與猶太的三分部不一樣，但書卷範圍則與希伯來正典吻合。[57]

12.4 新約正典的形成

12.4.1 新約正典歷史的核心問題

從歷史的角度看，新、舊約正典的形成過程各不相同。新約是在希臘文化的背景下寫成的，有別於舊約的以色列背景。新約的成書時期又遠比舊約為短，在耶穌時代之後的數十年之內，書卷便已寫成，在敬拜的羣體中流傳著，其中，如符類福音和保羅書信，很早便結集為組別，而成書較晚的約翰福音，也不過是主後九十年代寫成。（曾有學者認為約翰福音是公元二世紀才成書的，但此說在近年的討論中已普遍被否定。）按成書日期計算，正典中的二十七卷書是在公元一世紀末之前已經完成的。

初期的信徒相信耶穌基督已經成就了「新約」（參林後三6），卻未必清楚意識到確立新約正典的需要，因為基督教源自以色列的信仰，早已有猶太人的經典作為聖經，只是，基督教信仰的中心不再是經書，而是耶穌基督。新約書卷也是因應教會對基督的信仰，在不同處境中寫成的。[58]

在新約書卷形成之際，現稱為新約次經（apocrypha；這包括偽經〔pseudepigrapha〕）的作品也開始出現了；這顯然是導致早期教父著手辨別新約經目的原因之一。新約的次經為數甚多，但主要源於公元二至四世紀，成書比新約書卷為晚，其思想形態亦顯得偏離，故此沒有被納入正典，更不至像舊約次經那樣造成經目上的混淆。有關新約正典的歷史，我們能夠掌握的資料較舊約的多。我們大概可以見到，在公元二至四世紀，曾經多次有教父為新約的經目作出討論；到了公元四世紀，新約的二十七卷書大致已被確認，而「正典」（canon）這名稱也在此時開始沿用。新約的正典最終是在公元四世紀末的大公會議中敲定的。

如上所述，新約的書卷是在公元一世紀寫成，但正典卻要等到公元四世紀末才被確認；我們自然會問：是教會把正典編造出來的嗎？（“Did the church make the canon?”）在學界中，這問題涉及複雜的爭論，但歸根究柢，問題的核心與舊約正典一樣，在於經卷是否存著「正典原則」。換句話說，教會確認正典的原因是甚麼？正典形成的動力在哪裏？

要探討這問題，我們宜先弄清楚以下兩點。第一，按著定義，正典是指經目，但說到實質上的意義，正典是信仰的規範（rule of faith）。新約正典雖到公元四世紀才確立，但背後的規範一直存在，甚至是源自一世紀；就如福音書起初的編寫，也是因為初代信徒信了耶穌是基督，便馬上開始要辨明基督的身分和救贖。如此，新約的各卷書卷先後寫成，對教會的信仰起了規範性的作用，而當情況發展到連經目也需要有所規範時，正典的概念更趨成熟了，最後便促使正典完成。有學者這樣指出：「『正典經目』是見證和保存『規範』的最有效和全備的組合。」[59]

第二，要探討上述的問題，我們需要辨明神學和歷史兩方面的解釋，也要將兩者兼收並蓄。神學方面，我們相信，正典的書卷是聖靈所默示的（inspiration）、有使徒的權威（apostolicity）、被大公教會所認受（catholicity）、成書的時間古遠（antiquity）、且符合正統的教義（orthodoxy）。[60] 從歷史的觀點看，教會早期所面對的信仰衝擊，更是促使正典形成的誘因；這包括諾斯底主義的攪擾、馬吉安（Marcion）對舊約的排斥、孟他努主義（Montanism）對經目的擴張等。[61] 在學界的討論中，客觀的歷史解釋才是必要的，所以，正典的形成主要被認為是由於外來的影響和衝擊，而不是因為教會的信仰，甚至有學者認為，正典不是教會造出來，而是被教會排斥的馬吉安造出來的。[62] 然而，我們知道歷史的解釋亦一樣是可爭議的，因為歷史的解釋在某程度上也像神學的解釋一樣，受著學者本身的詮釋框架所限制；例如，學者對正典的定義可能很狹窄，局限於可見的一列書目。[63] 此外，學者傾向強調歷史上的衝突，多於教會內部對經目的磋商以及教會對信仰規範的共識。[64]

從基督教信仰的觀點，可以看到新約正典的形成有裏和外的因素，情況與舊約正典相似。舊約的書卷源自以色列與上帝立約，而新約的書卷則源於教會對基督的信仰，這都是內在的因素。按新約顯示，教會從開始就以舊約為經典、以基督為最高的權威，而新約之形成，也是基於這些信仰規範；既然如此，則教會並沒有擅自把正典造出來，反之，卻是從開始就被建造在正典所反映的信仰基礎上。[65] 至於外在的成因，則涉及社羣的變化或環境的影響。舊約正典是在猶太人經歷社會宗教變遷之後完成的，而新約正典是教會在受到衝擊之下確認的。這些外來的衝擊的確有催化作用，推動了正典的確立，但正典的動力始終是源於教會本身對基督的信仰。

12.4.2. 從成書到成典的原則與過程

從新約書卷成書，到新約正典完成，跨越數世紀的早期教會歷史，其資料遠比舊約正典歷史的為多，研究起來也可以十分繁複，不過，概略的圖畫還是可以清楚看出來的。我們可以將這段歷史分為三個順序的階段：一、公元一世紀，是「書卷的成書期」；這時的教會，除了以舊約為聖經之外，就只有耶穌基督是最高的信仰規範，而新約經卷是基於這些規範寫成。二、公元二世紀則是「典目的形成期」；這時期發生的信仰混亂，導致教會的正典意識大大提高，新約正典的基本構造也隨之定形。三、公元三至四世紀，是「正典的確立期」；隨著教父對正典的討論日臻成熟，新約的正典終於在大公會議中被確立。[66] 以下，簡述正典如何在各階段形成。

12.4.2.1 耶穌基督的傳統：Christological

公元一世紀是書卷成書的階段。這時，還未有教父的文獻為新約的權威作證，也未有人討論過新約正典的問題。有學者稱這時期為新約正典的「史前時期」；不過，稱之為「孕育期」可能更為適切，因為新約書卷本身已呈現出與正典有關的規範性原則。[67]

一、首先，信徒視耶穌基督為權威，故很快將有關耶穌的歷史記錄下來，成為傳統（traditions）的資料；這包括祂的話語和祂的事迹，而最初在羣體中流傳和被背誦的，很可能是耶穌的話語。[68] 我們可在新約多處經文看到信徒視「主的話」為權威，例如，福音書著重記述耶穌的話語，指出其滿有能力；又如保羅的書信一再指向「主耶穌的話」，相信其權威與標準性（參徒二十 35；林前七）。此外，耶穌的事迹也很快在信徒中流傳，成為敍述性的資料片段，在敬拜中使用，表達著對基督的信仰，也反映出羣體的身分意識。這些有關耶穌的歷史可說是最原初的正典。

隨著福音被傳揚，各地教會被建立，上述的耶穌傳統資料（Jesus traditions）漸被編寫成書，並且形成一種基督教所獨有的福音書文體。這文體是我們在新約四卷福音書所見到的：以耶穌的事迹為骨幹、表述祂的身分，以祂的受死和復活作為敍述的高潮和結局。這些書卷，刻劃出教會對基督的信念，也就是相信耶穌是基督，相信祂成就了救贖，並相信祂已經復活；新約的書卷普遍都反映出這些基本的信仰（見徒二 11 ～ 26；提前三 1；彼前一 10 ～ 12）。

二、新約成書過程中的另一個規範就是舊約聖經。對初期教會來說，基督的身分和救贖成全了上帝在舊約中的啟示，這是有根有據的。耶穌基督自己確認舊約的權威（參太五 17），又指出舊約為自己作見證（參約五 39、46）。初期教會傳福音或新約作者闡釋救恩時，都會引述舊約作為論證。從這許多引述，總括而言，我們可以這樣說：新約書卷的成因之一，是要從舊約的觀點，將基督的身分和救贖說明出來。有學者說：「我們甚至可以視新約聖經為一本以基督為中心的舊約釋經書。」[69] 還有，舊約除了是基督教信仰的神學基礎外，也是新約文獻在文學型態上的基礎模式。初期教會很早便意識到基督已帶來了「新約」的時代（林後三 6），也很自然會想到，在新的時代寫成的信仰文獻，應該與舊約的書卷前後呼應，成為規範性的典籍，一起見證上帝的創造與拯救的歷史。新約書卷其後被教父命名為「新約」，正是因為有舊約的模式可供參照。

三、耶穌是最高的信仰規範，但祂並沒親手寫下書卷，基督福音的傳揚和解釋，是交由耶穌所設立的使徒去執行的。從歷史角度看，使徒曾與耶穌同在，奉祂的差遣，見證祂的復活，是耶穌委派的職事繼承者，而教會從開始就確認他們的地位（徒一 21 ～ 26）。在新約成書的過程中，使徒擔當了關鍵的角色，把基督「領受」了，「交付」給教會（參林前十一 23，十五 3）；教會則把道理傳承下去（提後二 2）。使徒所傳遞的，包括耶穌的歷史和救恩的詮釋——先是口傳的，其後寫成文字（參帖後二 15），最後成為規範性的記載和寫作；這些信息孕育了新約的正典。從神學的角度看，使徒是最直接承傳基督的傳道者，有來自基督的權威。教會也是建立在基督的啟示之上，所以使徒被稱為「教會的根基」（弗二 20），與先知並列（啟二十一 14）。從上述的理解，我們可以明白為甚麼教會認為使徒的權威也是正典原則之一。所謂使徒的權威，並不是與基督同等的權威，而是對基督的啟示作解釋的權威。此外，這權威也不是個人的地位問題，而是教會整體的信仰根基的所在，所以，雖然使徒權威是正典原則之一，正典中存留的書卷卻不一定都是使徒親筆寫成的。[70]

四、有了信仰的規範，便自然有正統的教義。教會又往往在遇到異端思想的攪擾時，才更認清正統教義的界線；同樣地，當偏離信仰的著作出現時，教會便更意識到正典的重要；因此，正統教義也是正典形成的原則所在。雖然導致正典完成的各樣信仰衝擊，要到公元二世紀才具體發生，但是，新約成書之時，教會其實已面對偏差思想的挑戰，所以，新約的內容本身也反映教義和正典的原初發展。近代流行一些說法，認為正統不過是給派別鬥爭下的勝利者的標籤，而新約本身甚至沒有固定的教義，只有變動與分歧。[71] 從釋經的角度來看，這些說法並不成立，因為，新約的神學雖然涉及不同的處境和多元的表達，但其核心和規範卻清楚可見。耶穌也曾提醒門徒要防備假先知（如太七 15；可十三 22），而教會在在公元一世紀前亦已經因著假教師的問題，開始強調信仰的純正了（如約壹四 1；提後一 13 ～ 14；多一 9）。[72]

從上可見，正典形成的其中一些原則是在成書時開始運作的，包括揭示耶穌基督的身分和救贖、說明舊約的應驗、忠於使徒的傳承、持守正確的教導。這些原則，與教會日後提出來的正典準則十分相似，包括基督論（Christology）、救贖歷史（salvation history）、使徒傳統（apostolicity）、正統教義（orthodoxy）等。教會的正典準則多數是在事後提出的，不是「正典如何形成」的客觀歷史因素；然而，我們若視新約為歷史的文獻，亦可以從中窺見，在正典的孕育階段中，已有上述這些正典原則在運作。我們也相信，早期教會未有很快就看到確立新約正典的需要，其原因之一，也是因為教會從開始就運用了這些原則，也就無形中持守了正典的規範。

12.4.2.2 **教義標準的釐定：Orthodox**

說到「新約正典形成」的客觀歷史，公元二世紀可說是關鍵性的階段；這是很明顯的，因為導致新約正典成形的主要事件，都在這個世紀發生。學者無論怎樣評估正典形成的時間，都總得從這時期的歷史提出論證來。有學者認為，教會在公元二世紀末已經有了具體的經目觀念，而且對新約正典所包括的核心組別以及大部分書卷都有所辨識。[73]

在前一個階段，書卷仍在撰寫和流傳中，當時的正典原則主要涉及耶穌基督的福音內容。到了公元二世紀這個階段，正統教義的關注顯得愈來愈重要。面對著異端興起和次經湧現，教會需要進一步辨明信仰的標準和規範；這成為正典經目在此時成形的主要動力。

一、新約次經的出現，與新約書卷盛行和被人仿效有關。新約的書卷在公元一世紀末本已開始普遍流傳；到公元二世紀，翻頁書興起，文士把同類型的書卷抄在一起，於是保羅書信和四福音很快便各自被結集成為組別。這意味著經目的雛型逐漸成形，而結集成組別的書卷的地位更趨穩固。就在此時，即公元二世紀前期，其他的作品開始湧現，其中有不少是仿效保羅書信的風格或福音書的體裁而寫成的，然而，這些作品在意識形態上卻隨從公元二世紀異端思想的體系，偏離了教會原初的信仰。這些後期作品的湧現持續了數世紀之久，種類繁多，造成了混亂。[74]在這情況下，教會確立正典是遲早的事，而在當時流傳的眾書卷中，地位得到肯定的，當然是那些一早寫成和直接從使徒傳承下來的書卷，這就說明了為何在神學的觀點中「成書古遠」和「使徒權威」都是正典的準則。

二、除了次經的興起，教會又面對較諸早前的更加有規模的「異端」運動；這包括公元二世紀前期流行的諾斯底主義、馬吉安主義和孟他奴主義。[75]這又進一步說明，「正統教義」是正典的準則之一，且是這個時期最重要的準則。

諾斯底主義是最早出現的，甚至早於新約的成書時期，已開始出現類似的思想（參西二 8、20～21）。只是，到公元二世紀初，這些思想才具體發展為系統性的異端，混淆基督教的信仰，並受到教父猛烈的抨擊。諾斯底主義除了強調二元論，看物質為邪惡，並否定基督在肉身受苦之外，又自我追求一種莫測的「高深靈智」，所以沒有所謂信仰的規範或聖經的權威。他們從舊約讀出諾斯底主義的神學，又廣泛引用異教文獻，基本上是一種以基督為名的神祕宗教。諾斯底主義的流派不只一個，影響廣泛；他們對經書的用法，都直接或間接地推動了教會對正典問題的醒覺。

說到馬吉安主義，對正典形成的影響就更直接了。馬吉安其人曾經被逐離教會，時為公元二世紀中葉。他認為舊約和新約的上帝並不一樣，舊約的上帝是忿怒而次等的，但基督卻來自最高的慈愛的上帝。他因此拒絕舊約的權威，也不接納具猶太色彩的新約書卷；他又自定一部「正典」，當中只有路加福音和保羅寫的十封書信，其中凡是認同舊約或猶太信仰的經文都給刪除掉。按文獻顯示，馬吉安的典目是歷史上第一部明文的新約典目，但是這典目顯然扭曲了新約的本意，偏離了教會傳統對舊約救贖歷史的理解，以致大公教會對這見解作出嚴厲駁斥。在隨後的歷史中，一直都有教父繼續回應相關的問題，這包括愛任紐和特土良（Tertullian）等；他們多方引用聖經，說明聖經書卷的地位和兩約之間的關係，而教會所確認的正典也因著他們的論說愈辨愈明。表面看來，教會為回應馬吉安而把典目辨明，看來是被動的；但從另一角度看，教會必須是先意識到對經卷的內容是需要有所堅持的，才可能對馬吉安作出反駁；如果說教會在此之前從未考慮過正典的內容，那是不合理的說法，也是「基於默證」的揣測（argument from silence）。

與馬吉安「異曲同工」的是另一異端孟他奴主義。馬吉安縮減正典的內容，孟他奴卻以靈感為理由，擴大典目，挑戰正典的界限。孟他奴運動發生於公元二世紀中葉之後，源自小亞細亞，很快便蔓延到東、西羅馬和非洲北部的教會；這運動強調的是聖靈的充滿，但問題卻是孟他奴等領袖自命為新時代的先知，其話語等同上帝最後的啟示，他們甚至曾將所說的話記錄下來，以之為權威，與聖經並列。這些文獻今天已不復存在，但我們知道當時的教會將孟他奴主義判為異端；而學者普遍認為，他們與馬吉安一樣，是正典形成的催化劑。

三、在信仰受衝擊的處境下，教父的解經和神學論說是奠定純正教義的重要因素；而我們查察新約正典之形成，亦有賴公元二世紀的教父著作。在二世紀初期，已見到有教父引述舊約，論證基督，也高舉使徒的傳統，但經目還未明顯出現。到了公元二世紀中葉，教父的著作開始更清楚地指明新約書卷的權威。例如，有教父引述福音書的經文，將之等同為主的話；又例如護教士游斯丁指出，使徒為耶穌寫下的「記載」（memoirs），即福音書，是與先知書一樣具有權威地位的，所以也成為教會在每週敬拜中所誦讀的經卷。[76]

基於這些教父的論說，公元二世紀的中葉成為學者評估新約典目成形的關鍵時期。有學者持「早期說」，認為經目是「累積」而成的，故早在游斯丁之前已經開始累積，才有可能在他那時成為敬拜誦讀的經卷；又有學者持「晚期說」，認為經目是「篩選」而成的，故必須先有次經出現，才開始見到教會從眾書卷中將典目篩選出來。[77]近年更有學者指出，「累積」和「篩選」的過程是交織地發生的。[78]無論如何，新約書卷的地位就在這關鍵時期愈來愈明晰，而正典的基本形態也在此時開始成形。

四、到了公元二世紀後期，教父對經目的討論就更具體和全面了；此時亦有經目在流傳著，而著名的《穆拉多利經目》（*Muratorian Canon*）便是這時期的文獻。「新約」這名稱，也是在此時開始普及的。[79]

這時的教父之一，是駁斥諾斯底主義和馬吉安主義的愛任紐；他在著作中引用很多新約經文，引用的數量比引用舊約的還要多；從這些引述可知，他視新約為權威；而他所確認為正典的新約書卷，包括四卷福音書、使徒行傳、保羅書信、彼得前書、約翰一書、約翰二書，甚至啟示錄。此外，他又論述新約正典的原則，其中為人樂道的，是以地的四極來說明福音書有四卷的事實。[80]在我們今天看來，愛任紐對正典的論述並不絕對完善，但在正典當時的發展來說，他的貢獻很大。正典的辨認不是靠一個人去完成，也不是朝夕之間的事，卻是大公教會所累積的努力而成的。教會能於頭二百年內達致愛任紐所反映的看法，反映新約書卷對教會十分重要，而教會亦早已熟悉愛任紐所引述的書卷。

愛任紐是公元二世紀後期的重要見證，但他不是惟一的見證；當時的護教士尚有希坡律陀（Hippolytus）和特土良等人。此外，還有上文曾提及的《穆拉多利經目》，那是現存的最早一份新約經目，相信來自公元二百年或之前的西方教會。[81]經目是以散文形式寫出，簡介和羅列當時流傳的書卷，並將書卷分為四類：「被接納的」、「受爭議的」、「不被接納但可供私人閱讀的」和「完全不能接納的」；這羅列的方式說明教會正在衡量當時流傳的書卷的地位，而「被接納的」名單就反映教會所能確認的正典權威。然而，在《穆拉多利經目》中，還未見到所有的「普通書信」列入「被接納的」名單，而次經《所羅門智訓》卻反而被列入了；這說明當時的討論還未發展到大公教會在其後所達致的共識。

12.4.2.3 大公教會的共識：Catholic

公元三至四世紀是新約正典的完成期。既然教會在公元二世紀末已具備正典的觀念和規模，那為甚麼正典的完成要到公元四世紀末才終於發生呢？我們見到最少兩個原因：一、無論是書卷的抄寫、流傳或集結，都是需要時間的，加上教會散落在不同地方，所以不能在這麼短的時間內便尋求大公教會的共識；二、在公元三至四世紀，教會一再遭受大規模迫逼，根本未有機會公開交代經目的進展。

然而，正典觀念此時已日趨成熟，而有關正典經目的磋商也終於在四世紀末完成。這段歷史說明了正典的確認是經過信徒的反省和議論；在這階段中，決定性的原則就是大公教會的共識。

一、基督教成為羅馬帝國國教之前，教會經歷了羅馬政府的多次迫逼，而公元四世紀初發生的一次，更直接威脅到經書的存亡。在公元三〇三年，凱撒戴克里（Diocletian）拆毀教會建築物，並下令基督徒交出他們的聖書，將之焚毀。[82] 這場災劫造成教會文獻和資料的散失，以致我們今天研究正典時也不能得到更多論證。然而，教會面臨經書散失，也同時被激發要竭力保存經書，也因而更意識到釐清正典界限的必要。當時，個別地區流傳著一些非大公性的書卷，有信徒認為可以交出一些次要的書卷，以求保命；但是核心的經卷會不會因而失去？信仰會不會隨之失落？這些問題是教會更關切的；而反對交出書卷的，當然亦大有人在。[83] 無論如何，在這危機之下，正典的界限是愈辨愈明了；有學者指出，在這時期之後，教會對經目的討論比以前更加頻密，文獻中也見到有更多的經目出現。[84]

二、隨著歸信基督教的君士坦丁（Constantine the Great）在公元三二四年成為羅馬帝國的皇帝，教會的日子過得較為平靜，正典的發展也乘著政治環境的安穩而加快。約於此時，歷史家優西比烏寫下當時教會對經書的看法。他沿用教父過去的討論方式，將流傳的書卷分為幾類：「被確認的」、「受爭議卻又一般都接納的」、「仿偽的」和「異端冒使徒之名提出的」。[85]我們從優西比烏的分類可以見到，這時的教會確認了二十二卷書，以及大致接納了五卷書，總共是二十七卷；這經目與大公教會最後確認完成的新約正典極之接近。

三、大公教會其後確認的新約正典典目，最早可在公元三六七年的一份文獻中見到，那就是亞他那修的《節期書信》第三十九封。在文獻中，亞他那修向信徒交代從教父傳遞下來的「正典」，而他的經目是分為組別及列寫得很清楚的。組別先後是四福音、使徒行傳、七封大公書信、十四封保羅書信和啟示錄。[86]這經目一共有二十七卷書，內容與今天的新約聖經完全一樣。亞他那修不但釐清了正典的界限，見證了當時已有的新約經目，他更在文獻中討論正典的定義和神學意義。他說，這二十七卷書是「救恩的泉水」，「可供教義宣講的獨特經書」，是「不可從中添加或刪減的」。按亞他那修的說法，「正典」和「次經」是界線分明的；正典以外的書卷是次經，絕對沒有聖書的地位。[87]

四、亞他那修的經目只是亞歷山太地區教會的文獻，不是大公教會的議決，但他的經目見證了當時的教會對正典的共識。有學者指出，正典的問題經過亞他那修時期的多方議論，到了公元四世紀末，已到了完結的階段。[88]

新約的正典就是在亞他那修之後的數十年之內，在大公教會的會議中確立。當時教會還未出現教宗制，也沒有任何統一的機制可強施一個典目，但各地教會卻自發為聖經正典謀求共識：先後有羅馬會議（Council of Rome，公元三八二年）、希普會議（Council of Hippo，公元三九三年）和迦太基的兩次會議（Council of Cartage，公元三九七年、公元四一九年），共同將這二十七卷書確認為新約正典。按教會傳統，新約正典就是在這個時期正式「完成」（closed）的。[89]

12.5 結語

聖經的正典在大公的會議中正式完成，是否就表示大公教會有至高的權柄去裁定聖經書卷的地位？不。按上文所述，信仰的羣體是因為領受了上帝的啟示，且要持守上帝的啟示，所以有需要確立舊約和新約的正典。故此，聖經的權威不在於教會，而在於那位發出啟示的上帝。宗教改革運動的傳統十分強調「唯獨聖經」，而「唯獨聖經」這個信念也是基於聖經的權威，而這權威是來自上帝。[90]

聖經是教會的權威，但教會卻又確立了聖經的正典，這是否存在矛盾？不。在這問題上，我們要追溯正典形成的淵源。如果只把正典看為一列的書目（list），不過由教會在公元四至五世紀時編造出來的，這麼一來，聖經的權威就真的是來自教會了。但正典的歷史並非這樣。正典的形成是從經卷的內容開始（content）；就如上文所述，信仰的羣體將從上帝所領受的寫下來，經過一段時間的累積，最後結集成為聖經。[91]這樣，羣體的信仰一直在帶動經書的形成——從舊約開始，上帝與子民立約，到新約，耶穌基督完成救恩的時候，信仰的典藉就已完成。當教會明白到經書已經完成，正式確立正典時，聖經的權威是被認受和肯定的。從一方面看，教會確立了正典，從另一方面看，聖經對教會來說有權威，正典與聖經的權威互為表裏，不能說是互相矛盾。

我們相信，在正典的形成過程中，歷史的因素和神學的動力是互相交織的；在不同的階段中，可能有不同的原則（特別顯著地）推動著正典的形成，但無論在舊約或在新約時代，典目的發展都見到一些延續性。我們也相信，上帝是在歷史中工作的上帝，祂不但完成了救贖，祂也成就了正典。我們相信，正典固然是教會所確立的，但當中的書卷卻從起初就有正典的地位。那麼，我們怎能辨識這些書卷是權威的？一方面，是聖靈在我們心中工作，使我們確知聖經是上帝的話語；另一方面，「聖經使自己成為正典。」（“The Bible makes itself to be canon.”）[92] 當我們願意嘗試從神學角度去理解這部正典，願意持開放的態度去研究這些經書，我們也可以看到，聖經就是本身的權威的明證，而寫在當中的確實是上帝的話語。

推薦書目

Barton, John. *Holy Writings, Sacred Text: The Canon in Early Christianity*. Louisville: Westminster John Knox Press, 1998.

Beckwith, Roger. *The Old Testament Canon of the New Testament Church and Its Background in Early Judaism*. Grand Rapids: Eerdmans, 1985.

Bruce, F. F. *The Canon of Scripture*. Downers Grove: InterVarsity Press, 1988.

Campenhausen, Hans von. *The Formation of the Christian Bible*. Translated by J. A. Baker. Philadelphia: Fortress Press, 1984.

Carson D. A., and Douglas J. Moo. “The New Testament canon.” In *An Introduction to the New Testament*. Grand Rapids: Zondervan, 1992.

Dunbar, David G. “The Biblical Canon.” In *Hermeneutics, Authority, and Canon*. Grand Rapids: Zondervan, 1986.

Ellis, E. Earle. *The Old Testament in Early Christianity*. Grand Rapids: Baker, 1992.

________. *The Making of the New Testament Documents*. Leiden: Brill, 2002.

Harris, R. Laird. *Inspiration and Canonicity of the Scriptures*. Grand Rapids: Zondervan, 1975.（中譯：夏理斯。《聖經的靈感與正典》。曾立華、黃漢森譯。香港：種籽出版社，1976。）

Kaiser, Walter C. *The Old Testament Documents: Are They Reliable and Relevant?* Downers Grove: InterVarsity Press, 2001.

Kümmel, W. G. “The Formation of the Canon of the New Testament.” In *Introduction to the New Testament*. Rev. ed. Translated by H. C. Kee. Nashville: Abingdon,

1975.

McDonald, Lee Martin. *The Formation of the Christian Biblical Canon*. Peabody: Hendrickson, 1995.

Metzger, Bruce Manning. *The Canon of The New Testament: Its Origin, Development, and Significance*. Oxford: Clarendon Press, 1989.

黃錫木。《基督教典外文獻概論》。香港：國際聖經協會，2000。

鮑維均。〈第一部分：聖經正典〉，收《聖經正典與經外文獻導論》，鮑維均等著，頁 1～78。香港：基道出版社，2001。

註釋

1. 參黃錫木：《基督教典外文獻概論》（香港：國際聖經協會，2000），頁 59。
2. 如猶太史家約瑟夫為猶太聖經所作的辯護；見於《反駁阿皮安》1.27～43。
3. 本文不交代「偽經」（pseudepigrapha）的問題；這課題可參黃錫木：《基督教典外文獻概論》。
4. 例子可見於聖經，如加六 16，林後十 13、15 ～ 16；另參 H. W. Beyer, "*κανών*" *TDNT*, 3:596～602。
5. 亞他那修：《節期書信》39；譯本見於黃錫木：《基督教典外文獻概論》，頁 221。
6. 就如鮑維均說：「在討論正典形成以先，我們必須認定『正典原則』（canonical principle）或『正典意識』（canonical consciousness）與『正典經目』（canonical list）的分別。在新舊約形成的過程中，我們可以肯定正典原則或意識的形成較正典經目的出現為早，而個別書卷擁有『正典地位』（canonical status）的時期又較歷史文獻對正典經目的討論為早。」參鮑維均：〈第一部分：聖經正典〉，收《聖經正典與經外文獻導論》，鮑維均等著（香港：基道出版社，2001），頁 6。
7. "... the act of canonization has a *backward* reference." 參 John Webster, *Holy Scripture: A Dogmatic Sketch* (Cambridge: Cambridge University Press, 2003), 64。
8. James Barr, *The Bible in the Modern World* (New York: Harper & Row, 1973), 120.

9. James Barr, *Holy Scripture: Canon, Authority, Criticism* (Philadelphia: Westminster, 1983), 63.
10. 夏理斯（R. L. Harris）指出：「很多人都討論『聖經的靈感』，但對聖經『正典』卻討論得十分稀少。」參夏理斯：《聖經的靈感與正典》，曾立華、黃漢森譯（香港：種籽出版社，1976），頁 55。
11. 但以理書在鑑別學的影響下被評估為公元前二世紀的作品，導致學者把正典的形成期重估為晚期。
12. 參《馬加比一書》9.23 ～ 27。
13. 如《以斯拉四書》（*4 Ezra*）14.44 ～ 48。
14. 參黃錫木：《基督教典外文獻概論》，頁 70 ～ 71；D. G. Dunbar, "The Biblical Canon," in *Hermeneutics, Authority, and Canon* (Grand Rapids: Zondervan, 1986), 301。
15. H. E. Ryle, *The Canon of the Old Testament: An Essay on the Gradual Growth and Formation of the Hebrew Canon of Scripture* (New York: Macmillan, 1892).
16. 基督教舊約的經目與此是一致的，只是小先知書分拆為十二卷，撒、王、代各書卷都分為上、下兩卷，而尼、拉的合卷又分為兩卷，所以總數為三十九卷。
17. E. E. Ellis, *The Old Testament in Early Christianity: Canon and Interpretation in the Light of Modern Research* (Grand Rapids: Baker, 1991), 45 ～ 46.
18. 參 Dunbar, "The Biblical Canon," 302；鮑維均：〈第一部分：聖經正典〉，頁 15 ～ 16，引自 D. A. Knight, "Deuteronomy and Deuteronomists," in *Old Testament Interpretation: Past, Present and Future: Essays in Honor of Gene M. Tucker*, ed. J. L. Mays, D. L. Petersen, and K. H. Richards (Nashville: Abingdon, 1985), 61 ～ 79。
19. 參黃錫木：《基督教典外文獻概論》，頁 69 ～ 82。
20. J. P. Lewis, "What Do We Mean by Jabneh?" *Journal of Bible and Religion* 32 (1964): 125 ～ 132.
21. 換言之，機械式的成典過程，與信仰羣體的敬拜經驗不符；參鮑維均：〈第一部分：聖經正典〉，頁 13。
22. 參 S. B. Chapman "The Rise of a Canonical Approach," chap. 1 in *The Law and the Prophets: A Study in Old Testament Canon Formation* (Tubinge: Mohr Siebeck, 2000).

23. M. G. Kline, *Structure of Biblical Authority*, 2nd ed. (Eugene: Wipf & Stock, 1997), 38 ~ 44；引自鮑維均：〈第一部分：聖經正典〉，頁 18 ~ 19.
24. Roger Beckwith, *The Old Testament Canon of the New Testament Church and Its Background in Early Judaism* (Grand Rapids: Eerdmans, 1985), 81 ~ 83, quoting Josephus, *War* 7.5.5, 7 and 7.148, 150, 162.
25. 學者對此的評估也有分歧，可早於公元前一世紀（如鮑維均：〈第一部分：聖經正典〉，頁 31），或晚至公元一世紀末之後（如黃錫木：《基督教典外文獻概論》，頁 82）；亦有學者仍然在堅持舊約正典是公元九十年在雅麥尼亞會議中得到肯定的，如 A. C. Sundberg, "'The Old Testament of the Early Church' Revisited," in *Festschrift in Honor of Charles Speel*, ed. T. J. Sienkewicz and J. E. Betts (Monmouth: Monmouth College, 1996), 88 ~ 110。
26. 傳統神學在此用「默示論」來解釋。
27. 類似的傳統看法可見於夏理斯：《聖經的靈感與正典》，頁 79 ~ 81；或原書 R. Laird Harris, *Inspiration and canonicity of the Scriptures* (Grand Rapids: Zondervan, 1975), 166 ~ 169。
28. 例如，王上十 23 ~ 29 描述所羅門的財富時，著重所羅門是否遵行律法的教導（參申十七 14 ~ 20）。
29. 近年有學者鑽研「律法」和「先知」在正典中的關係，考慮到這兩者是有先後優次的，或者是互相平等的；原來古時的拉比文學對此亦有討論，參 Chapman, *The Law and the Prophets*, 279。
30. Josephus, *Against Apion* 1.41；引自鮑維均：〈第一部分：聖經正典〉，頁 25。
31. 學者往往因為律法書成書較早而認為希伯來聖經的「律法」是率先成為正典的，且曾獨立地成為希伯來正典；然而，這看法是受「三階段學說」的影響，其實不能成立。律法書與其他書卷一樣，寫成不久後便具有權威地位，而正典的分部卻是後來的事；至於「律法」之從其他書卷區分出來，是由於律法書本身的特殊性，例如，作者被公認是摩西。詳參 Beckwith, *The Old Testament Canon*, 137 ~ 138。
32. 從「正典進路」去釋經，可以見到「律法」和「先知」的權威彼此相輔相成，成為一種可以解釋舊約正典形成的神學建構（theological construct）；此說見於 Chapman, *The Law and the Prophets*, 241 ~ 248。
33. Harris, *Inspiration and canonicity of the Scriptures*, 170 ~ 173.
34. 早在公元前二世紀的《便西拉智訓》序言中，已可見到舊約被分為三部，但當時的第三個分部還未有專名，只被統稱為「其他的先祖著作」；不過，便西拉在提及三個分部時，暗示書卷都是古舊的，甚至在他祖父一代已為人熟悉，所以經目看來是「既定」的了（參 Beckwith, *The Old Testament Canon of the New Testament Church and Its Background in Early Judaism*, 151 ~ 152）。

35. 「二分部公式」（bipartite formula）和「三分部公式」（tripartite formula）都曾在猶太文獻中出現，詳參黃錫木：《基督教典外文獻概論》，頁 63 ~ 65。至於學者對有關公式的解釋和討論，可參 Beckwith, *The Old Testament Canon of the New Testament Church and Its Background in Early Judaism*, 105 ~ 107, 142 ~ 143。

36. 斐羅其實沒有列出經目，只是在著作中提及猶太人的經卷（《論沉思的生活》〔*De Vita Contemplative*〕3.25）；約瑟夫對經目的論述則十分詳細，當中列出相當於今天的希伯來聖經的經目，是舊約正典的重要見證（《反駁阿皮安》1.37 ~ 43）。

37. 「聖卷」一名，見於《巴比倫他勒目》〈論猶太議會〉（*Tractate Sanhedrin*）90b（參黃錫木：《基督教典外文獻概論》，頁 65）。「聖卷」在原文可能是「神聖的著作」的意思，故亦可稱為「著作」；原意方面的討論可參 Beckwith, *The Old Testament Canon of the New Testament Church and Its Background in Early Judaism*, 166, n. 6。

38. 《巴比倫他勒目》的來源可以追溯至公元二世紀，或甚至更早的時期（參鮑維均：〈第一部分：聖經正典〉，頁 28）；其後流傳的經目在分部上與這經目一致，書卷的次序編排則稍有不同。

39. 在較後期的拉比傳統中，路得記被列在傳道書、雅歌和耶利米哀歌這三卷的前面，而以斯帖記則被列於其後面，形成傳統的「五小卷」（Megilloth），在猶太人的節期中被輪流誦讀；而這次序被沿用至今，可見於一般希伯來聖經版本中。

40. 歷史性的先知書和詩歌智慧書是按歷史先後排列，而非歷史性的則按篇幅排列，由長到短（參 Beckwith, *The Old Testament Canon of the New Testament Church and Its Background in Early Judaism*, 162）。

41. 猶太拉比喜歡為「早已流傳的傳統」作出解釋；他們為此討論不疲，這成為經典拉比文學的素材和特色（詳參鮑維均：〈第一部分：聖經正典〉，頁 28）。

42. 如鮑維均：〈第一部分：聖經正典〉，頁 23 ~ 36；Dunbar, "The Biblical Canon," 315。

43. 約瑟夫把士師記、路得記合為一卷，耶利米書和哀歌也合為一卷，故此他的經目只有二十二卷書，然而這與猶太經目的二十四卷仍是一致的。我們在天啟文學中也見到所謂「二十四卷公開經書」(《以斯拉四書》14.44)，反映猶太人普遍認同「二十四」為正典的卷數。
44. 鮑維均：〈第一部分：聖經正典〉，頁 26 ~ 27。
45. 亞伯的被殺可見於創四 8；而舊約中最後一個被殺的人是烏利亞，事件見於耶二十六 20 ~ 23。
46. 見 *Qumran Cave 4. V. Miqsat ma'ase ha-Torah*, by E. Qimron and J. Strugnell (Oxford: Clarendon Press), 58 ~ 59, 111 ~ 113。
47. 《便西拉智訓》本身是公元前約一八〇年寫成的；書中有某些先知書的書目(48.22 ~ 49.10)，隱約見證典目的形成。
48. 詳參 Beckwith, *The Old Testament Canon of the New Testament Church and Its Background in Early Judaism*, 150 ~ 153。
49. 次經至今沒有固定的經目，不同傳統的卷數有出入，由十五至二十卷不等；詳參黃錫木：《基督教典外文獻概論》，頁 23 ~ 29。
50. 詳參鮑維均：〈第一部分：聖經正典〉，頁 34 ~ 35。
51. 參 F. F. Bruce, *The Canon of Scripture* (Downers Grove: InterVarsity Press, 1988), 68 ~ 82。
52. 參 B. M. Metzger, *Introduction to the Apocrypha* (New York: Oxford University Press, 1957), 178。
53. 這樣的抄本，尚存的有四世紀的《西奈抄本》、《梵蒂岡抄本》和五世紀的《亞歷山太抄本》。
54. 耶柔米也知道希伯來正典並不包括次經，然而神學家奧古斯丁確認次經的地位，並主導西方教會對正典的看法；詳參 Bruce, *The Canon of Scripture*, 68 ~ 97，或黃錫木：《基督教典外文獻概論》，頁 89 ~ 99。
55. 學界曾經流行「地區性獨立正典」的理論，認為亞歷山太正典(Alexandrian canon)是較長的正典，當中包括次經；不過，此說已被否定(參黃錫木：《基督教典外文獻概論》，頁 83 ~ 86；鮑維均：〈第一部分：聖經正典〉，頁 35，註 63)。
56. 次經是否出現於公元二世紀之前的《七十士譯本》，其實已無從稽考，因為，如今尚存的《七十士譯本》，都是後期在教會中流傳的抄本；事實上，舊約次經主要是透過教會的抄本得以保存的；詳參黃錫木：《基督教典外文獻概論》，頁 66 ~ 69，90 ~ 91。

57. 新約的猶大書 14 至 15 節引述了《以諾一書》1.9，然而《以諾一書》不是「次經」而是「偽經」。偽經是托名的著作，以啟示文學體裁為主，地位比次經更遜色，抄本也更不穩定。

58. 參鮑維均：〈第一部分：聖經正典〉，頁 7。

59. 黃錫木：《基督教典外文獻概論》，頁 13 ~ 19。

60. 詳參 Bruce, *The Canon of Scripture,* 255 ~ 269；鮑維均：〈第一部分：聖經正典〉，頁 72 ~ 78；D. A. Carson, and D. J. Moo, "The New Testament Canon," in *An Introduction to the New Testament* (Grand Rapids: Zondervan, 1992), 494 ~ 495；B. M. Metzger, *The Canon of the New Testament: Its Origin, Development, and significance* (Oxford: Clarendon Press, 1989), 251 ~ 257。

61. 詳參 Metzger, *The Canon of the New Testament*, 75 ~ 112；鮑維均：〈第一部分：聖經正典〉，頁 72 ~ 78；黃錫木：《基督教典外文獻概論》，頁 176 ~ 184。

62. Adolf von Harnack, *The Origin of the New Testament Canon and the Most Important Consequences of the New Creation* (New York, 1925), quoted in Metzger, *The Canon of the New Testament*, 27；Hans von Campenhausen, *The Formation of the Christian Bible*, trans. J. A. Baker (Philadelphia: Fortress Press, 1984), 148, 153, 163.

63. 參 Metzger, *The Canon of the New Testament*, 24。

64. 參 Carson, "The New Testament canon," 494。

65. H. N. Ridderbos, *Redemptive History and the New Testament Scriptures* (Phillipsburg: Presbyterian and Reformed, 1988), 39.

66. 歷史時期的分段可參黃錫木：《基督教典外文獻概論》，第五章大綱。

67. 「史前時期」的說法見於 Campenhausen, *The Formation of the Christian Bible*, 103。

68. 記載耶穌語錄的《多馬福音》可能也收集了這些資料；該書是成書於公元二世紀初的次經，反映了諾斯底思想。

69. 參鮑維均：〈第一部分：聖經正典〉，頁 47；J. Barton, *Holy Writings, Sacred Text: The Canon in Early Christianity* (Louisville: Westminster John Knox, 1998), 63 ~ 70；C. H. Dodd, *According to the Scriptures: The Sub-structure of New Testament Theology* (London: Fontana Books, 1965)。

70. 參 Campenhausen, *The Formation of the Christian Bible*, 254；Dunbar, "The Biblical Canon,"；鮑維均：〈第一部分：聖經正典〉，頁 45 ～ 47。此外，意見稍有不同的是 W. G. Kümmel, "The Formation of the Canon of the New Testament," in *Introduction to the New Testament*, tran. H. C. Kee, rev. ed. (Nashville: Abingdon, 1975), 494。
71. 此說源自 Walter Bauer, *Orthodoxy and Heresy in Earliest Christianity* (London: SCM, 1972 [1934])。
72. 參 I. H. Marshall, "Orthodoxy and Heresy in Earliest Christianity," *Themelios* 2 (1976): 5 ～ 14。
73. 如 Campenhausen, *The Formation of the Christian Bible*, 262；Carson, "The New Testament canon," 492。
74. 有關新約次經的分類與介紹，可參黃錫木：《基督教典外文獻概論》，第四章。
75. 詳參 Metzger, *The Canon of the New Testament*, 75 ～ 112；黃錫木：《基督教典外文獻概論》，頁 176 ～ 184；鮑維均：〈第一部分：聖經正典〉，頁 53 ～ 57。
76. 參游斯丁的《第一護教辭》(*First Apology*) 67.3。
77. 前者為桑安（T. Zahn），後者為哈納克；有關他們的爭論，可參 Metzger, *The Canon of the New Testament*, 24；黃錫木：《基督教典外文獻概論》，頁 165 ～ 167。
78. Barton, *Holy Writings, Sacred Text*, 30.
79. Campenhausen, *The Formation of the Christian Bible*, 262 ～ 268.
80. 愛任紐的《駁異端》(*Against Heresies*) 3.11.7 ～ 9。
81. 學者對《穆拉多利經目》的寫作日期曾有爭議；主流的看法定在公元二世紀末；詳參鮑維均：〈第一部分：聖經正典〉，頁 57 ～ 58，註 33；黃錫木：《基督教典外文獻概論》，頁 191 ～ 196。此外，有學者認為《穆拉多利經目》是羅馬的希坡律陀所寫，但這說法未能確證。
82. 事件記於優西比烏：《教會歷史》8.2.4。
83. 反對妥協者當中的極端分子，在歷史演變中輾轉發展為多納圖主義（Donatism）。
84. 參 Metzger, *The Canon of the New Testament*, 229。
85. 優西比烏：《教會史》8.2.1 ～ 7；優西比烏的看法與亞歷山太的教父革利免和俄利根相似。
86. 組別的次序是按當時教會所慣用的方式編排，這編次見於早期的埃及抄本。至於十四封保羅書信，是包括希伯來書在內的，因為東教會（Eastern Church）一直認為希伯來書為保羅所寫，因而承認該書的權威。

87. 文中引述來自黃錫木：《基督教典外文獻概論》，頁 218 ～ 222。

88. Metzger, *The Canon of the New Testament*, 237 ～ 238.

89. 誠然，在現實中，教會對正典達成的共識並不是一蹴而就的。在東羅馬，敘利亞的教會一直維持一個只有二十二卷書的典目，以致東羅馬的教會延緩了正典的完成。我們在公元五世紀才見到敘利亞以外的東教會漸漸認同西方教會的共識，確認整部新約正典，而啟示錄更遭較長期爭議，要等到公元六世紀，才得到東教會的確認。

90. 就算羅馬天主教，雖然認為教會有權柄裁定正典，也一樣認同聖經本身有更基本的權威；參 Eckhard Schnabel, "History, Theology and the Biblical Canon: An Introduction to Basic Issues," *Themelios* 20 (1995): 20。

91. 學界對正典的定義有爭議：指書卷內容？還是指經目？意見不一。參 Metzger, *The Canon of the New Testament*, 293。

92. Ridderbos, *Redemptive History and the New Testament Scriptures*, 9, quoting K. Barth, *Die Lehre vom Worte Gottes* (1932) 1.110.

聖經通識叢書

兼顧學術研究的精確和執著，
並教會信徒生活上的實踐。

聖經鳥瞰

為您精簡而全面地展現聖經的本體與其來龍去脈

聖經鳥瞰——基礎篇 黃錫木 著／HK$93
聖經鳥瞰——進深篇 黃錫木 著／HK$68

聖經書卷要領

助您宏觀同類別的聖經書卷

舊約先知書要領 黃嘉樑、梁國權、雷建華 著／HK$88
耶穌生平與福音書要領 孫寶玲、黃錫木 著／HK$88
使徒行傳與保羅書信要領 張達民、黃錫木 著／HK$88
希伯來書、大公書信與啟示錄要領 張略、黃錫木 著／HK$78

聖經書卷析讀

助你進深分析個別聖經書卷的內容和信息

在曠野中與上帝同行——民數記析讀 黃嘉樑 著／HK$158
背約沉淪的循環軌跡——士師記析讀 吳獻章 著／HK$118
愛的審判與生命的應許——耶利米書析讀 熊潤榮 著／HK$148
奔走風塵的僕人——馬可福音析讀 張略、黃錫木 著／HK$93
逆轉人生的上帝之子——路加福音析讀 孫寶玲 著／HK$108
道成為人的耶穌——約翰福音析讀 吳道宗 著／HK$88
風起雲湧的初代教會——使徒行傳析讀 張達民、黃錫木 著／HK$78
情理之間持信道——加拉太書、帖撒羅、尼迦前後書析讀
張達民、郭漢成、黃錫木 著／HK$88

其他出版 讓你多方、多向，更完整地研讀聖經

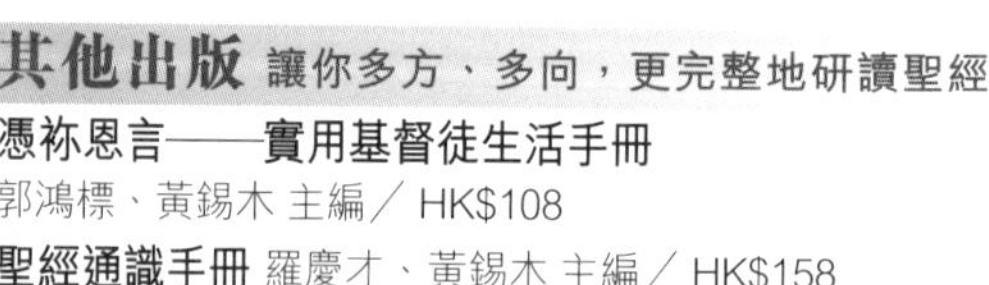

憑祢恩言——實用基督徒生活手冊
郭鴻標、黃錫木 主編／HK$108
聖經通識手冊 羅慶才、黃錫木 主編／HK$158

本叢書另備有配套參考資料，詳情可瀏覽基道網頁：
www.logos.com.hk

聖經研究叢書 探索與鑽研神的話語，傳承真理。

基道釋經手冊
Introduction to Biblical Interpretation (Revised and Expanded)

威廉．克萊因（William W. Klein）、克雷格．布魯姆伯格（Craig L. Blomberg）、羅伯特．哈伯德（Robert L. Hubbard, Jr.）合著／邵樟平 學術顧問／蔡錦圖 主編／HK$258

壞鬼釋經——糾正新約金句的常見詮釋
曾思瀚 著／曾景恒 譯／HK$83

使命傳承的故事——路加—使徒行傳人物研究
曾思瀚 著／吳瑩宜 譯／HK$98

士師記的刻劃研究——領袖、女性與家庭的故事
曾思瀚 著／吳瑩宜 譯／HK$128

新約評經法導引
A Beginner's Guide to New Testament Exegesis: Taking the Fear out of Critical Method

埃理克森（Richard J. Erickson）著／許子韻、吳國雄 譯／HK$128

列王紀神學詮釋
1 & 2 Kings

利法特（Peter Leithart）著／李金好 譯／HK$158

聖經中的自由——從基督教觀點反思當代社會的自由危機
God and the Crisis of Freedom: Biblical and Contemporary Perspectives

包衡（Richard Bauckham）著／陳永財 譯／HK$118

雅各書註釋
張略著／HK$148

系統神學叢書

進入聖言思想的殿堂，
剖視神學的方法及基礎。

如此我信——基督教教義導引
The Christian Faith: An Introduction to Christian Doctrine

根頓（Colin E. Gunton）著 / 趙崇明、鄧紹光 譯 / HK$108

基督、聖靈與教牘：基督教要義導覽

陳若愚著 / HK$118

上帝論：全球導覽
The Doctrine of God: A Global Introduction

卡維里（Veli-Matti Kärkkäinen）著 / 陳永財、蔡錦圖 譯 /
鄧紹光 學術審閱 / HK$138

基督論：全球導覽
Christology: A Global Introduction

卡維里（Veli-Matti Kärkkäinen）著 / 陳永財 譯 / 鄧紹光 學術審閱 /
HK$153

聖靈論：全球導覽
Pneumatology: The Holy Spirit in Ecumenical, International and Contextual Perspective

卡維里（Veli-Matti Kärkkäinen）著 / 陳永財 譯 / 鄧紹光 學術審閱 /
HK$93

教會論：全球導覽
An Introduction to Ecclesiology: Ecumenical, Historical & Global Perspectives

卡維里（Veli-Matti Kärkkäinen）著 / 陳永財 譯 / 鄧紹光 學術審閱 /
HK$118

基督教教義淺析
A Primer for Christian Doctrine

約拿單・威爾遜（Jonathan R. Wilson）著 / 李金好 譯 / HK$73

基督教三一論淺析
The Trinity

奧爾森（Roger E. Olson）、霍爾（Christopher A. Hall）著 / 蔡錦圖 譯 /
HK$63

基督教基督論淺析
Jesus Now and Then

伯理奇（Richard A. Burridge）、古爾德（Graham Gould）著 / 區秉中 譯 /
HK$98

基督教詮釋學淺析
A Short Introduction to Hermeneutics

賈思柏（David Jasper）著 / 紀榮神 譯 / HK$73

緊扣時代 服事教會

以文字傳揚基督真道

讀者意見表

衷心多謝你購買本社書籍。本社一直致力以出版事工服事教會，幫助信徒扎根於神的話語，促進靈命增長。為使我們的出版更能滿足你的需要，請填寫下列各項資料，並寄回或傳真予本社。

所購書籍：______________________

本書最吸引你的地方：
□作者 □適切性 □文筆 □設計 □實用性
□其他：______________________

購買本書地點：
□基道書樓 □基督教書店 □非基督教書店

性別：□男 □女 職業：______________________

信仰：□基督徒 □非基督徒

年齡：□16歲或以下 □17～25歲 □26～35歲
□36～55歲 □56歲或以上

學歷：□中三或以下 □中五 □預科
□大學 □研究院

□我欲更多了解基道出版社的事工及考慮支持，請寄給我下列資料：
□機構簡介 □新書資料 □基道會員通訊
□《基道文字事工通訊》

姓名：______________________ 電話：______________________

地址：______________________

____

傳真：______________________ 電子郵件：______________________

其他意見：______________________

____

多謝賜教！

意見表可以傳真（2687-0281）或直接郵寄以下地址：
香港沙田火炭坳背灣街26號富騰工業中心1011室
基道出版社編輯部收